Gaynteligencia emocional

Gaynteligencia emocional

Más resilientes de lo que pensamos

Gabriel J. Martín

Rocaeditorial

© 2021, Gabriel J. Martín

Primera edición: septiembre de 2021

© de esta edición: 2021, Roca Editorial de Libros, S.L.
Av. Marquès de l'Argentera 17, pral.
08003 Barcelona
actualidad@rocaeditorial.com
www.rocalibros.com

Impreso por LIBERDÚPLEX, S.L.U.

ISBN: 978-84-18557-23-1
Depósito legal: B. 11631-2021

RE57231

Índice

A mi hermana Gemma y a mi amiga Marián,
que salvaron mi vida

PRÓLOGO

*A*ntes de que comiences esta lectura, quiero ofrecerte algunas explicaciones previas porque es un tanto distinta a lo que me has leído hasta ahora. Este que tienes entre las manos es un libro sobre inteligencia emocional para hombres gais, y mientras lo he concebido y escrito me preocupaba especialmente que pudiese considerarse ni siquiera cercano a la autoayuda.

Los psicólogos estamos un poquito hartos de manuales que fomentan visiones distorsionadas acerca de lo que significa la terapia. Dos ejemplos de publicaciones que denuncian esa deformación son *Los libros de autoayuda, ¡vaya timo!* (Delgado, 2014) y *Happycracia* (Cabanas e Illouz, 2019). La principal crítica que hacemos a esos manuales es que nos venden la idea (manifiestamente falsa) de que, solo con tener una actitud positiva, uno puede ser feliz e, incluso, cambiar de forma radical las condiciones de su vida. Otra crítica muy frecuente es que sus contenidos no tienen fundamento científico de ningún tipo. En páginas y páginas abarrotadas de mensajes cuquis y motivadores, no encuentras referencia a estudio alguno. De hecho, hay autores superventas a los que toda la profesión preferimos tener muy muy muy lejos, y cuyos títulos jamás recomendaríamos.

Entenderás que a la hora de enfrentarme a la elaboración de un libro sobre inteligencia emocional (y específico para gais), me preocupase sobremanera que pudiera ser considerado (ni siquiera de refilón) uno más de esos manuales sin fundamento.

Gaynteligencia emocional tiene mucha relación con la covid-19. Durante la primera fase de confinamiento, mi editora y yo decidimos que de los diferentes proyectos que tenía en mente, sería este el siguiente en publicarse. Aproveché los meses de encierro y teletrabajo para investigar y escribir sin descanso. Fue una época en la que tuve que trabajar muchísimo los problemas emocionales de mis pacientes pero es que, además, coincidió mi vacunación con la fecha de entrega del manuscrito. Incluso en algunos de los ejemplos, la pandemia ha estado presente en este libro de principio a fin.

Durante esos meses, me dediqué a leer docenas de artículos científicos, tesis y libros especializados sobre las emociones humanas y su manejo. De modo que esta nueva propuesta mía, al menos en alguno de sus pasajes, podría parecerte excesivamente académica, aunque, ¿sabes?, prefiero que en algunos momentos pienses «¡Hostias, qué científico!», antes que «¡Uf, otro libro de autoayuda!». He preferido mostrarte las precauciones con las que manejamos conceptos como el de la inteligencia emocional y debates sobre la resiliencia, el concepto de bienestar y la disciplina conocida como «psicología positiva». Creo que es mucho más honesto exponerte lo que afirman distintos profesionales y que tú te formes tu propia opinión. De hecho, prefiero que pases por alto algunas páginas, a sabiendas de que allí tienes la información a tu disposición para cuando quieras consultarla, antes que hacerte creer que los conceptos que manejamos en el área de las emociones son verdades escritas en piedra que nadie discute y que debes creerte a pies juntillas.

También quiero desmarcarme de la gran mentira que afirma que la responsabilidad de tu felicidad recae solo sobre ti. Como verás desde el primer capítulo, rechazo la expresión «Si quieres, puedes ser feliz», porque sé perfectamente que hay condiciones que limitan tu bienestar y que no dependen de ti. La precariedad laboral y el aislamiento social son dos muy importantes, tal como hemos comprobado durante la pandemia de la covid-19. Sin embargo, los manuales de autoayuda a menudo nos venden que estas condiciones son irrelevantes y ofrecen ejemplos de superación personal que solo son aplicables a un porcentaje reducido de la población. No todos tenemos unas circunstancias materiales que nos permitan cambiar de vida (o de residencia) para buscar la felicidad en nuevas experiencias. Por eso, la gestión de nuestras emociones debe tener muy presente la realidad de cada uno de nosotros.

Naturalmente, me preocupa que mi texto sea legible y aunque en algunos pasajes la precisión a la que estoy obligado me lleve a repeticiones terminológicas o a citar literalmente fuentes académicas, te prometo que trataré de explicarlas lo mejor que me sea posible. He llenado estas páginas de ejemplos prácticos y anécdotas de mis pacientes y amigos, en un intento de aportar frescura y cercanía al material. También me he esforzado en incluir un gran número de técnicas prácticas para que dispongas de una buena caja de herramientas con la que trabajar tus emociones. Pero, por encima de todo, me he esforzado por explicar las razones por las que es necesario un libro acerca de las emociones de los hombres homosexuales.

En *El ciclo del amor marica* escribí sobre el amor a partir de nuestras experiencias y códigos culturales para que no tuviéramos que andar *traduciendo* a las experiencias homosexuales las publicaciones centradas en parejas heterosexuales. Con *Gaynteligencia emocional*, de nuevo pretendo evitaros la necesidad de extrapolar a las particularidades de nuestras vidas contenidos que fueron estudiados dentro del modelo heteronormativo. Pero no solo eso, los heterosexuales nunca se han visto obligados a afrontar los desafíos emocionales que hemos tenido que encarar nosotros: la ansiedad, producto de ser acosados; la tristeza por ser rechazados; la vergüenza, tan característica de quien tiene homofobia interiorizada; la culpa en relación a nuestra sexualidad, o la ira de ser victimizados. Estas situaciones especiales nos han hecho enfrentarnos a emociones de magnitudes extremas y llenan nuestras biografías de huellas que no siempre somos capaces de borrar.

Para aprender a gestionar estas emociones, entendernos y vivir mejor, he escrito este libro. Que lo disfrutes.

Las bases de la inteligencia emocional en hombres homosexuales

1

Eso a lo que llamamos «inteligencia emocional»

Un asunto multidisciplinar

*E*l concepto de inteligencia emocional se popularizó en España gracias al superventas de Daniel Goleman del que todos habéis oído hablar. A partir de su publicación en 1996, popularmente se entiende por inteligencia emocional lo que se explica en ese libro. Recuerdo mi sorpresa por que estuviese dedicado a Tara, deidad femenina de meditación de una de las corrientes del budismo (la vajrayana), que utiliza estas figuras como símbolos sobre los que reflexionar y como modelos a seguir. Tara simboliza la misericordia y la compasión.

Unos años antes de leer a Goleman, yo mismo había realizado mi «iniciación» en Tara. Aunque había salido un tanto decepcionado de aquellas enseñanzas budistas porque buena parte se basaba en una escisión entre las partes emocional y racional del ser humano. Recibí la idea de que resulta fácil dominar tus emociones si te retiras del mundo para no ser molestado. Este retiro no es literal (aunque más de uno se enclaustra), sino fundamentado en mantener una distancia emocional con lo que te rodea. Y eso no me parecía maestría en nada. Era como si un profesor de autoescuela me dijera: «Lo mejor para no tener nunca un accidente es que dejes el coche aparcado y vayas a todas partes caminando». Está claro que mientras nada ni nadie te moleste porque estás totalmente apartado del mundo, tus emociones estarán muy calmadas. Como leí por ahí: «Cualquiera es un ángel mientras nadie le estropee las alas». Me suena a parche. Y a vida descafeinada. Me pareció mucho más interesante la propuesta de la mística judía (la Cábala), que entiende que el maestro de sí mismo lo es en mitad de los ajetreos mundanos y no solo resguardado en una cueva.

La cuestión es que encontré mucho de budismo en el libro de Goleman. Igual que en otros autores contemporáneos. En diversos libros sobre inteligencia emocional, además de psicología, también he hallado filosofía estoica, sofista, pinceladas de antropología…, y eso significa dos cosas: que los humanos llevamos toda nuestra historia tratando de aprender a gestionar nuestras emociones, y que las emociones humanas no pueden abordarse desde un único ámbito. No podemos pretender que la psicología sea la solución única y definitiva para nuestros problemas emocionales. Nos dará herramientas eficaces para comprender y regular mejor nuestras emociones y las de los demás, pero debe complementarse con otras disciplinas como la filosofía, la antropología, el deporte e incluso, para algunas personas, la religión o la política.

No tengo problemas sino una vida problemática

Recuerdo un titular de prensa: «Estamos yendo al psicólogo cuando lo que en realidad necesitamos es afiliarnos a un sindicato»,[1] bajo el que se explicaba que nuestros problemas de estrés no se solucionarán a base de terapia sino cuando nuestro sistema productivo sea más humano.

---

1. Disponible en https://blogs.publico.es/strambotic/2018/09/entrevista-ramon-nogueras/

Nuestra salud mental es hija de nuestras condiciones vitales. Cuando explico esto en consulta me gusta incluir una anécdota que viví en una casa rural. La dueña acudió a comprobar que todo funcionaba correctamente y nos dio un poco de conversación. Tras preguntarme sobre mi trabajo, me explicó que su marido había estado varios años yendo al psicólogo. Había sido economista y trabajó en las oficinas centrales de un banco. En la crisis de 2010, cuando todo se fue a la mierda, pasó por una época de muchísimo estrés. Fumaba más debido a la ansiedad, apenas dormía, tenía 57 años... y le dio un infarto. Despertó en una cama de hospital y todavía se sintió más incapaz al comprobar que el estrés lo había vencido. El médico le aconsejó pasar por psiquiatría, el psiquiatra le diagnosticó depresión mayor con ansiedad, le recetó antidepresivos y le aconsejó terapia y mucha calma. Su esposa consultó con los médicos si sería bueno que se lo llevara a la pequeña masía que ella había heredado de su familia en el Montseny y, por supuesto, le dijeron que sí. Con la baja médica en la mano, cerraron su piso en *upper* Barcelona, sus hijos ya eran mayores e independientes, y se instalaron en la casa del pueblo.

—Al principio —me dijo— mi marido se pasaba el día viendo la tele o leyendo. Solo salía para bajar a Barcelona a ver al psicólogo, y porque lo llevaba yo. Pero un buen día se le ocurrió que, ya que estaba en el campo, podía plantar unos tomates. Pidió un par de plantas a un vecino y preparó un trocito de tierra detrás de la casa. Le gustó plantar las tomateras. Y ya que lo había disfrutado, pensó si no podría plantar la ensalada completa. Compró semillas de pimientos, lechugas, pepinos. Preparó el huerto con sus surcos y sus cañas para que las plantas subieran. Se levantaba temprano para regar. Acondicionó la vieja cuadra para guardar las herramientas. Luego sembró patatas, cebollas, ajos, judías y calabacines, ¡hasta se trajo dos gallinas ponedoras y les hizo un corral! Se levantaba cada día contento, araba, cosechaba, quitaba hierbas, daba de comer a las gallinas (compró unas cuantas más), fumigaba… Tendrías que verlo presumir de sus tortillas hechas con sus patatas y los huevos de sus gallinas.

»Así se dio cuenta de que no estaba deprimido, sino que tenía una vida deprimente, y su psicólogo estuvo de acuerdo en eso. Lo hablamos nosotros dos y decidimos quedarnos aquí. A mí, la verdad, me gustaba la idea de volver a mi pueblo definitivamente y mis hijos no estaban lejos, los dos vivían en Barcelona. Él siempre ha sido bueno en finanzas e hizo números para reformar la masía y convertirla en una casa rural para alquilar. Consiguió unas buenas condiciones para su despido, vendimos el piso de Barcelona y, tras la inversión en la reforma, todavía nos quedaba dinero para estar tranquilos un par de años sin trabajar. El negocio funciona muy bien y eso que ahora estamos a cuatro años de que él se jubile, con lo que además tendremos su pensión. No podemos estar más satisfechos de aquella decisión, ¡con decirte que mi marido celebra su infarto como si fuese su cumpleaños!

A menudo consideramos que alguien tiene una enfermedad cuando, en realidad, solo tiene unas condiciones de vida insalubres. Este es un ejemplo de cómo se ha abusado del diagnóstico y de cargar a las personas con etiquetas patologizantes (muchas veces desde la mejor de las intenciones). Los profesionales de la salud mental debemos estar atentos a si lo que podría considerarse un trastorno no es otra cosa que un intento desesperado de adaptarse a unas circunstancias inhumanas, y en tal caso, señalar en esa dirección. Y me limito a señalar porque la solución tampoco suele ser «Cambia de vida», aunque esto sea lo que proponen muchos psicogurúes.

Este matrimonio de la casa rural se encontraba en una situación de privilegio absoluto: hijos con las carreras terminadas e independizados, un piso en propiedad en la zona cara de Barcelona, una indemnización por despido, la capitalización del desempleo, una masía heredada en una zona donde el turismo rural funciona de maravilla, además de una pensión en el horizonte cercano... Al fin y al cabo, según ella misma reconocía: «¿Cómo coño no le iba a funcionar el cambio de vida si lo tenía todo a favor?».

Sin embargo, la mayoría de la gente no siempre puede elegir y no le queda más remedio que aprender a adaptarse a unas circunstancias que son una putada. A veces, quien nos dice que apechuguemos con nuestro jefe resulta ser alguien que no tiene jefe. Ni hijos que mantener. Ni una hipoteca. O que puede cambiar fácilmente de empleo o irse a otra empresa. O que quiere vendernos su seminario sobre autoempleo.[2] Con demasiada frecuencia, nos encontramos con que, por mucho que no nos gusten, no podemos cambiar nuestras circunstancias porque no contamos con el privilegio de tenerlo todo bajo nuestro control. Por más que seamos conscientes de que no estamos deprimidos, sino que nuestra vida es una mierda, tampoco tenemos la suerte de poder cambiarla por completo y debemos aprender a sobrevivir en medio de la frustración.

25

Intento ser realista. Debemos aprender a quitarle un poco de peste a la mierda para convivir con ella. Ojalá todo fuese tan fácil como cambiar de ciudad si en tu pueblo no hay muchos homosexuales con los que hacer amistad o entre los que encontrar un novio. O cambiar de familia si la tuya es homófoba. Pero no nos engañemos: ni nos podemos ir del pueblo tan fácilmente, ni cambiar de familia como el que se cambia de calzoncillos, ni modificar las circunstancias de nuestras vidas tan alegremente. A veces, la única alternativa que nos queda es convivir con situaciones que no nos gustarán jamás.

Entonces, necesitamos aprender a gestionar las emociones que esas circunstancias nos provocan, y eso requiere autoco-

---

2. La serie *Llegar a ser Dios en Florida* muestra claramente estos sistemas-estafas.

nocimiento y algunas técnicas específicas. También una filosofía ante la vida, habilidades sociales, ejercicio físico, comunicatividad e incluso resignación ante aquello que no podemos cambiar por nosotros mismos. La inteligencia emocional tiene muchos de estos componentes. Los iremos abordando a lo largo de las siguientes páginas y confío en que disfrutemos el paseo.

El concepto de inteligencia emocional

La inteligencia emocional es un constructo psicológico. Es decir, es algo que no existe propiamente, pero diferencia a unas personas de otras. Como no lo podemos observar materialmente, requiere tomar precauciones para definirlo y medirlo, ya que los constructos suelen ser controvertidos en el ámbito de la ciencia experimental. Otros ejemplos de constructo son la personalidad, la creatividad, la bondad y la maldad, la asertividad y la autoestima. No las podemos medir físicamente como medimos la insulina (no existe una hormona que las produzca). Pero sí podemos definirlas y medirlas a partir de una definición. Por ejemplo: la autoestima sería el grado en que una persona se valora a sí misma. Podemos realizar autoinformes sobre lo mucho o poco que una persona se valora, y, lo más importante, podemos trabajar con ella para que mejore este aspecto. El constructo «autoestima», a pesar de que no tiene existencia física, tiene entidad en la vida de las personas. Análogamente, los científicos han observado que las personas diferimos entre nosotras en lo competentes o incompetentes que somos en el manejo de nuestras emociones, y que podemos entrenar la habilidad de gestionarlas. A esa competencia para manejar las emociones la llamamos «inteligencia emocional» (Salovey y Mayer, 1990).

Siguiendo a Fernández y Ramos (2001), también entendemos que es «la capacidad para reconocer, comprender y regular nuestras emociones y las de los demás». Estos profesores universitarios nos amplían la información:

> Desde esta perspectiva, la inteligencia emocional es una habilidad que implica tres procesos:
> — Percibir: reconocer de forma consciente nuestras emociones e identificar qué sentimos y ser capaces de darles una etiqueta verbal.
> — Comprender: integrar lo que sentimos dentro de nuestro pensamiento y saber considerar la complejidad de los cambios emocionales.
> — Regular: dirigir y manejar las emociones, tanto positivas como negativas, de forma eficaz.

Quiero remarcar que la inteligencia emocional es «una habilidad», algo que se aprende y se mejora con la práctica, no un talento innato que se tiene o no se tiene. Necesitamos verla en otros para adquirirla o pulirla, y así la podremos desarrollar. Y también son relevantes los tres verbos que usan para describir el proceso: «percibir, comprender y regular», para un psicólogo, dan mucho de sí.

«Percibir» no solo significa que se estimule alguno de nuestros sentidos (pues ya son estimulados continuamente), sino que seamos conscientes de la estimulación y le demos una etiqueta para identificarla. Cuando los receptores del color en tus retinas perciben una longitud de onda de 470 nanómetros, en algún lugar de tu cerebro se reconoce esa estimulación sensorial, se la compara con anteriores y se identifica con un nombre que hemos aprendido culturalmente. Por eso tú no la denominas «longitud 470» sino «azul intenso». La percepción, junto a esta identificación, asocia una colección de recuerdos que la dota de un significado específico para ti. Quizá tú asocias el azul a los cielos de los días claros en los que paseabas por la playa acompañado de tu primer amor. El azul puede ser feliz porque te trae recuerdos hermosos.

O triste si añoras aquellos momentos. Esa longitud de onda ha estimulado los conos de tu retina. Pero tu percepción va mucho más allá: para ti, ese azul tiene un significado.

El segundo verbo del proceso, «comprender», implica que los cambios emocionales tienen una función y que si nos ponemos tristes es con algún propósito; por ejemplo, exteriorizar nuestro malestar de forma que los demás se aperciban de ello y nos ayuden. Si pensamos que la tristeza es algo malo, aún nos sentiremos peor. Pero si la comprendemos, tomamos conciencia de su utilidad: nuestro organismo, lejos de rendirse, está buscando un remedio. Así cambia nuestra actitud ante la tristeza.

Y este cambio tiene que ver con el tercer verbo, «regular». Tras comprender lo útil que puede ser sentirse triste, empezamos a confiar en nuestro organismo y en su capacidad para seguir luchando contra el problema. Y esa confianza nos lleva a sentir esperanza, un cierto consuelo y hasta puede que algo de alegría. Si, además, buscamos ayuda eficazmente y logramos que otros nos apoyen, nos sentiremos mucho más contentos, y así habremos llevado a cabo una regulación emocional.

Estos tres verbos no siempre van parejos en su funcionamiento. Solemos tener una buena percepción, menos comprensión y peor regulación. Por eso es importante aprender estrategias de gestión emocional, así como perfeccionar las que ya tenemos. Para que no solo sepamos cómo nos sentimos sino también qué hacer con ello. De esas estrategias nos ocupamos más adelante.

En más de una ocasión, nos referiremos a emociones positivas y negativas a pesar de que es una simplificación. Ambos tipos de emociones cumplen una función, son útiles, y, por tanto, todas son buenas o positivas; no hay emociones malas o negativas. Pero estamos muy acostumbrados a esta terminología y a menudo es una división práctica por las connotaciones que tiene cada grupo. Así que, de momento, llamaremos «emociones positivas» a aquellas como el amor, la sorpresa y la alegría, que nos invitan a quedarnos en esa situación y a repetirla. Y «emociones negativas» al miedo, el asco y la rabia, que nos invitan a alejarnos de la situación que las provoca.

Ardillas e inteligencia emocional

Cuando tengo que abordar la inteligencia emocional en consulta, utilizo siempre el mismo ejemplo (que ya habréis visto en alguno de mis vídeos). Imaginad una ardilla, peludita y marrón, caminando por la hierba buscando nueces. De repente oye un ruido, el crujido de una rama. ¿Qué hace la ardilla? Sale corriendo y trepa por el primer árbol que encuentra. Huye. Y no se detiene hasta que se siente a salvo. La ardilla se asusta, siente miedo y actúa en consecuencia. Pero ¿os imagináis a esa misma ardilla con una pata bajo la barbilla, mirando al vacío y preguntándose: «¿No seré un poco exagerada? ¿Quizá no debería asustarme tan fácilmente o, al menos, no tener estas reacciones tan extremas si no estoy segura de que lo que he oído es un peligro para mí?». ¿A que nos parece un disparate? Pues esta tontada explica que, en los cerebros animales, las reacciones emocionales y la capacidad para reflexionar sobre ellas evolucionaron en momentos diferentes, que son independientes y no siempre funcionan coordinadas. Ni siquiera en los humanos.

Para explicar este fenómeno te propongo dar un breve paseo por la evolución del sistema nervioso. El más rudimentario, como el de las medusas, no es más que una red descentralizada de células nerviosas en la epidermis del animal; detectan a otros animales y actúan en consecuencia, pero poco más. Si avanzamos en la filogénesis de nuestro cerebro, vemos que el primer cambio importante se produce en los anélidos. Los gusanos tienen una serie de ganglios repartidos por todo su organismo y unos cuantos concentrados en un extremo. Esta

29

es la primera vez que aparece, en la evolución de las especies, una acumulación de células nerviosas, lo que posteriormente será un encéfalo.[3] En los vertebrados, este es de mayor volumen, se especializa por regiones y se rodea de una cubierta ósea, el cráneo. Con los mamíferos aparecen la amígdala cerebral y el hipotálamo, los núcleos de las emociones. Pero hasta los homínidos no se desarrollan los lóbulos frontales y prefrontales del cerebro, que nos permiten tener conciencia de nuestros sentimientos y emociones. Y cuando los humanos desarrollamos el lenguaje, ya tuvimos una herramienta depurada tanto para el reconocimiento de nuestras emociones como para su gestión.

Es importante saber que el encéfalo no ha evolucionado con ningún plan prefijado, jamás hubo ningún tipo de «diseño inteligente», sino que es el resultado de la acumulación de cambios ocurridos a lo largo de millones de años de adaptación al medio. Al no haber un diseño previo, estos cambios producen diferentes sistemas que no siempre actúan coordinadamente. El encéfalo es como una colcha de *patchwork* donde cada momento de la evolución ha dejado una impronta que luego sería absorbida o modificada (no siempre por completo) en las siguientes especies. Y aunque la analogía del *patchwork* no es científicamente precisa, es más realista que la de considerar nuestro encéfalo como una gran sala de control donde todos los sistemas funcionan bajo el mandato de la lógica.

Si volvemos a nuestra ardilla y recordamos su reacción, vemos que ella no tiene ningún tipo de razonamiento ni durante su reacción ni después. No puede regular sus emociones de forma voluntaria. Las respuestas emocionales de las ardillas sí pueden cambiar a causa de dos mecanismos universales: la

3. El encéfalo no es lo mismo que el cerebro. El cerebro es solo una parte del encéfalo; este contiene estructuras como el cerebelo, el bulbo raquídeo y el hipotálamo, y forma parte del sistema nervioso, que se completa con la médula espinal y los nervios. Un buen resumen está disponible en esta entrada a cargo de Xurxo Mariño en el blog de ciencia Naukas: https://naukas.com/2011/04/12/encefalo-o-cerebro/

habituación y la sensibilización. Una ardilla que viva en un parque urbano estará mucho más habituada a los ruidos que sus congéneres del bosque, mientras que una ardilla que haya sufrido el ataque de un águila estará mucho más sensibilizada al ruido de los aleteos que otra que no haya sufrido ningún ataque similar. Pero estos dos procesos les ocurren a las ardillas a causa de sus experiencias, no son aprendizajes deliberados. Porque, a diferencia de nosotros, no tienen inteligencia emocional. Tú puedes decidir sobre tus respuestas emocionales futuras, dentro de tus límites y conforme a tus capacidades.

¿Para qué necesitamos la inteligencia emocional?

Para vivir mejor. Listo.

¡Ah, vale! Que esperas de mí una respuesta más larga. Bueno, pues vamos con ella.

Siempre se ha dicho que el ser humano es un ser racional, y hemos entendido esta aseveración como que somos menos emocionales que otros seres cuando, en realidad, lo somos incluso más que cualquier otro animal. Nuestras emociones intervienen en multitud de procesos (Martínez-Sánchez *et al.*, 2001), en todos los cuales, por cierto, resulta extremadamente útil saber manejarlas.

1. Regulación intrapersonal. Las emociones coordinan tus sistemas de respuesta, modifican tu conducta habitual, proveen de soporte fisiológico y favorecen el procesamiento de la percepción. Dicho así, igual no resulta muy aclaratorio, mejor te lo explico con un ejemplo concreto. Has tenido un pinchazo, estás cambiando la rueda de tu coche y, de repente, a tu espalda, oyes un frenazo. Saltas como una rana por encima del capó. Rodando sobre tu espalda llegas al otro lado del vehículo y, una vez en el suelo, echas a correr. Mientras, el coche que frenaba se ha empotrado contra el tuyo y ha impactado justo en el sitio en el que tú te encontrabas. No lo has pensado, no ha habido coordinación consciente, ha sido una respuesta automática. Tu oído ha captado un ruido, tu cerebro lo ha identificado como el de un frenazo, tu cerebro ha imaginado que debía tratarse de otro vehículo aproximándose peligrosamente. De inmediato, tus glándulas han desencadenado una respuesta de huida que comienza por enviar más energía a tus músculos. Ellos aprovechan ese extra de energía para realizar movimientos a los que no estás acostumbrado (y que jamás has entrenado). Con una coordinación propia de un especialista de cine, has saltado, hecho la croqueta y huido de un emplazamiento en el que ibas a encontrar una muerte segura. Y lo has hecho eligiendo el mejor de los itinerarios de huida posible. Desde el lugar seguro al que te ha transportado tu cuerpo movido por la emoción «miedo», ahora observas la escena y piensas: «¡Hostia, qué poquito ha faltado!». Tu miedo ha coordinado la respuesta de tus glándulas y músculos, ha puesto en marcha piruetas de las que no te creías capaz, te ha dado la energía para unos saltos que no pensabas que pudieras efectuar y ha elegido la mejor opción de huida a tu alcance. Supongo que ahora se entiende mejor.

Conocer bien tu propio sistema de reacción es utilísimo no solo en casos como este, sino en situaciones más diversas, como saber qué tipo de estrategias sigues para afrontar tus emociones y comprender, por ejemplo, que zampas pizzas por ansiedad. O que tienes tan asociada tu sexualidad a la vergüenza que siempre acabas frustrado cuando intentas follar. Ansiedad y vergüenza son emociones, y saber gestionarlas eficazmente tiene mucho que ver con la inteligencia emocional.

2. Relaciones interpersonales. A menudo explico en consulta que si nos visitasen los extraterrestres, al volver a su planeta explicarían: «Los humanos tienen un monitor emocional en uno de los extremos de su cuerpo de forma que están continuamente informando de sus estados emocionales a sus congéneres, así como siendo conscientes de los estados emocionales de los demás». A ese «monitor de nuestras emociones» lo hemos llamado «cara», y expresiones como «la cara es el espejo del alma» nos recuerdan que, efectivamente, solo con ver la cara de alguien sabes cómo se siente. Saberlo, además, condiciona cómo te relacionas con él o ella. Si tiene cara de estar contento, tiendes a interactuar con esa persona. Si tiene cara de tristeza, tiendes a interesarte por lo que le acongoja. Si tiene cara de mala leche, tiendes a alejarte. Las emociones desveladas a través de nuestros rostros (y otros elementos como la postura o el tono de voz) median en nuestras relaciones interpersonales, favoreciéndolas o dificultándolas. Inteligencia emocional también es la conciencia de las emociones ajenas y saber relacionarnos con ellas.

3. Motivación. Emociones y motivación guardan una maravillosa relación etimológica, y la etimología, como ya sabes, me encanta. La palabra «emoción» viene del latín *emotio*, derivado de *emotus*, participio pasado de *emovere*, que significa 'alejarse'. «Motivación», a su vez, deriva de *motivus* o *motus*, que significa 'causa del movimiento'. Ambas se relacionan con *motio*, 'movimiento'. En el plano psicológico, la motivación es aquello que nos impulsa a realizar una acción. La relación entre ambas es ampliamente conocida ya que las emociones tanto nos incitan a actuar como nos conducen a un objetivo (Reeve, 2010). Así pues, y de cara a la consecución de nuestros logros, la inteligencia emocional es muy relevante.

En resumen, la inteligencia emocional sirve para que todas estas funciones se desarrollen con la mayor eficacia posible. Y también para que conozcamos bien nuestros estados emocionales y reconozcamos los de los demás. Es útil para conseguir nuestros objetivos, para reaccionar y actuar de forma constructiva tanto a las emociones ajenas como a las nuestras y de un modo ajustado, sin derroches energéticos ni desparrames innecesarios.

La inteligencia emocional nos ayuda a relacionarnos mejor, a estar más motivados, a conocernos en profundidad y a adaptarnos a las circunstancias. ¿Te parece suficiente?

2

Una biografía emocional demasiado exigente

*E*l artículo publicado por Rosser y otros autores en 2008 lo dejó muy claro hace ya algo más de una década: «La homonegatividad internalizada,[4] no la homosexualidad, parece ser el predictor de la depresión en hombres homosexuales». Y como ya hace tiempo que está claro, nosotros vamos a seguir con esa claridad que ya inauguramos en *Quiérete mucho, maricón*,[5] recordando que la homofobia es la causa de que los hombres homosexuales tengamos un peor funcionamiento emocional que la población heterosexual. Los problemas emocionales no están relacionados con el hecho de ser homosexuales sino con el sufrimiento y el rechazo hacia nosotros mismos que, desde muy temprano en nuestras vidas, nuestra cultura homofóbica nos ha inoculado.

Y es que, como nos recuerda Pachankis en su libro de 2015, la homofobia nos ha dejado servidos con un buen carrito de chucherías:

Los hombres homosexuales, bisexuales y otros HSH [hombres

---

4. Efectivamente, mi querido padawan, «homonegatividad internalizada» es otro nombre para nuestra conocida IH (homofobia interiorizada, por su sigla en inglés).

5. En adelante, QMM.

que tienen sexo con hombres] están desproporcionadamente afectados por varios problemas de salud psicosocial en comparación con los hombres heterosexuales, incluyendo: depresión y ansiedad, problemas de uso de sustancias, violencia de pareja, alteración de la imagen corporal y trastornos alimentarios, y compulsividad sexual […]; dado que estos problemas coexisten en un clima de marginación social y que la presencia de cualquiera de estos problemas exacerba el impacto perjudicial de los otros, se ha descrito que estas condiciones forman una epidemia sindémica.

Un carrito en el que, como ves, cada problema incrementa el impacto negativo de los demás y viceversa, generando unas espirales de retroalimentación entre las distintas problemáticas que muchos de vosotros describís como «autodestructivas», pero que queda mejor descrito como «sindémicas»: varias causas que se retroalimentan mutuamente, originando un bucle del que resulta difícil salir por uno mismo.

He citado solo dos artículos de los muchos que se han publicado sobre la salud mental de nuestro colectivo y ya han salido un buen puñadito de problemas emocionales, como la tristeza (depresión), la ira (violencia) y la ansiedad, así como otros relacionados directamente con esta última (los trastornos alimentarios y la compulsión sexual). Efectivamente, nacer, crecer y tratar de adaptarnos a un mundo que no solo no está pensado para nosotros, sino que, a menudo, se manifiesta en nuestra contra, tiene un efecto profundamente pernicioso sobre nuestra salud emocional.

Uno de los libros que más he recomendado, *The velvet rage* (Downs, 2005), basa su tesis central en el trauma que supone para todos nosotros tener que afrontar unos niveles anormalmente altos de vergüenza (*yes*, otra emoción) cuando somos tan jóvenes e inmaduros que no tenemos ni las herramientas ni la inteligencia suficiente para tal cosa. Nuestra vida implica más problemas que la de los heterosexuales y nos exige que sepamos resolver las situaciones, empleando estrategias funcionales de gestión emocional desconocidas por la mayoría de los heterosexuales que nos rodean. Claro, claro, ¿y de quién vamos a aprenderlas? ¿Se nos va a aparecer la Virgen a enseñárnoslas? ¿Te imaginas: «*Virgin Mary, Virgin Mary, in English, please*»?[6] Tenemos una vida llena de dificultades y ningún referente cercano que nos enseñe lo que necesitamos aprender para afrontar eficazmente estas dificultades, ¿qué podría salir mal?

Por eso, la biografía de cualquier gay de más de 30 años[7] es la historia de una batalla que perdimos irremediablemente. Recuerdo mi infancia en La Isla (Cádiz), una ciudad envuelta por marismas y siempre sacudida por el viento. Si no era el levante, era el poniente, pero el aire casi nunca estaba en calma. Recuerdo los temporales cada otoño y que era inútil llevar paraguas cuando llovía porque el viento asperjaba la lluvia en todas las direcciones y al final te mojabas igual. A menudo bromeábamos con que «en La Isla llueve *parriba*». En los días sin lluvia, el levante arrastraba las bolsas de plástico y los papeles creando remolinos. La arena transportada por el viento te golpeaba la piel como una lija. El viento siempre estaba presente, te rodeaba, te empujaba, te movía la ropa, te llenaba la boca de tierra. Como la vergüenza. Que te acechaba desde cualquier rincón para susurrarte al oído que eras un maricón de mierda, que ni eras hombre ni eras *na*. Que con razón todos se metían contigo: «Que no sabes ni defenderte. ¿Y cómo te atreves a enamorarte de Jorge si él no es ningún

6. Referencia para fans de LQSA.

7. Gracias al progreso social en los países occidentales, buena parte de los chicos gais menores de veinte años apenas han sufrido homofobia. Si este es tu caso, felicita a los maricones mayores que se esforzaron tanto para que tu futuro no se pareciera a su pasado y comprende que, seguramente, buena parte de lo que se explique en este libro y otros similares no te resuene en absoluto. Estamos muy felices de que a ti todo esto te resulte tan lejano y de que parezca que este libro no está escrito para ti.

mariconazo como tú? ¿Qué quieres, que encima te ría la gracia si le dices que te gusta? Normal que se enfade y te meta una hostia. Anda, anda y vete lejos y búscate gente como tú. Vete donde no le hagas pasar esta vergüenza a tu madre, que bastante tiene la pobre». La vergüenza te enmarañaba el pelo sobre la cara impidiéndote ver que tú no eras nada malo, que nada podía justificar esos insultos. Eras tan pequeño y tan poca cosa ¡que tu autoestima no pesaba nada! La vergüenza te arrastraba adonde quería: a suplicar compañía, a admitir que llevabas una tara colgando, a conformarte con los que te toleraban solo para tener cerca alguien de quien reírse. ¿Y qué podías hacer tú, tan pequeño y tan sin recursos? Nada. Solo verte sobrepasado. Por eso la vergüenza hacía contigo lo que le daba la gana sin que pudieras enfrentarte a ella.

¿Y qué decir de otras emociones como la ansiedad? ¿Recuerdas el miedo a salir a la calle y que te insultaran? ¿O en el patio del colegio? ¿O cuando comenzabas a salir de copas, que siempre había algún graciosillo que se quería reír del maricón? ¿Y el miedo a que se enterase tu familia de que eras homosexual? ¿O el miedo de tu familia cuando se enteraban?: «Ay, niño, ten cuidado que la gente es mala y no quiero que te hagan daño». Bueno, ¿y qué me dices del miedo con el que te han dicho que debes follar?: «¡El sida, el sida! ¡Las ITS, las ITS!». ¿Y el miedo a ir por la calle y que te agredieran? Aún hoy día, ¿qué me dices del miedo a viajar a países donde los derechos LGBT[8] son algo *exótico*? ¿Vas a hacerte una foto de la mano con tu novio ante la Plaza Roja de Moscú? Miedo, miedo, ansiedad. Y si seguimos con la lista de emociones, que no se nos olvide la culpa: primero culpable por no haber sido capaz de convertirte en un «auténtico hombre». Después culpable porque tu familia siempre estaría preocupada por ti.

---

8. En el uso de esta sigla, sigo la nomenclatura internacional y escribo en primer lugar las iniciales correspondientes a la orientación sexual (LGB), seguidas de las relacionadas con la identidad de género (T, Q).

Culpable de tener tanta pluma («¿Es que no puedes ser menos obvio? ¡Parece que vas llamando la atención!»). Ojalá nos hubiésemos visto sobrepasados por emociones fabulosas como el amor o la alegría. Pero no, a nosotros nos ha tocado enfrentarnos a las emociones más jodidas: vergüenza, ansiedad, culpa, tristeza, rabia, envidia…, y de todas sus secuelas y su superación hablaremos en el bloque II.

Recuerda cualquier momento de tu infancia o adolescencia y comprueba cómo estaba impregnado de una emoción intensísima a la que no sabías cómo hacer frente.

Eso es haberse visto sobrepasado por las emociones toda la vida.

3

Tan resilientes como vulnerables (o más)

$\mathcal{A}$ pesar de lo que he expuesto en el capítulo anterior, que levante la mano el primer maricón que esté hasta los huevos de escuchar: «Los gais sois muy vulnerables», como sinónimo de: «Es que como tanto acoso os ha dejado traumados, no podéis hacer frente a los problemas habituales de la vida». A menudo comento con colegas de profesión (y hasta le dediqué un vídeo al tema) que los gais estamos sobrediagnosticados. Desde bien temprano en nuestras vidas, hemos interiorizado la idea de que hay algo en nosotros que no está bien. Pasan los años y superamos la creencia de que ser homosexual es algo erróneo o defectuoso, pero aún nos queda la idea implícita de que tenemos un defecto. Por eso nos resulta tan fácil «comprar» cualquier etiqueta patologizante: que si somos depresivos, que si somos adictos al sexo, que si tenemos comportamientos autodestructivos..., blablablá.

Como bien recoge Christman en su disertación de 2012:

> Las experiencias homonegativas se han relacionado claramente con resultados negativos de salud mental en hombres homosexuales, incluidos niveles más altos de depresión y ansiedad (Gold *et al.*, 2011; Kosciw *et al.*, 2010; Lewis *et al.*, 2003; Newcomb y Mustanksi, 2010; Rivers, 2004; Willoughby, Doty y Malik, 2010); disforia

(Lewis *et al.*, 2001); trastorno de adaptación y distimia (Rosser *et al.*, 2008); aumento de la somatización, estrés social, sensación de insuficiencia (Willoughby *et al.*, 2010); ira (Herek *et al.*, 1997 y 1999); pensamientos intrusivos (Lewis et al., 2006); baja autoestima y aumento de la ansiedad en general (Shidlo, 1994). […]

Los hombres homosexuales son capaces de afrontar niveles más altos de estrés, lo que hace que estos mismos niveles altos de ansiedad sean menos predictivos del diagnóstico.[9] Esta idea se refleja en la concepción teórica de «resiliencia de las minorías» (Greene, 1994; Kumpfer, 1999), según la cual las minorías aprenden a afrontar altos niveles de estrés y ansiedad. Además, mientras que los hombres homosexuales informaron de una serie de síntomas de salud mental en el presente, más de la mitad de la muestra también indicó que raramente o nunca experimentaron esos síntomas […]; parece que [los hombres homosexuales], si bien pueden tener niveles considerables de estrés, también pueden mantener una vida satisfactoria […]. Esta información sobre el bienestar dibuja una imagen novedosa sobre la salud psicológica de los hombres homosexuales, superando la literatura anterior en la que eran retratados solo como psicológicamente heridos» (Rosario *et al.*, 2002; Szymanski, 2009; Szymanski y Carr, 2008).

Esto es apasionante. Esa ponencia recoge dos fenómenos: el «estrés de las minorías» y la «resiliencia de las minorías», que transcurren en sentidos opuestos. El primero nos vulnerabiliza, la segunda nos hace más resistentes. Esto describe un modelo sobre salud mental mucho más complejo que esos a los que estamos acostumbrados de «todo bien / todo mal». Según este modelo podemos estar mal y bien a la vez porque estaremos mal en aspectos distintos de los aspectos en los que

---

9. Se refiere a diagnósticos como el de ansiedad. Podemos tener niveles de ansiedad mucho más altos que la mayoría de la población, pero al haber aprendido a gestionarlos mejor que los demás, estos niveles tan altos no terminan desencadenándonos un trastorno de ansiedad.

estaremos bien. Efectivamente, el acoso y la homofobia han dejado huella en buena parte de nosotros, pero sería injusto e incompleto quedarnos ahí. Esos mismos problemas a los que hemos tenido que enfrentarnos han entrenado nuestra resiliencia, nuestra capacidad para adaptarnos a circunstancias desfavorables. En este capítulo explicaré cómo es posible este resultado tan contraintuitivo como esperanzador y os daré ejemplos de estos dos fenómenos. Aunque sé que la primera parte de este capítulo te dejará mal cuerpo, creo que es importante que conozcas esta realidad para que comprendas por qué te encuentras tantos hombres rotos en Grindr, la sauna, el bar, la ONG...

Tan rotos por dentro...

Tienes mi *QMM* lleno de referencias a estudios científicos sobre nuestra mayor vulnerabilidad al consumo de drogas (pp. 153-156 y 254-261), sobre la ansiedad que caracteriza al estrés postraumático que sufrimos (pp. 156-176) o sobre nuestras dificultades para socializar asertivamente (pp.176-179). En *El ciclo del amor marica*[10] te expliqué detalladamente nuestra vulnerabilidad a las relaciones tóxicas (pp. 35-80), y en *Gay Sex*[11] te hablé de problemas como el chemsex (pp. 301-313). Pero para que no tengáis que ir a la estantería a buscarlos, os hago un resumen de cada uno de ellos:

1. ANSIEDAD

La ansiedad puede tener diferentes efectos: bloquearnos, llenarnos de inseguridades, entorpecer nuestra memoria, distorsionar nuestros pensamientos, hacernos *adictos* al sexo o volvernos nosofóbicos.

42

10. En adelante, *CAM*.
11. En adelante, *GS*.

La *adicción* no es tal, sino sexo compulsivo: el sexo sirve para aliviar la ansiedad, y a menudo la necesidad de tener sexo aparece disruptivamente cuando alcanzamos niveles muy altos de estrés.

2. Vulnerabilidad a las drogas

El estrés postraumático y la dificultad para la aceptación son causa clave del consumo de drogas.

Los hombres gais solemos emplear las drogas para facilitar la ejecución sexual y la interacción con los demás.

El consumo no se produce en cantidades mucho mayores que los heterosexuales, pero sí durante muchos más años y en más contextos que ellos.

Ese uso para amortiguar el dolor es ampliamente reconocido por los investigadores en psicología afirmativa gay.

El consumo de drogas vulnerabiliza al VIH.

3. Relaciones sociales y de pareja

43

Es frecuente la «indefensión aprendida», no ser capaz de actuar contra los problemas porque una parte de ti está convencida de que es inútil intentarlo.

Muchos de nosotros no somos asertivos porque nuestras biografías nos han entrenado en justo lo contrario: bien en ser sumisos, bien en ser agresivos.

Haber sufrido acoso nos habitúa a relacionarnos con abusadores y en muchas ocasiones conlleva no saber marcar límites a hombres problemáticos.

Sin embargo, desde que mis anteriores libros salieron a la calle, se han publicado otros estudios que amplían y mejoran lo que sabemos acerca del estrés postraumático y su efecto en la población homosexual. Una de las áreas en las que se sigue profundizando es un clásico (terrible) de la psicología afirmativa gay: el estrés postraumático y su relación causal con el suicidio. Las cifras de suicidio en nuestra comunidad siguen siendo proporcionalmente mucho más altas que las de los heterosexuales (Smith *et al.*, 2016). Como novedad, actualmente identificamos mejor otros problemas en los que apenas nos habíamos fijado antes.

Este es el caso del trastorno obsesivo compulsivo (TOC), especialmente en lo relativo a la sintomatología obsesiva. Los homosexuales somos más tendentes a obsesionarnos con pensamientos relacionados con la violencia, el sexo o la religión, y a sufrir por ese tipo de pensamiento intromisivo que nos golpea (Pinciotti y Orcutt, 2020). Como comprobarás en el capítulo 12, haber sido tan machacados por la violencia, haber visto tan denigrada nuestra sexualidad y haber sufrido tanta homofobia terminan dejando su impacto en forma de pensamientos recurrentes e intrusivos que nos roban la paz mental.

La compulsión sexual sigue siendo un asunto que capta la atención de los investigadores porque se mantiene anormalmente alta en los gais comparados con los hombres heterosexuales y con las mujeres de cualquier orientación sexual (Larsen, 2019). Por último, Chaney y Burns-Wortham describen una interacción multifactorial entre el estrés de las minorías, la IH, la omnipresencia del sexo en nuestras comunidades, el consumo de drogas, el trauma, el acoso homofóbico en nuestras infancias, las dificultades para aceptar nuestra homosexualidad, así como las facilidades que nos brinda la tecnología para conectar con otros gais. Dicho de otra manera, el estrés postraumático nos genera una ansiedad que gestionamos con un sexo que es superaccesible gracias a las *apps* de *cruising* y a la predisposición del resto de hombres gais. Todo junto puede hacernos terminar en un bucle de ansiedad → sexo → culpa → ansiedad → sexo, y así sucesivamente, del que resulta complicado escapar y del que ya hemos hablado largo y tendido.

Pero si hay algo que está generando más y más investigación sobre el estrés postraumático en hombres homosexuales es su relación con el *chemsex*. Como recordarás de *GS*, no es lo mismo consumir drogas durante el sexo que practicar *chemsex* y en ese libro te explicaba la diferencia entre el *chemsex* recreativo y el problemático: uno de los elementos que los distinguen es la presencia de problemas de autoestima, traumas no resueltos y dificultades para hablar del propio seroestatus.

En los últimos años no solo hemos avanzado en conocer cómo el consumo de drogas mantiene una estrecha relación con el estrés postraumático (Morris, 2019), sino también en tomar conciencia de algo que resulta especialmente doloroso y complicado: la violencia sexual en entornos donde se practica *chemsex*. Os detallo unos cuantos estudios al respecto porque es importante que estéis al tanto de esta problemática.

Bohn y otros autores realizaron en 2020 una investigación con 1583 hombres gais en Alemania, de los cuales 1050 informaron que consumían drogas. De este grupo, un 37 por ciento (280 hombres) informó que había consumido en los doce últimos meses las tres drogas que caracterizan el *chemsex*, así que se le denominó el «grupo *chemsex*» y se comparó con el otro 63 por ciento restante (al que se denominó «grupo no *chemsex*»). Ambos consumían drogas, pero solo los incluidos en el primero consumían las sustancias características del *chemsex*. El 46,6 por ciento de estos informaron que habían sufrido actos no consentidos durante sus relaciones sexuales. Y para un 16,8 por ciento, la falta de consentimiento fue acompañada de violencia. En el otro grupo («no *chemsex*») también se informó de relaciones no consentidas, aunque en un porcentaje mucho menor (el 28 por ciento). En cuanto a la violencia, los autores no hallaron una diferencia significativa entre ambos grupos. Sin embargo, ellos mismos señalan otro estudio contemporáneo al suyo y llevado a cabo en el Reino Unido (Duncan *et al.*, 2018), que eligió un enfoque de muestreo similar reclutando participantes a través de Grindr. De estos hombres, el 37,7 por ciento informó que había experimentado algún tipo de violencia por parte de alguno de sus amantes. Ser víctima de violencia sexual se correlacionó significativamente con un aumento del uso de sustancias en el último mes. A más consumo de drogas o alcohol, más probabilidad de verse envuelto en un episodio de violencia durante el sexo.

Y no creáis que estos episodios solo se viven como víctimas; el consumo de drogas es un factor de riesgo para que nosotros mismos podamos ser los perpetradores de la violencia contra nuestras parejas sexuales (Buller *et al.*, 2014). Algo parecido ocurre con el consumo de alcohol (Davis *et al.*, 2016). De los 189 participantes en este otro estudio, 103 de ellos (el 54,5 por ciento) informaron haber sufrido violencia por parte de un compañero sexual, mientras que 92 (el 48,7 por ciento) informaron haber perpetrado violencia contra un compañero sexual en los últimos doce meses.

Esto es un marronazo porque si el *chemsex* o el alcohol se usan para aliviar el dolor de haber sufrido violencia y a la vez perpetúa la violencia, ¿alguien me explica qué clase de solución es esta? ¿Te imaginas cómo se siente alguien que no solo no puede dejar de colocarse para follar, sino que se siente culpable por asistir a encuentros donde puede ser abusado sexualmente y sufrir violencia? ¿Nos imaginamos el tipo de bucle en el que se encuentra ese hombre? ¿Y si te vuelves tan violento como los que te maltrataron en el pasado? ¿Qué clase de autoestima puedes tener? ¿Qué vas a pensar de ti mismo? ¿Qué clase de sufrimiento vas a seguir arrastrando?

Debo decir que, aunque no he hallado ninguna aclaración en los informes, estoy bastante convencido (por mi experiencia profesional) de que estos son datos de usuarios de *chemsex* con consumos problemáticos. Creo que quienes lo usan esporádica y recreativamente no viven estos episodios con la misma frecuencia ni mucho menos. Aun así, aunque el titular se nos quede un poco menos amarillista, no deja de ser preocupante.

En cualquier caso, que los anteriormente descritos sean

fenómenos tan frecuentes y ubicuos nos hacen darnos cuenta de cómo el dolor nos persigue a los hombres homosexuales y cómo estamos empleando unas estrategias para afrontarlo que no sirven de gran cosa si terminan metiéndonos en bucles como el sexo compulsivo, revictimizándonos o convirtiéndonos en agresores. De hecho, en todos los estudios mencionados se aconseja tener presente la vulnerabilidad de nuestra comunidad a la hora de abordar la terapia con hombres homosexuales por lo rotos que estamos.

... que terminamos victimizados...

El concepto de victimización a menudo resulta complejo de comprender en la literatura científica porque parece que hay diferentes modos de interpretarlo. La mayoría de estudios se han llevado a cabo en entornos escolares y carcelarios. Hay mucha menos investigación en campos como la violencia de género.

Como nos recuerdan Ttofi y Farrington en su revisión de 2011 sobre la efectividad de 53 programas de prevención del acoso en las escuelas, al hablar de victimización solemos referirnos al proceso por el que los demás comienzan a percibirnos como víctimas:

> La investigación estadounidense generalmente se centra en la violencia escolar o la victimización entre pares *(peer victimization)* en lugar del acoso *(bullying)*. El acoso es diferente a la violencia escolar o a la victimización entre pares. Por ejemplo, el acoso incluye emplear apodos desagradables contra otro, que lo rechacen, que lo excluyan de las actividades o que se propaguen rumores sobre la víctima. Además, el acoso implica un desequilibrio de poder y actos repetidos [...]. El acoso es un tipo de comportamiento agresivo. Sin embargo, no debe equipararse con agresión o violencia; no toda agresión o violencia implica acoso, y no todo acoso implica violencia.

47

Así, por «victimización» entenderemos un proceso a través del cual se *marca* a alguien como blanco de las agresiones, alguien a quien los demás van a percibir como víctima y contra quien van a dirigir sus ataques. Los gais no necesitamos que nos expliquen mucho de qué va este proceso: el primer grito de «¡Maricón!» en el pueblo o en el patio de colegio nos colgaba en la frente la diana por culpa de la cual, y desde entonces, todos los que tenían ganas de descargar su ira o divertirse a costa de alguien, dirigían sus insultos, burlas y agresiones contra nosotros. Al identificarnos como homosexuales, se nos identificaba también como víctimas y, a partir de ese momento, todos nos atacaban porque «eso es lo que se hace con las víctimas». Este es uno de los motivos del miedo a salir del armario: que te victimicen y que, a partir de ahí, te ataquen, ofendan y menosprecien.

En victimología se habla de tres tipos de victimización (Wolfgang, 1979), y es bueno que las conozcamos y diferenciemos porque nos ayudarán a comprender procesos que explicaré en este capítulo y posteriores:

1. Primaria. Cuando recibimos una agresión, nos convertimos en la víctima de esa agresión.

2. Secundaria. A veces las instituciones culpan a la víctima de la agresión sufrida: «¿No le habrás provocado?», «¿No llevarías la falda demasiado corta?». El entorno social y/o institucional carga a la víctima con la responsabilidad de la agresión y libera al agresor de las repercusiones.

3. Terciaria. Cuando terminamos convencidos de que hay algo en nosotros que *atrae* a los agresores. Nos vemos como víctimas. La victimización terciaria suele suponer tres tipos de identificación que conviene distinguir. Todas coinciden en identificarnos ante los demás como víctimas para ser vistos y comprendidos como tales, pero las expectativas de la víctima son diferentes en cada uno de ellos:

a. Reconocernos como víctimas para pedir justicia y que se repare el daño que nos han hecho. A esto lo llamaremos «reparación».

b. Pedir que se entienda las huellas que ese daño ha dejado en nuestras emociones, en cómo nos relacionamos con los demás y en nuestro funcionamiento psicológico. A esto otro lo llamaremos «vulnerabilización».

c. Hay un extremo que termina con la persona manteniendo una permanente actitud de amonestación a los demás, culpando también a quienes no tuvieron nada que ver con su maltrato y manteniendo una beligerancia extrema contra el mundo en general. Esta persona vive quejándose permanentemente del daño que le hicieron y chantajeando emocionalmente a los demás. A esto último lo llamaremos «victimismo». Sobre esto profundizaré en el capítulo 10, pero ya te aclaro que, en líneas generales, el que busca justicia sienta al culpable en el banquillo, mientras que el victimista quiere sentar allí a todo el mundo. Es imposible fomentar la resiliencia de alguien que permanece anclado en el victimismo ¡por eso es tan importante detectarlo!

La mayoría de nosotros sabemos huir del victimismo y, en todo caso, nos reconocemos como personas vulnerables. Se necesita esfuerzo para revertir esa vulnerabilidad y fomentar la residencia. De entrada, resulta difícil admitir que uno arrastra las secuelas del maltrato porque nos percibimos como esos «maricones destrozados» de la aseveración con la que comencé el capítulo. Por eso cada vez que trabajo el estrés postraumático en consulta, hago un esfuerzo por ayudar a mi paciente a que empatice consigo mismo y deje de juzgarse en términos minusvalorantes:

Cualquier persona que hubiera tenido que enfrentarse a lo que tú tuviste que enfrentarte, en el contexto en el que tuviste que hacerlo y con los pocos medios y preparación que tenías, habría hecho exactamente lo mismo que hiciste tú. Cualquier persona habría sufrido las mismas consecuencias que tú. No eres más débil que los demás. Ni tampoco podías decidir tomártelo mejor. Te enfrentaste a ello como pudiste. Como cualquier otro ser humano.

El problema para asumir estas frases tan obvias es que muchos de nosotros hemos sufrido algo que conocemos popularmente como «revictimización», que nos han hecho creer que nosotros éramos los culpables o causantes de la violencia que sufríamos.

Lamentablemente, de nuevo la terminología tiende a confundirnos. Muchos expertos entienden por «revictimización» la repetición de los sucesos que nos convierten en víctimas (Messman-Moore y McConnell, 2018), mientras que otros la entienden como la victimización secundaria que hemos definido unas líneas más arriba: la que se produce cuando el sistema policial o judicial culpabiliza a la víctima de un delito o duda de su testimonio.

La primera acepción suele darse más en investigación psicológica y la segunda en investigación jurídica, de género y en trabajo social. Para lo que nos importa, en realidad estas distinciones no tienen mucho más sentido que el gusto por la terminología precisa o por si quieres ampliar la información consultando más fuentes. Porque nosotros sufrimos tanto la revictimización de las agresiones repetidas como la revictimización de esos padres que justifican que nos insulten («¿Cómo no van a meterse contigo con ese plumazo que tienes?»), o de esos profesores que no nos creen («Venga, seguro que no ha sido para tanto, es que tú te lo tomas todo muy a pecho»).

Todo ello conduce a una revictimización profunda que podemos comparar con la victimización terciaria, pero que, para no liarnos, vamos a denominar «autoinculpación», pues así es como la denominan Schacter y Juvonen cuando presentaron en 2015 los resultados de su investigación en 26 escuelas con una muestra grande (sobre 5991 estudiantes) de adolescentes de sexto grado, y con la que voy a dar paso al *plot-twist* de este capítulo: estos investigadores hallaron un efecto paradójico de los programas para la reducción del *bullying* en las escuelas pues cuanto menos se daba en el centro, más victimización se causaba. *WTF?*

La explicación a este hecho tan sorprendente parece estar en la atribución causal del acoso. Ante la pregunta «¿A qué se debe el acoso que estoy sufriendo?», niños y jóvenes tratan de dar una explicación sobre los motivos. La respuesta, en palabras de estos investigadores:

> Cuando casi nadie es ridiculizado, aquellos que lo son pueden sentirse muy atacados y concluir más fácilmente que el maltrato es debido a algo personal de ellos. Por el contrario, cuando hay otros que también están siendo acosados, resulta más fácil pensar que «estaba en el lugar equivocado en el momento equivocado».

Resumiendo, el razonamiento implícito sería algo así como: «Si estuviera en un entorno donde se acosa a muchos, la culpa sería de los acosadores, pero si solo me acosan a mí, quizá sea por culpa de algo que yo hago, digo o por cómo soy». Evidentemente es un razonamiento erróneo e inmaduro, pero es comprensiblemente humano cuando careces de otras referencias excepto lo que está sucediéndote..., o cuando solo tienes diez años. Lo malo no es esta interpretación naif hecha cuando eres un crío, sino que los adultos justifiquen el acoso o que te recriminen que no seas capaz de defenderte «como un hombre». Es esta victimización secundaria la que termina convenciéndote de que hay algo en ti, aunque no sepas exactamente el qué, que causa el rechazo de los otros. La victimización secundaria por parte de la cultura homofóbica o por la homofobia de las figuras de autoridad (padres y profesores) acaba desembocando en la victimización terciaria, aquella en la que ya te ves a ti mismo como una víctima. Terminas mirando el futuro con desesperanza creyendo que la culpa es tuya. Tratas de cambiar y de tener menos pluma. Te esfuerzas para que no se te note cuánto te ofenden sus comentarios. Callas y tragas con todo. Y así es como te conviertes en víctima. Te conviertes en alguien incapaz de poner límites a los demás, que soporta relaciones abusivas, con la autoestima por debajo del suelo y agradecido de que alguien, quien sea y como sea, se digne a ser tu amigo o tu pareja.

Pues no, maricón. No vamos a consentir que eso siga sucediendo. Mereces lo mejor.

... pero capaces de recomponernos

Resiliencia, menudo pantano el de la resiliencia. Habrás leído doscientos y pico mil libros sobre este asunto, pero resulta que la resiliencia es un constructo especialmente discutido en el campo de la psicología científica. Sí, podemos escribir libros sobre el tema sin necesidad de que estos sean muy rigurosos en lo académico y eso no estaría tan mal si resultasen un producto útil para los lectores. Al final, lo importante es que sepáis cómo recomponeros después del trauma. Y si lo hacemos desde el rigor, mucho mejor. Así que seguiremos el consejo de mi tía abuela Marina, que siempre me decía: «Niño, lo que se hace bien de primeras, se queda bien hecho *pa* siempre».

Uno de los críticos del concepto de resiliencia que más se menciona en los *papers* es Howard B. Kaplan. Este autor, lejos de ser un *hater* total del concepto de resiliencia, es en el fondo un buen científico preocupado por la ausencia de rigor metodológico en la investigación. Él se hace una serie de preguntas gracias a las cuales podemos reflexionar sobre ese carajal en que se han convertido los estudios sobre este constructo tan famoso. Kaplan parte de una idea elemental: los conceptos por su naturaleza no son verdaderos ni falsos, pero pueden (y deben) evaluarse con respecto a su utilidad. Y no podremos saber si el concepto es útil si no resolvemos previamente la confusión que lo rodea. ¿Cuáles son las preguntas que se formula Kaplan? Veámoslas y reflexionemos, porque nos incumben y porque dan para tardes y tardes de charleta con las amigas.

1. ¿La resiliencia tiene que ver con las características y resultados de las personas o con características y resultados de grupos, comunidades o ecosistemas?

La literatura ha dado ejemplos de lo uno y de lo otro sin precisar bien cada caso. Kaplan señala: «A nivel social, las conductas de afrontamiento exitosas son aquellas que contribuyen a la supervivencia y al bienestar de los demás. A nivel psicológico, consideramos el afrontamiento positivo como el ejercicio de conductas que contribuyen al bienestar de uno mismo».

Vemos que se trata de dos tipos distintos de conductas, ¿ambas son resilientes? ¿La resiliencia es algo a fomentar colectiva o individualmente? Piensa en un gay de un pueblo pequeño y en una asociación LGBT y te será más sencillo entender este ejemplo. Si la resiliencia es una característica individual, por mucho que existan asociaciones, no podrán hacer demasiado por las personas que no posean resiliencia. Pero si es algo colectivo, los gais de pueblos remotos estarán condenados a sufrir porque en el pueblo no cuentan con estos grupos de apoyo. Si queremos ayudar a los maricas rurales, ¿debemos diseñar programas de entrenamiento individual en asertividad o fomentar la conexión con otros gais a través de las redes?

2. ¿La resiliencia es un concepto en sí mismo o no es más que el sinónimo de otras características equivalentes?

Como ejemplo de esta imprecisión, Kaplan menciona la observación que hacen Lösel, Bliesener y Koferl: «Hay una multitud de constructos relacionados con la invulnerabilidad, como la resiliencia, la resistencia, la adaptación, el ajuste, el dominio, la plasticidad, el ajuste persona-entorno y el amortiguamiento social». ¿De qué estamos hablando cuando hablamos de resiliencia? ¿Qué mido en un test de resiliencia? ¿Cómo puedo decir si las personas son resilientes: «Tú no, tú no, tú no, ¡tú sí!»[12.] ¿Cómo sé que un paciente no tiene resiliencia si no tengo claro cómo medirla?

3. ¿Es la resiliencia lo opuesto a la no resiliencia o es lo opuesto a la vulnerabilidad?

De la resiliencia se ha dicho que es lo opuesto de la vulnerabilidad, pero también se ha definido como un elemento distinto y que fomenta el bienestar. ¿Se puede ser resiliente además de vulnerable? O lo que es lo mismo: si soy vulnerable al dolor y hay situaciones que me parten el alma, ¿eso significa que no soy resiliente? ¿O soy resiliente precisamente porque sé que lo humano es que a uno se le rompa el alma ante determinadas desgracias y lo que me hace sentir bien es saber que no soy un bloque de granito inconmovible?

Esta distinción es muy importante también a efectos prácticos y cotidianos, sobre todo relacionados con nuestras expectativas en los procesos de duelo. Si creo que resiliencia y vulnerabilidad son opuestas, me sentiré fracasado en mi terapia si aún me duelen las humillaciones de mi familia. Pero si creo que puedo ser vulnerable y resiliente a la vez, entenderé que algo tan grave como que un familiar me humille no puede dejarme impávido, por más que haya aprendido a responder a sus insultos con asertividad.

4. ¿Es resiliente quien triunfa a pesar de la adversidad o es resiliente quien no se hunde ante la adversidad?

Esta pregunta también tiene muchas implicaciones, no solo teórico-experimentales sino prácticas. En el primer caso me sentiré insatisfecho ante mi falta de resiliencia si no consigo buenos resultados en la vida (un trabajo admirable, mucho di-

54

12. Esta referencia solo la habéis pillado los fans de la Veneno.

nero, un novio). Si, por el contrario, entiendo la resiliencia simplemente como ser capaz de soportar la adversidad, me sentiré satisfecho conmigo mismo por no haberme lanzado acantilado abajo a resultas de todo lo que me hicieron sufrir.

5. ¿Cuál es la relación entre la resiliencia y las experiencias angustiosas? ¿Se dice que una persona es resiliente porque se recupera de la adversidad? En ese caso, ¿no puedes decir que eres resiliente si no has superado un trauma? Muchos hombres recuerdan con dolor sus infancias, ¿ese dolor significa que no son resilientes y que no han superado su infancia por lo que deben seguir en terapia? Algunos autores así lo consideran. Por el contrario, otros psicólogos entendemos que una persona puede ser resiliente aunque siga recordando su trauma y siempre que este no lo inutilice; así que damos por concluido su proceso terapéutico, ya que ha aprendido a convivir con el dolor. En el primer caso te pasarás la vida entera yendo al *analista*. En el segundo caso, tu psicólogo te dará el alta apenas logres mantener una vida funcional.

6. Si la resiliencia se define en relación a las experiencias estresantes previas, surge otra pregunta: ¿la resiliencia es la capacidad de recuperarse, o algo que se aprende gracias a la adversidad?

Si la respuesta es la primera, la resiliencia es una característica personal innata que se tiene o no se tiene y uno nunca sabrá lo fuerte (o vulnerable) que es hasta que no se enfrente a la adversidad.

Si la respuesta es la segunda, la resiliencia se puede entrenar, pero necesita que las personas se enfrenten a traumas. Una vida sin adversidades no puede producir individuos resilientes.

Desde un punto de vista teórico, es de suma importancia ya que la primera respuesta no deja margen para programas de mejora (entrenamiento en asertividad) ni para terapia, porque serían inútiles. Y la segunda respuesta deja claro que, si queremos personas fuertes, debemos ponerlas en situaciones angustiosas para que desarrollen sus fortalezas. ¿Quién sería tan cabrón?

7. ¿Debería definirse la resiliencia según algún criterio general o en términos de resultados favorables específicos del contexto particular? ¿Todas las personas resilientes actúan exactamente igual o depende de cada una, de cada situación, de cada objetivo?

Lo sensato parece lo último, pero en este caso los instrumentos de medida tendrán que adaptarse a las situaciones, objetivos y personas concretas en quienes se vaya a medir la resiliencia. ¿Habría cuestionarios específicos ante la muerte de un ser querido, una pérdida económica, etcétera?

8. Si hablamos de factores protectores, ¿cuáles, generales o específicos, nos equiparán con resiliencia?

Por ejemplo, ¿qué importancia tiene la familia para mitigar el impacto de la homofobia del colegio? ¿Para todas las personas la importancia de la familia es la misma? ¿Cómo podemos aconsejar a unos padres o a un colegio para que proteja a un niño gay del impacto del acoso? ¿Qué funcionará en el caso de ese niño concreto? ¿Y de un amigo tuyo? ¿Cómo aconsejarles lo mejor posible? Y, sí: a los psicólogos nos encantan las preguntas.

9. ¿Cómo sabemos cuáles son los factores de riesgo?

Tal como explica Kaplan:

> Las definiciones de resiliencia que hacen referencia a los factores de riesgo han sido criticadas amplia y justificadamente. No existen criterios definidos por los cuales una variable en particular pueda definirse como factor de riesgo. Por lo tanto, no existe un criterio claro por el cual determinados comportamientos o resultados puedan definirse como resilientes. El juicio se hace siempre *a posteriori* y se basa en la asignación del riesgo a condiciones particulares.

Esta larga serie de preguntas sobre la resiliencia se resume en las conclusiones del capítulo de Kaplan:

> Tan abrumador es el número de preguntas de este tipo que se

han planteado con respecto al concepto [de resiliencia] que algunos investigadores y clínicos desesperan de poder resolverlas alguna vez y ofrecer una definición o, habiendo ofrecido una definición, lograr un consenso sobre su uso. [...] Como mínimo, el concepto está definido con precisión y puede usarse de esa manera. [...] Una u otra definición puede ganar vigencia durante un tiempo y, en última instancia (se puede esperar), se logrará cierto grado de consenso, aunque (dada la cantidad de cuestiones por resolver) esto es poco probable. Alternativamente, se podría argumentar que el concepto de resiliencia es útil precisamente porque provoca muchas preguntas conceptuales o teóricas. [...] Quizá sea al cumplir esta función sensibilizadora que la resiliencia encuentra su razón de ser.

Aunque pareciera que reconoce al concepto de resiliencia el valor de ser una invitación a la investigación y a hacernos preguntas sobre cómo mejorar nuestra metodología científica, lo cierto es que Kaplan termina su revisión con una frase apoteósica: «Sin embargo, habiéndonos alertado sobre estos fenómenos, la resiliencia puede haber cumplido su propósito y se le puede permitir retirarse del campo con gracia y honor». No sé a vosotros, pero a mí me suena como si Kaplan se pusiera en plan milenial despidiéndose de la resiliencia con un «*Ok, boomer*, paso de ti».

Como ves, la resiliencia es uno de esos conceptos que abundan en la literatura de autoayuda, pero que son controvertidos desde un punto de vista académico: está mal definido y existen diferentes modelos contradictorios. Esto no ayuda a investigar, y sin investigación, desde la psicología científica no se pueden desarrollar buenos instrumentos, como mejores terapias o programas para el desarrollo de la resiliencia.

Por suerte, los psicólogos somos tenaces y hemos contestado a muchas de esas preguntas. El estudio de la resiliencia ha seguido progresando y, con todas las precauciones encima de la mesa, hemos podido profundizar más.

En 2013 tuvo lugar una mesa redonda maravillosa durante el plenario de la reunión de la Sociedad Internacional de Estudios sobre el Estrés Traumático. Estuvo presidida por Steven Southwick (departamento de Psiquiatría de la Universidad de Yale) y compuesta por los expertos George Bonanno (departamento de Counselling y Psicología Clínica de la Universidad de Columbia), Ann Masten (Instituto para el Desarrollo Infantil de la Universidad de Minesota), Catherine Panter-Brick (departamento de Antropología de la Universidad de Yale) y Rachel Yehuda (división de estudios sobre el Estrés Postraumático del hospital Mount Sinai de Nueva York). Afortunadamente para todos nosotros, sus intervenciones fueron recogidas en una publicación (Southwick *et al.*, 2014), y compartiré con vosotros alguna de sus conclusiones porque responden a buena parte de las preguntas (si no a todas) que se hacía el bueno de Kaplan.

Sobre la resiliencia, esos expertos reconocían que:

- Es una construcción compleja que puede tener un significado específico para un individuo, familia, organización, sociedad y cultura en particular.
- Los individuos pueden ser más resilientes en algunos dominios de su vida que en otros, y durante algunas fases de su vida en comparación con otras.
- Probablemente existen numerosos tipos de resiliencia (por ejemplo, resiliencia aguda, emergente…) y dependen del contexto. Por ejemplo, la resiliencia de un refugiado camboyano traumatizado puede ser diferente a la de un estadounidense que sobrevive a un huracán, o a la de alguien con esquizofrenia crónica.
- Es posible, por tanto, que el objetivo no sea acordar una definición general, sino definir cuidadosamente varios tipos de resiliencia según el contexto.
- Para establecer una única definición más amplia, pero

útil, será fundamental colaborar con expertos que estudien ingeniería, resiliencia ecológica, biológica, individual, familiar, organizacional y cultural.

Los expertos coinciden en definir la resiliencia como un esfuerzo para sobreponerse a los eventos adversos y mantener el bienestar (sin perderlo) o regresar a él (tras haberlo perdido). Varias de estas definiciones cuestionan que la resiliencia se caracterice por la ausencia de deterioro funcional o psicopatología después de eventos altamente adversos. Es decir, resiliente no es el que no sufre secuelas sino el que es capaz de convivir con esas secuelas de un modo funcional. A lo mejor nunca perdemos del todo nuestra ansiedad, pero sí podemos aprender a convivir con ella sin que nos condicione demasiado. La distinción es importante: en lo referente a la autoestima no es igual verse a uno mismo como alguien que sigue traumado que verse como alguien que se mantiene en pie a pesar del dolor que aún arrastra.

59

Sobre los determinantes o las causas más importantes, los participantes en aquella mesa redonda entienden que mejorar nuestra comprensión sobre la resiliencia implica analizarla desde múltiples niveles de análisis: genético, epigenético, de desarrollo, demográfico, cultural, económico y social. Hasta la fecha, los determinantes que se han investigado solo explican una pieza relativamente pequeña del rompecabezas y, además, pueden diferir según el contexto, la edad, la madurez y los desafíos específicos. Por ejemplo, los determinantes de la resiliencia que son relevantes para un bombero en Estados Unidos difieren claramente de los de una madre etíope que vive en la pobreza.

Es comprensible que los investigadores pretendan encontrar tales o cuales determinantes de la resiliencia para no caer en la imprecisión cuando se trata de predecir resultados, pero lo más acertado en ciencias sociales (como la psicología) es reconocer que los factores que determinan el éxito pueden variar de una persona a otra en función de múltiples elementos como la personalidad, los desafíos específicos, los recursos disponibles y el contexto. En cualquier asunto relacionado con los seres humanos es constante la variabilidad de características, motivaciones, factores ambientales, etcétera. Además, existe evidencia de que la resiliencia está relacionada con la capacidad de emplear una variedad de estrategias de afrontamiento de manera flexible dependiendo del desafío.

Con razón era difícil delimitar las causas de la resiliencia, porque son muy variadas, pueden influir (o no) según el contexto y pueden ir cambiando a lo largo de la vida.

Finalmente, esos expertos expusieron sus recomendaciones para mejorar la resiliencia:

- Es fundamental comprender que los seres humanos están integrados en familias, las familias en comunidades y las comunidades en sociedades y culturas. Las intervenciones dirigidas a cualquiera de estos niveles afectarán al funcionamiento en otros, y, recíprocamente, intervenir en un nivel supondrá algún tipo de intervención o mejora en el resto. Por eso, a veces, la estrategia más eficaz para mejorar la resiliencia en un entorno específico puede implicar la intervención en otro diferente. Por ejemplo, las leyes de protección LGBT actúan en el ámbito comunitario, pero a la vez las personas LGBT se sienten amparadas por esas leyes y eso mejora su resiliencia individual.
- También es importante comprender que los determinantes de la resiliencia pueden diferir según las situaciones. No es lo mismo sobreponerse a un ataque terrorista que a un diagnóstico de cáncer.
- Las intervenciones para mejorar la resiliencia se pueden administrar antes, durante o después de situaciones es-

tresantes o traumáticas. Algunas pueden ser más efectivas en un momento que en otro. A ser posible, deberían ocurrir antes de los eventos estresantes a fin de que el individuo esté mejor preparado para enfrentar la adversidad, pero, claro, ¿quién es tan previsor?

Al final, y esto es lo más importante, los expertos reconocen que los seres humanos estamos dotados innatamente de un gran potencial para superar la adversidad y para cambiar o adaptarnos cuando sea preciso, pero necesitamos recursos sociales y materiales básicos. De nuevo, también en esto, los humanos somos una intersección entre biología y cultura. Una de las formas más importantes de fomentar la resiliencia es promover entornos familiares y comunitarios saludables que permitan que los sistemas de protección naturales del individuo se desarrollen y operen de manera efectiva.

Un punto en común entre los expertos de aquella mesa redonda fue considerar la resiliencia como un constructo complejo que podía tener un significado distinto para cada individuo, familia, organización, sociedad y cultura. A lo mejor el problema metodológico al que aludíamos al inicio del apartado podría provenir de pretender ver como una única característica lo que es un conjunto de habilidades. Un buen resumen sería: «resiliente es el que se adapta y sobrevive», al que solo me queda añadir: *You say whaaaaaaat?*

¡Sabremos los maricones lo que es adaptarse y sobrevivir! Somos el ejemplo paradigmático de que se puede ser resilientes a la vez que se acusan las secuelas del trauma. Hemos tenido que organizarnos para luchar contra la homofobia, y eso nos ha hecho más resilientes. Hasta tal punto lo somos que la resiliencia de la población homosexual ha sido sujeto de estudio. Resulta admirable que un colectivo que ha estado siempre castigado (y en algunos casos, al filo del genocidio) haya conseguido no solo sobrevivir sino promover una lucha que, en apenas cincuenta años y en tantos países, ha vencido siglos de discriminación (Handlovsky *et al.*, 2018). Somos mucho más resilientes de lo que nosotros mismos creemos. Y mucho más fuertes. Para que nos quede claro cómo hemos sido capaces de sobreponernos a multitud de estragos, revisaremos lo que sabemos sobre la «resiliencia LGBT».

La resiliencia de la comunidad LGBT+

A lo largo de nuestra historia nos hemos ayudado unos a otros creando redes de apoyo tanto en *barrios gais* como en asociaciones y organizaciones políticas. Hemos tenido siempre presente la importancia de nuestra salud mental y hemos abogado por el trato respetuoso. No siempre lo hemos hecho a la perfección, pero estos han sido los ejes de nuestra resiliencia según la investigación citada antes.

Ese mismo año se publicó una revisión acerca de todo lo que se había investigado sobre la resiliencia de gais, lesbianas y bisexuales (De Lira y De Morais, 2018). En una primera búsqueda seleccionaron 172 estudios publicados sobre el tema. Cribaron los que no trataban la resiliencia de la población LGB como asunto principal, los que eran revisiones y los que solo abordaban aspectos metodológicos. Al final se quedaron con 114 estudios.[13] Estos fueron enviados a diversos *jueces* que eliminaron aquellos que evaluaban la resiliencia con muy pocos indicadores. Al final se quedaron con 39 para analizar y en ellos encontraron tres tipos principales de resiliencia en lesbianas, gais y bisexuales: la individual, la familiar y la comunitaria. Os las detallo:

- Resiliencia individual. ¿Qué nos ayuda, como individuos a ser más resilientes? Reconocer y expresar los propios

---

13. El estudio sobre nuestra resiliencia ha generado más de un centenar de publicaciones. Teniendo en cuenta que somos una minoría, no es un número pequeño.

sentimientos, en primer lugar. También tener confianza en que lo que sucede nos enseñará algo. En tercer lugar, haber aceptado la propia homosexualidad. Por contra, los elementos que pueden reducir nuestra resiliencia son: la IH, manifestada tanto en la interiorización de los prejuicios contra los homosexuales como en la ocultación de la propia homosexualidad, y el rechazo familiar.

Estos dos autores nos advierten de algo que debéis tener bien presente:

> La exaltación del triunfo personal sobre la adversidad parece ser un componente relevante del proceso de resiliencia. Sin embargo, esta ideología individualista puede contribuir a la expectativa de que todos los individuos pueden y deben superar la adversidad utilizando solo sus propias habilidades y competencias. Aquellos que no pueden lograrlo pueden ser peor vistos y percibidos como débiles e incapaces. Por lo tanto, cuando hablamos de resiliencia individual en minorías sexuales, es importante prestar atención a no caer en la inculpación de la víctima debido a la creencia de que estas personas también deberían poder sobrevivir y prosperar en virtud de su resiliencia [...]. Como resultado, las políticas públicas y las intervenciones que se adhieren demasiado a la idea de resiliencia individual pueden enfocarse excesivamente en la persona más que en el entorno social patológico que a menudo es la causa del estrés de las minorías.

63

Efectivamente, a menudo nos enfocamos mucho en lo individual y no siempre lo hacemos de mala fe sino porque lo tenemos más a mano. Yo puedo trabajar conmigo mismo. Tú puedes trabajar contigo mismo. Y si vienes a consulta, yo te ayudaré a trabajar contigo mismo, nos centraremos en ti porque eres en quien podemos incidir inmediatamente. Pero nunca deberemos perder de vista que vivimos en un contexto, en una familia, en una sociedad. Tu resiliencia también se relaciona con esos otros aspectos y no depende solo de tu esfuerzo. Así, trabajaremos para que te aceptes mejor, te sacudas la IH y confíes en tus propias capacidades para sobreponerte, pero siempre teniendo en mente que el cambio será dentro de un contexto con el que debemos contar para apoyarnos... ¡y para cambiarlo!

- Resiliencia familiar. Estos estudios se centran en las fortalezas de las familias formadas por minorías sexuales, aunque solo tres analizaron la resiliencia utilizando la familia como unidad de análisis. Como resultado, lo que sabemos aún es bastante limitado. Aun así, encontraron que las familias homoparentales tienen la misma capacidad de enfrentarse a las dificultades que las «blancas, monógamas y patriarcales», ya que el afrontamiento positivo de la adversidad no depende de la orientación sexoafectiva de sus miembros sino de las fortalezas de la unidad familiar, de que sus miembros se relacionen con afecto, seguridad y compromiso, así como de las relaciones y conexiones establecidas con una red de apoyo más amplia. Mientras nuestros lazos sean igual de afectuosos, nuestras familias son igual de resilientes que las demás.
- Resiliencia comunitaria. La gran diferencia respecto a la individual y a la familiar es que la comunitaria pasa primero por adquirir una identidad colectiva. La comunidad es algo a lo que tú perteneces, con lo que te identificas, por la que te esfuerzas y que te protege frente a la adversidad. La comunidad es una especie de «tú» agrandado que incluye las resiliencias de todos los demás miembros del colectivo. Todos los estudios enfatizan cómo la comunidad ejerce una protección psicoemocional y de la salud de sus integrantes. Las conexiones con la comunidad incrementan nuestra fuerza en la lucha contra la discrimi-

nación, así como amplifican nuestras voces individuales. Eso sí, la resiliencia comunitaria es mucho más que la suma de las resiliencias individuales, como grupo tenemos un poder mayor. Esta maravilla solo tiene una pega. Una gran pega:

Los miembros de una comunidad pueden no beneficiarse por igual debido a las desigualdades sociales y estructurales dentro de la propia comunidad LGBT. El racismo, el clasismo, el sexismo, la homofobia y otras formas de exclusión pueden generar conflictos dentro de la comunidad LGBT y, por lo tanto, disminuir sus efectos beneficiosos para algunas personas.

Este es el gran inconveniente: no todo el mundo se beneficia por igual de la resiliencia comunitaria. Incluso en los grupos discriminados, hay situaciones de discriminación.

Nuestra comunidad, tanto en el ámbito individual como familiar y colectivo, ha mostrado una enorme resiliencia, y en la actualidad, gracias a las redes sociales, aún es más fácil recibir apoyo. Por suerte, si te sientes solo (o eres maricón de pueblo), puedes fortalecer tu resiliencia comunitaria gracias a la conexión digital.

Desde mucho antes de la pandemia, las personas LGBT+ hemos encontrado apoyo en comunidades digitales. Hay un estudio precioso acerca del efecto que tienen los medios de comunicación sobre la resiliencia de los jóvenes LGBTIQ (Craig, *et al.*, 2015). Los medios de comunicación se consideran hoy un elemento más del ecosistema de cualquiera de nosotros. Un elemento que modula nuestra relación con el entorno. Por medios de comunicación masiva nos referimos a los libros, a la prensa, al cine, a la radio y a las cadenas de televisión, pero también a blogs, redes sociales y a plataformas como YouTube. Estos autores encontraron cuatro formas en las que los *mass media* son beneficiosos para la comunidad LGBTIQ joven:

1. Facilitando un escapismo. Las comedias como *Glee, Queer as Folk* y *Xena* ofrecen una vía de escape de una realidad que los oprime y de la desesperanza. Los momentos en los que disfrutan de sus series, les permiten oxigenar unas mentes que pasan demasiado tiempo preocupadas, y de esta manera equilibran sus estados emocionales.

2. Haciéndoles sentir más fuertes. A menudo los argumentos de los capítulos de esas mismas series les ofrecen ejemplos de fortaleza y de resistencia frente a la adversidad a partir de los cuales aprender para aplicarlos en sus propias vidas. Algunos personajes públicos se constituyen en referentes LGBTIQ en los que mirarse (Anderson Cooper o Ellen DeGeneres) y algunos, sin ser LGBTIQ, son inspiradores y les lanzan mensajes de apoyo y ánimo (Lady Gaga o Madonna).

3. Luchar. Algunos emplean sus redes (Facebook o Twitter) para discutir con homófobos o tránsfobos sintiendo que pueden hacer algo, que no están indefensos. Saben que pueden manifestar su repulsa contra la discriminación.

4. Hacer comunidad. En esa lucha encuentran aliados, ven vídeos de «otros como ellos» y dejan de sentirse solos. Mantienen contacto por redes, por WhatsApp y *email*, se apoyan y confortan. Entre todos consiguen superar los momentos duros y seguir avanzando hacia el futuro con más confianza.

El inconveniente es que el número de participantes en el estudio fue tan pequeñito (solo 19) que no permitía generalizar demasiado. Por otro lado, los resultados quizá sean demasiado dependientes del contexto estadounidense, aunque observaciones en otros países parecen ir en la misma dirección: escapismo, referentes, lucha y comunidad.

Otra área en la que claramente se fortalece nuestra resiliencia individual gracias a la comunitaria tiene que ver con el

VIH. Pertenecer a un grupo al que se considera resiliente con referentes doblemente positivos[14] es un gran protector de la salud mental de los hombres VIH+.[15] Quienes pertenecen a un grupo de estas características o se integran inmediatamente tras el diagnóstico sufren mucha menos depresión y ansiedad que quienes no lo hacen (Lyons y Heywood, 2016).

El estudio de Harper y otros autores de 2014 con jóvenes a los que les acababan de diagnosticar VIH recogió varias estrategias para afrontar esa noticia de forma resiliente. Comenzaban por la búsqueda de apoyo social entre sus amigos, familiares y parejas, pero también en las organizaciones de promoción de la salud (médicos, ONG).

Mediante esos contactos pudieron desarrollar otras dos estrategias de afrontamiento: cambios cognitivos y cambios conductuales. Entre los cognitivos fue muy común reformular sus objetivos en la vida, buscar información y asumir la responsabilidad que tenían en el cuidado de su salud. Muchos también reformularon el diagnóstico no como algo malo sino como una llamada de atención de la vida, una especie de «Eh, tú, ten cuidado con tu salud o quién sabe qué puede ocurrirte». Considerando el diagnóstico como una advertencia, pero no como un desastre, tomaron conciencia de que podían hacer mucho para mantener su salud y buscaron toda la información que pudieron. Aquí comenzaron los cambios conductuales y reforzaron sus prácticas de sexo más seguro, disminuyeron el consumo de alcohol y drogas, aumentaron el ejercicio que practicaban y mejoraron su dieta. Evidentemente, todo esto repercutía favorablemente en su estado físico y eso les generaba una enorme sensación de control.

14. VIH positivos, y simplemente positivos en el sentido de 'constructivos, optimistas'. Perdón por el juego de palabras tan malo, pero se ha usado hasta en campañas informativas.

15. Recuerda que siempre utilizo «VIH+» en lugar del término en desuso «seropositivo».

Y su cuarta estrategia estaba enfocada en la resiliencia comunitaria, implicándose en programas de educación sexual para otros jóvenes, así como formando parte de asociaciones y grupos de ayuda mutua que, además, les hacía sentirse especialmente orgullosos de sí mismos.

Si te han diagnosticado VIH, sabrás perfectamente lo útiles que resultan todas y cada una de las estrategias de afrontamiento mencionadas, ¿verdad?

En resumen, la resiliencia es una habilidad que desarrollamos con la práctica y que consiste en un esfuerzo consciente para avanzar de manera positiva, aprovechando las lecciones aprendidas a partir de una experiencia adversa. Supone actuar con energía para superar los problemas aprendiendo de ellos, aunque no todo el mundo está igualmente dotado *de serie* para aprender de los contratiempos ni cuenta con los recursos sociales suficientes. Es muy importante buscar apoyo en la familia, los amigos y la comunidad a la que pertenecemos.

68

**Las mejores estrategias para fomentar
la resiliencia en los hombres gais pasan por:**

- Aceptar la propia homosexualidad y superar la IH (tienes todo *QMM* para ello).
- Aceptar los propios sentimientos y aprender a gestionarlos (vamos a dedicar el resto del libro a este objetivo).
- Buscar sentido, encontrar aprendizajes en todo lo que les ha sucedido (capítulos 6 y 14).
- Búsqueda de apoyo social (te ayudaré a dar los primeros pasos a lo largo de este manual).

La desvictimización

¿Por qué no todo el mundo muestra la «resiliencia de las minorías»? Porque primero hay que superar el trauma y después el victimismo. En el capítulo 7 abordaremos la ansiedad y su relación con la fobia social. Aprenderemos sobre los esquemas mentales que mantenemos desde el momento en que nos victimizamos para que sepas cómo modificarlos.

Como acabamos de ver, el proceso de victimización supone sufrir agresiones, que el entorno nos haga creer que son «por culpa nuestra» y que terminemos dando por válida (interiorizando) esa interpretación. Al crecer en entornos homofóbicos, donde se carga a las víctimas con la causalidad de las agresiones que sufrimos, es comprensible que muchos de nosotros terminemos victimizados y, por tanto, íntimamente convencidos de que continuaremos siendo agredidos en el futuro. Esta idea de que no podemos hacer nada para evitar las agresiones es la que hace que, cuando aparecen personas abusadoras en nuestras vidas, en lugar de alejarlas, las admitamos y convivamos con ellas porque, al fin y al cabo, «son como todos los demás, todo el mundo se mete conmigo». Librarnos de los abusadores requiere ser conscientes de esa representación mental que hemos interiorizado, producto de nuestro proceso de victimización terciaria.

Por otra parte, recuerda que el riesgo de convertirse en victimista siempre está presente, y por ello, también necesitaremos liberarnos de las ventajas de ser una víctima. Estas ventajas sociales, que van desde un trato deferente a la compasión, se convierten fácilmente en trampas ya que difícilmente alguien abandona una posición que le proporciona ventajas. Pero es indispensable que nos desprendamos del victimismo si de verdad queremos mejorar nuestra resiliencia. No queremos una atención especial, queremos ser adultos.

Todo esto lo veremos con orden y detalle en los siguientes capítulos. Solo quería avanzártelo para que no encuentres tan

69

abrupto el final de este capítulo. Ahora te dejo con las páginas siguientes, en las que te explicaré más sobre las emociones, así como un buen número de técnicas de gestión emocional, para que las tengas en mente cuando lleguemos a los capítulos donde abordaremos las emociones a las que los hombres gais nos vemos obligados a enfrentarnos más dura y frecuentemente.

4

Emociones y sentimientos

Definiciones y diferencias

Cuando hablamos de emociones, ¿de qué estamos hablando realmente? Uno de los popes en este ámbito, Antonio Damasio afirmó en 2004:

> Dicho de la forma más sencilla y general posible, las emociones son reacciones biorreguladoras que tienen como objetivo promover directa o indirectamente un tipo de estados fisiológicos que aseguren no solo la supervivencia, sino una supervivencia que se encuentre dentro del rango de lo que nosotros, criaturas conscientes y pensantes, identificamos con el bienestar.

Tras leer esta definición, lo primero que uno piensa es: «Menos mal que nos lo explica de la manera más sencilla posible que se le ocurre» (guiño), porque puede parecer una definición bastante opaca. Pero si la desmenuzamos, encontraremos mucha sustancia.

Damasio comienza por señalar que una emoción es una reacción. Eso significa que surge en respuesta a un estímulo, necesita un desencadenante. Las emociones no surgen porque sí, sino a raíz de un evento o pensamiento que las provoca. Los «estados fisiológicos» que menciona se refieren a la activación de determinados órganos (corazón, pulmones, glándulas sudoríparas, glándulas suprarrenales, etcétera) que intervienen en tus respuestas físicas y que serán interpretadas por las correspondientes áreas de tu cerebro. La respuesta fisiológica está regida por el sistema nervioso autónomo, que, como su nombre indica, no puede ponerse enfermo ni tomarse un día libre, que a veces no puede ni cubrir gastos, pero lo fríen a impuestos igualmente y no tiene garantizada una pensión decente.[16] No, en serio: este autónomo es una parte de tu sistema nervioso que actúa sin esperar tus órdenes conscientes. Dicho de un modo simple: para levantar tu brazo debes enviar la orden desde tu cerebro, pero tu corazón no necesita que le ordenes que debe seguir latiendo. Cuando duermes, o estás anestesiado o inconsciente, tus vísceras siguen funcionando por su cuenta. El sistema nervioso autónomo tiene dos ramas: simpática y parasimpática. La simpática regula respuestas como la ansiedad y el dolor, mientras que la parasimpática interviene en respuestas como la alegría y el placer. Ambas son antagónicas y no pueden funcionar al mismo tiempo (aunque tú encuentres placer en el dolor de alguna práctica BDSM).

Este antagonismo es el fundamento de muchas técnicas de gestión emocional que promueven estados de ánimos relajados o alegres para contrarrestar emociones como la ansiedad y la tristeza, puesto que los primeros actúan como antagónicos de las segundas y las hacen desaparecer. Así de tonto, pero así de eficaz. Estas dos ramas contrarrestadas mutuamente mantienen un equilibrio al que denominamos «homeostasis».[17]

---

16. Lectores americanos: en España, un «autónomo» es un trabajador por cuenta propia.

17. «Homeostasis» no es un concepto exclusivo de la regulación emocional, se da en multitud de funciones orgánicas, sistemas químicos, etcétera.

En uno de sus libros (Damasio, 2003), este autor nos explica que la homeostasis es un mecanismo innato y simple que gestiona la vida. Y que se fue haciendo cada vez más refinado y complejo a medida que avanzaba la evolución. La homeostasis, de forma sencilla, es el conjunto de reacciones, dentro de cualquier sistema u organismo, que tiende a mantener el equilibrio. En los organismos más simples, se expresa mediante las respuestas inmunes, los reflejos básicos y la regulación metabólica. En los que están un poco más avanzados, observamos los comportamientos de dolor y placer de forma que el organismo completo huye de aquello que le es doloroso y se acerca a aquello que le da placer. Posteriormente aparecieron los instintos y las motivaciones como forma de regular nuestro comportamiento. Hasta que, finalmente, evolucionaron las emociones con toda su riqueza.

¿Finalmente? No, para Damasio las emociones son casi la cúspide, pero no del todo. En la cima de lo que hasta ahora ha sido la evolución emocional, se encuentran los sentimientos. Para Damasio, los sentimientos son «la percepción de un determinado estado del cuerpo junto con la percepción de un determinado modo de pensar, así como de pensamientos con determinados temas». Y esta definición necesita una explicación.

Recuerdo, en primero de carrera, a uno de mis profesores, Teodoro, explicándonos que fisiológicamente, un ataque de pánico y un orgasmo son iguales, pero el cerebro interpreta que son sucesos distintos gracias al contexto. Luego matizaba: «Iguales iguales tampoco son. Se parecen tremendamente en la tasa cardíaca, la sudoración y la respiración agitada, pero en el orgasmo también se han activado zonas erógenas y estamos sintiendo un placer tremendo que matiza la interpretación de nuestra reacción fisiológica».

Es decir, por «contexto» no solo nos referimos a la situación donde se desarrolla la reacción emocional, sino también al resto de reacciones que estamos teniendo. Todo interviene en la interpretación que realizamos. El cerebro reúne todas las pistas y dice: «A ver qué tenemos aquí: el corazón está latiendo a 110 ppm,[18] estoy sudando, mi respiración está agitada, tengo una erección considerable y estoy cabalgando la polla de un tipo que me parece muy erótico. Mi piel está especialmente sensible, tengo los pezones duros y comienzo a sentir un incremento importante de sensaciones erógenas. Cada vez que el chaval mueve su polla dentro de mi culo, experimento una sensación placentera en mi próstata. Conclusión: estoy cachondo. Pero no simplemente cachondo: ahora mismo estoy cachondo como una perra y hasta diría que próximo al orgasmo».

Así es como el cerebro cartografía el cuerpo evaluando los diferentes estados: ¿Respiro suave o agitadamente? ¿Mis músculos están relajados o tensos? ¿Qué concentración de hormonas hay en mi sangre? ¿Estoy sudando? ¿Sudando ligera o copiosamente? ¿Siento placer en mis zonas erógenas? ¿Mis pezones están blanditos o puedo exprimir limones con ellos? A partir de ese cartografiado, se elabora una idea, una representación mental del estado del propio cuerpo. Esta representación permite al cerebro *etiquetar* la emoción que sentimos aunque no siempre es un etiquetado consciente, sino que simplemente nuestro organismo reacciona en consecuencia. De hecho, sería un horror si nuestra atención consciente se viera secuestrada por todos y cada uno de los sentimientos y emociones que experimentamos cada minuto.

Por último, a la interpretación se une, en palabras de Damasio, «el tipo de pensamientos que concuerdan, en cuanto al tema, con el tipo de emoción que se siente». El sentimiento contiene no solo la activación fisiológica de la emoción y

18. Pulsaciones por minuto.

su correspondiente *etiqueta*, sino también pensamientos que coinciden en el tema. Si el cartografiado concluye que siento miedo, voy a pensar en situaciones que me asustan, personas que me hacen sentir amenazado, futuras consecuencias terroríficas. Si siento amor, voy a pensar en personas a las que amo, en situaciones románticas, en un futuro de vino y rosas. Si siento odio, pensaré en cosas odiosas. A menudo, esos pensamientos tienen tanta fuerza que terminarán provocándote más miedo, amor y odio. Y hasta puedes entrar en bucle como cuando catastrofizas.

Como ves, no es lo mismo «emoción» que «sentimiento», aunque tampoco hay un consenso total y aunque lo que acabo de explicar haya recibido mucho apoyo experimental. Pero así es la ciencia: no existen dogmas. Y eso es muy bueno, porque podemos apoyarnos en lo que sabemos sin necesidad de tomarlo como si fuese la «verdad revelada», y eso nos aporta la flexibilidad para ser creativos e incorporar hipótesis y resultados nuevos.

En cualquier caso, siguiendo a Ignacio Morgado, concluiremos:

> Los sentimientos, por tanto, son el modo consciente que tiene el cerebro de percibir las diferentes reacciones fisiológicas que ocurren en el cuerpo de la persona emocionada. Emoción y sentimiento son fenómenos fisiológicamente diferentes, aunque ligados, como las dos caras de la misma moneda. No obstante, en la vida cotidiana tendemos a confundirlos sin problemas, pues hablamos indistintamente de nuestras emociones o de nuestros sentimientos.

Así pues, aunque en el contexto académico «emoción» y «sentimiento» no sean idénticos, ya que este libro está enfocado en las experiencias de vuestras vidas cotidianas y, siguiendo el razonamiento del catedrático Morgado, de ahora en adelante los consideraremos sinónimos.

Emociones de todo tipo

La complejidad no termina aquí, puesto que el abanico de emociones y sentimientos que podemos experimentar los seres humanos es apabullantemente amplio. Para Paul Ekman, las emociones básicas son seis: alegría, ira, sorpresa, tristeza, miedo y asco. Otros autores aumentan este número añadiendo amor, vergüenza, culpa, aburrimiento, curiosidad, lujuria,[19] envidia, rencor y pudor. He llegado a encontrar listados de 250 emociones, aunque la mayoría no eran más que palabras sinónimas.

Algunas teorías hablan de ocho emociones elementales distribuidas en cuatro pares de opuestos: alegría-tristeza, anticipación-sorpresa, asco-confianza, ira-miedo (Plutchik, 1980). Otras teorías amplían el número hasta doce: interés, alegría, sorpresa, tristeza, ira, disgusto, desprecio, autohostilidad, miedo, vergüenza, timidez y culpabilidad (Izard *et al.*, 1993). Como ves, el surtido es amplio.

Tampoco sabemos si las emociones son categorías aisladas o el resultado de unos pocos elementos. Recientemente varios autores han propuesto un modelo que toma el modo en que se forman los colores como analogía (Gu *et al.*, 2019). Si con los tres colores elementales en sus diferentes intensidades podemos crear toda la diversidad de tonalidades que conocemos, algo así podría ocurrir con las emociones a partir de algunos elementos básicos, como la activación (versus calma), el acercamiento (versus alejamiento) y lo agradable (versus lo desagradable). Este solapamiento explica la sucesión de nuestras emociones: nada de nuestra naturaleza se distribuye en categorías totalmente separadas sino como un espectro de variaciones graduales. Es nuestro cerebro quien,

---

19. Esta me encanta. Como os explicaba en *GS*, no tenemos una palabra adecuada para la emoción de «estar cachondo».

para procesar la información, necesita considerarlas de forma separada.

Sin embargo, aunque lo anterior es relevante para comprender científicamente las emociones, en tu experiencia personal da igual si el asombro que estás sintiendo es una emoción aislada del resto, si solo se diferencia un poquito de otras parecidas o si se trata de un combinación de rasgos elementales. Lo importante para ti es que estás experimentando asombro, que es distinto de experimentar rabia y que tiene distintas consecuencias sobre tu vida. Y lo mismo si hablamos de las emociones de otras personas: te importa lo que significarán para tu relación con esas personas, no su naturaleza psicológica.

En consulta, me gusta aclarar a qué nos referimos al hablar de emociones «positivas» o «negativas». Como dije al comienzo del libro, todas las emociones son «positivas» en el sentido de 'buenas', porque tienen una razón de ser, así que no hay emociones buenas y emociones malas, todas son necesarias y cumplen una función. Sin embargo, en el lenguaje coloquial solemos llamar «positivas» a las emociones agradables y «negativas» a las perturbadoras. Bueno, esta primera clasificación puede ser útil, ya que nos sitúa frente al mensaje de las emociones, a cómo nos dicen que debemos actuar. Las «positivas» nos invitan a quedarnos en lo que está sucediendo mientras las experimentamos. Por el contrario, las «negativas» nos invitan a alejarnos de esas situaciones.

Evidentemente no podemos reducirlo a «positiva / repite» y «negativa / evita», ¡recuerda que todas tienen una función! Si eres mínimamente cinéfilo, seguro que has sentido un extraño placer después de una buena llantina provocada por un drama bien contado e interpretado. Eso sin hablar del cine de terror, del que tantos disfrutáis (yo no, no os entiendo, ¡me cago encima siempre!, jejeje) y que es otra muestra de cómo liberar el miedo en una situación controlada ayuda a algunas personas a vivir su vida cotidiana con menos temor. Estos casos son paradigmáticos de que en el mundo emocional nada es tan simple como para expresarse en un binomio «bueno / malo», sino que la experiencia emocional está llena de matices intermedios. A menudo, conectar con la propia tristeza (o el miedo) porque en la pantalla o en el libro te están contando una historia con la que te identificas tiene un efecto muy positivo, ya que ayuda al desahogo, a librarse de la congoja mediante una buena llorera. Tus reacciones te están diciendo que es bueno para ti conectar con tu pena y liberarla porque después te sentirás aliviado. En lugar de evitar el malestar inmediato del llanto, le damos importancia a que gracias a ese mal rato conseguiremos un bienestar más duradero a medio plazo. Y lo mismo con el miedo o la rabia. Lo «positivo» o «negativo» también depende de su efecto a largo plazo. Esto nos ayuda a entender que por mucho que clasifiquemos las emociones, siempre deberemos entender las clasificaciones como algo flexible y matizable.

Las funciones básicas de las emociones

Cuando mi sobrino Adrià tenía diez años y vimos *Inside out* en el cine, me fascinó el monólogo inicial. En apenas cinco minutos, explicaron los rudimentos de la vida emocional de una persona. Al principio, apenas dos emociones básicas tienen protagonismo: la alegría, que aparece cada vez que a Riley le sucede algo agradable, como ser abrazada, y la tristeza, a la que tratan de impedir que tome el control, pero de la que luego se descubre su importancia pues surge cada vez que la protagonista se siente mal y necesita pedir ayuda. En la mente de la niña conviven otras tres emociones: el miedo («Este es Miedo, se le da muy bien mantener a Riley a salvo»), el asco («Básicamente impide que Riley se envenene física o socialmente») y la ira («Que pone mucho cuidado en que las cosas sean justas»).

El asco y el miedo nos protegen de potenciales peligros, mientras que la alegría, la ira y la tristeza modulan nuestras interacciones sociales y nuestra satisfacción (o insatisfacción) con nuestro desempeño en el mundo. Pero, ¡suspiro!, ojalá fuese tan sencillo. El mundo emocional es complejo y vamos a tratar de recorrerlo de la mano de la maravillosa revisión que en 2018 hicieron Hwang y Matsumoto:

> Las emociones nos ayudan a actuar rápidamente con unos mínimos recursos cognitivos. Las emociones son sistemas rápidos de procesamiento de la información que nos ayudan a actuar pensando lo mínimo (Tooby y Cosmides, 2008). Los problemas asociados con el nacimiento, la lucha, la muerte y la seducción han tenido lugar a lo largo de toda nuestra historia evolutiva, y las emociones evolucionaron para ayudar a los humanos a solventar esos problemas rápidamente y con una mínima intervención cognitiva consciente. Si no tuviéramos emociones, no podríamos tomar decisiones rápidas sobre si atacar, defendernos, huir, cuidar a los demás, rechazar la comida o abordar algo útil. Y todo ello ha sido adaptativo ayudándonos a sobrevivir. Por ejemplo, beber leche en mal estado o comer huevos podridos tiene consecuencias negativas para nuestro bienestar. La emoción del asco nos ayuda a actuar de inmediato al impedir que los ingiramos o al vomitarlos. Esta respuesta es adaptativa porque ayuda, en última instancia, a nuestra supervivencia y nos permite actuar de inmediato sin pensar mucho. En algunos casos, tomarse el tiempo para sentarse y pensar racionalmente sobre qué hacer, calculando la relación costo-beneficio en la mente, es un lujo que puede costarnos la vida. Las emociones evolucionaron para que pudiéramos actuar sin esa profundidad de razonamiento.

Tal cual, las emociones son atajos formados tras millones de años de evolución y supervivencia. Todo aquello que nos ha permitido seguir vivos y funcionando ha terminado convirtiéndose en un hábito, después en un instinto y, finalmente, en una reacción emocional. Cuando la supervivencia está en juego, es preferible no detenerse demasiado a pensar. Como avancé en el capítulo 1, las emociones cumplen funciones intrapersonales (dentro del individuo, para él mismo) e interpersonales (influyen en las relaciones entre sujetos), y aquí vamos a extendernos un poco más.[20]

FUNCIONES INTRAPERSONALES DE LA EMOCIÓN

1. Las emociones preparan el cuerpo para una acción inmediata

Las emociones nos preparan para el comportamiento. Cuando se activan, las emociones orquestan sistemas como la percepción, la atención, la inferencia, el aprendizaje, la memoria, la elección de objetivos, las prioridades motivacionales, las reacciones fisiológicas, las conductas motoras y la toma de decisiones conductuales (Cosmides y Tooby, 2000; Tooby y Cosmides, 2008).

2. Las emociones influyen en los pensamientos

Los recuerdos no son solo hechos que están codificados en nuestro cerebro; están coloreados con las emociones que se sintieron en aquellos momentos en que ocurrieron los hechos (Wang y Ross, 2007). Las emociones sirven de «pegamento neuronal» que conecta esos hechos dispares en nuestras mentes. Por eso es más fácil recordar los pensamientos felices cuando estás feliz y los momentos de enfado cuando estás enfadado. Las emociones influyen en nuestros procesos de pensamiento, a veces de manera constructiva, a veces no. Es difícil pensar de manera crítica y clara cuando sentimos emociones intensas (Matsumoto, Hirayama y LeRoux, 2006). Esto es un ejemplo de lo que ocurre cada vez que te pones nervioso y comienzan a

20. Todos los textos citados en este apartado pertenecen a Hwang y Matsumoto, 2018.

acudir a tu mente todo tipo de ideas catastróficas: la ansiedad llama a pensamientos y recuerdos ansiosos. Y lo mismo sucede con otras emociones como el amor, la ira, etcétera.

3. Las emociones motivan comportamientos futuros

Debido a que las emociones preparan nuestro cuerpo para la acción inmediata, influyen en los pensamientos y se pueden sentir, son motivadores importantes del comportamiento futuro. Muchos de nosotros nos esforzamos por experimentar los sentimientos de satisfacción, alegría, orgullo de nuestros logros y triunfos. Al mismo tiempo, también trabajamos muy duro para evitar fuertes sentimientos negativos; por ejemplo, una vez que hemos sentido la emoción del asco al beber la leche en mal estado, generalmente tenemos cuidado para evitar tener esos sentimientos nuevamente (por ejemplo, revisar la fecha de caducidad en la etiqueta antes de comprar la leche, oler la leche antes de beberla, observando si la leche se cuaja en el café antes de beberlo). Por lo tanto, las emociones no solo influyen en las acciones inmediatas, sino que también sirven como una base motivacional importante para los comportamientos futuros.

Añado yo que esto es lo que nos ocurre cuando nos parten el corazón y juramos no volver a implicarnos en una relación sentimental nunca más porque «estamos altamente motivados para evitar posibles emociones futuras de duelo». Y lo mismo cuando comenzamos a batir nuestras marcas o aprobamos un examen: la alegría del logro nos motiva a seguir esforzándonos.

FUNCIONES INTERPERSONALES DE LA EMOCIÓN

Recordemos que somos seres sociales y que nuestros rostros expresan permanentemente nuestras emociones. Así, como nos vuelven a explicar en el artículo que estamos siguiendo:

«Las emociones tienen un valor de señal para los demás, influyen en ellos y en nuestras interacciones sociales. Las emociones y sus expresiones comunican información a los demás sobre nuestros sentimientos e intenciones».

1. Las expresiones emocionales facilitan comportamientos específicos en los perceptores

Debido a que las expresiones faciales de emoción son señales sociales universales, contienen significado no solo sobre el estado psicológico del que las expresa, sino también sobre su intención y su comportamiento posterior. Esta información afecta a lo que probablemente haga el que las percibe.

Los autores refieren un número muy interesante de ejemplos:

- Es más probable que nos acerquemos a personas cuyos rostros expresan temor, mientras que si lo que vemos son caras enojadas, es más probable que nos alejemos (Marsh, Ambady y Kleck, 2005).
- Si nos sirven bebidas en un bar acompañadas de una sonrisa, es más probable que bebamos más y estemos dispuestos a pagar más dinero por esa bebida (Winkielman, Berridge y Wilbarger, 2005).
- Las manifestaciones emocionales suscitan respuestas emocionales complementarias específicas de los observadores; por ejemplo, la ira provoca miedo en los demás (Dimberg y Ohman, 1996; Esteves, Dimberg y Ohman, 1994), mientras que la angustia despierta simpatía y ayuda (Eisenberg *et al.*, 1989).

2. Las expresiones emocionales indican la naturaleza de las relaciones interpersonales

¿Sabías que se puede predecir si una pareja se divorciará a partir de las expresiones emocionales que muestran en su reencuentro después de veinticuatro horas sin verse? (Gottman y Levenson, 1992; Gottman, Levenson y Woodin, 2001). Las expresiones emocionales nos proporcionan una gran información sobre la calidad (y la cualidad) de nuestras relaciones, mucho antes incluso de que seamos conscientes o de que seamos capaces de verbalizar lo que nos ocurre.

3. Las expresiones emocionales incentivan el comportamiento prosocial

Buscamos información de lo deseable (o no) de nuestras conductas en las expresiones faciales de los demás. Cuando muestran su aprobación o agrado, sabemos que estamos actuando correctamente, mientras que cualquier gesto de desaprobación o incomodo nos inhibe. Nosotros somos un colectivo muy al corriente de este tipo de efecto, ya que desde muy jóvenes hemos leído en los rostros de los demás su aprobación o desaprobación. Si se te escapaba una pluma y tu padre ponía cara de «Ay, coño, ¡no!, que el niño me ha salido maricón», tú tratabas de evitar tus plumas a toda costa. ¿Que tu madre se ponía nerviosa cuando salían dos tíos besándose en la tele? Ya sabías que no le iba a molar mucho que tú salieras del armario. Y lo contrario también se daba: si tus padres recibían con agrado el mariconeo en *Tu cara me suena*,[21] ya sabías que los tendrías de tu lado. Esta capacidad para descifrar las actitudes de los demás se produce desde que somos bebés y se conoce hace décadas (Sorce *et al.*, 1985; Bradshaw, 1986; Hertenstein y Campos, 2004).

FUNCIONES SOCIALES Y CULTURALES DE LA EMOCIÓN

Para terminar, Hwang y Matsumoto nos recuerdan la importancia de la regulación cultural de las emociones y de la nece-

21. Lectores americanos: *Tu cara me suena* es un *talent-show*. Hay muchos países con sus propias versiones, pero la española es particularmente *gayfriendly* con frecuentes bromas y muestras de afecto homosexuales.

sidad de las normas sobre la expresión de las emociones en una especie con estructuras sociales tan complejas y formadas por tantos individuos. Imagínate que cada vez que a un compañero de trabajo le saliera mal cualquier cosa, comenzase a descargar su furia a gritos y patadas contra el mobiliario de la oficina. O que cualquier roce entre dos personas en una discoteca acabara en una escalada de vaciles y puñetazos en mitad de la pista. La vida sería un caos si cada uno nos dejásemos llevar por lo que sentimos y lo expresásemos sin tener en cuenta las repercusiones de nuestro comportamiento sobre los demás.

La transmisión cultural de información relacionada con las emociones se produce de muchas formas, desde los adultos hasta los niños, así como a partir de todos los productos culturales como libros, películas, anuncios y similares (Schönpflug, 2009; Tsai *et al.*, 2007). Las culturas también nos informan sobre qué hacer con nuestras emociones, cómo manejarlas o modificarlas, cuando las experimentamos. Una de las formas en que se hace esto es a través del manejo de nuestras expresiones emocionales mediante reglas de exhibición cultural (Friesen, 1972). Son reglas que se aprenden temprano en la vida y que especifican el manejo y la modificación de nuestras expresiones emocionales de acuerdo con las circunstancias sociales. Así, aprendemos que «los chicos grandes no lloran» o que los chistes del jefe se ríen aunque no sean graciosos. Al afectar a la forma en que los individuos expresan sus emociones, la cultura también influye en cómo las personas las experimentan.

Las normas sociales relativas a la emoción y su regulación sirven para mantener el orden social. Las normas culturales nos ayudan a gestionar nuestras reacciones emocionales (y por lo tanto, los comportamientos) ayudándonos a tener ciertos tipos de experiencias emocionales en primer lugar, y gestionando nuestras reacciones y comportamientos posteriores una vez que los tenemos. Al hacerlo, estas emociones «culturalmente moderadas» nos conducen a conductas socialmente aceptables y ello reduce el caos social. Todo

esto nos permite vivir vidas relativamente armoniosas y constructivas en grupos. Si las normas sobre las emociones no existieran, la
gente simplemente tendría todo tipo de experiencias emocionales,
expresaría sus emociones y se comportaría de formas impredeci-
bles y potencialmente dañinas. Si ese fuera el caso, sería muy difícil
para los grupos y sociedades funcionar de manera efectiva. Para los
humanos sería difícil sobrevivir como especie si las emociones no
estuvieran reguladas culturalmente, definidas para el bien social común. Las emociones, por tanto, juegan un papel fundamental en el
funcionamiento exitoso de cualquier sociedad y cultura.

En resumen:

- Las emociones son atajos de nuestro comportamiento.
- A nivel individual nos preparan para una acción rápida,
  influyen en nuestros pensamientos y nos dan un chute
  extra de motivación.
- En las relaciones con los demás, sintonizan nuestros
  comportamientos de forma que todos actuamos conforme al clima emocional que captamos en cada situación.
- Por último y muy importante, la regulación cultural de
  las emociones nos ayuda a ordenar el caos que sería una
  vida si todos nos dejásemos llevar por nuestros sentimientos sin tener presente la influencia que tienen en
  los demás.

85

Un léxico emocional

¿Y qué sería de un libro sobre emociones sin un listado de
emociones? Una cosa rara, ¿verdad? Aunque tampoco es imprescindible, porque casi todos tenemos muy claro cuáles son
las principales emociones y sentimientos.

En cualquier caso, comparto con vosotros una lista de emociones con el único propósito de que las conozcáis, manejéis y

ampliéis. Para ello voy a recoger términos de algunos de los listados más recientes (Cowen y Keltner, 2017; Trampe Quoidbach y Taquet, 2015), y para las definiciones me he basado principalmente (aunque no en todas) en las publicadas en 1999 por López-Penas y Marina.

Aburrimiento. La experiencia de algo ligeramente molesto, repetitivo o sin interés, o la falta de ocupaciones o de estímulos agradables provocan un sentimiento negativo, acompañado de una sensación de alargamiento del tiempo, de pasividad y de deseos de experiencias estimulantes.

Admiración. La percepción de algo extraordinario provoca un sentimiento positivo, duradero, que atrae la atención y va acompañado de otros sentimientos de aprecio.

Adoración. Palabra de origen religioso, significaba 'reverenciar y acatar', pero fue secularizándose para referirse a sentimientos de devoción hacia otra persona. Solemos entenderla como un amor intenso que ni siquiera requiere reciprocidad.

Alegría. El cumplimiento de nuestras expectativas, deseos y proyectos provoca un sentimiento positivo acompañado de ligereza y ensanchamiento del ánimo.

Alivio. Cuando una previsión desagradable no se realiza, sentimos alivio. Nos quitamos de encima un peso previsto.

Amor. La percepción de que algo o alguien despierta un sentimiento positivo de interés, armonía, deleite... que continúa con atracción y deseo.

Ansia. Deseo intenso acompañado de vehemencia, miedo o apresuramiento.

Ansiedad. La percepción de un suceso que altera la normalidad, o una situación física o psíquica provoca un sentimiento intensamente negativo, determina la atención, va acompañado de preocupaciones, miedo y, frecuentemente, de sensaciones de ahogo.

Aprecio. Apreciar era lo mismo que «tasar». En el siglo XVIII ya tiene un significado más amplio, según el Diccionario de Autoridades: «La estimación que se hace de las cosas, lo que no solo se extiende a explicar las que son vendibles, sino las que son dignas de aprobación y alabanza: como el valor y la virtud».

Asco. La percepción de un objeto, persona o situación sucios o repugnantes provoca un sentimiento negativo, físico o psíquico, y el deseo de apartarse de la causa o de expulsarla si se ha ingerido (vómito).

Asombro. En su origen era una especie de susto, como indica su etimología. Deriva de *umbra* y hace referencia al espanto de los caballos cuando ven una sombra. Sin embargo, en la actualidad puede utilizarse también con sentido positivo, algo que nos causa un pasmo y embelesamiento agradables.

Calma. Procede del griego *caume*, 'quemadura, calor', y se aplicaba en su origen a la calma chicha que predomina en el mar durante la canícula.[22]

Confusión. Falta de seguridad por la ausencia de claridad, de precisión en las ideas o en las normas.

Contento. Procede del latín *contentus*, que significa 'satisfecho', aquel que posee lo que necesita y por lo tanto no desea otra cosa. Emoción característica de quien no siente carencias.

Culpa. Sentimiento negativo de malestar y pesar provocado por el recuerdo de una mala acción o de un daño causado.

Deseo sexual. Un impulso que nos mueve al encuentro sexual con otra persona (o con un dildo o con tu mano, ya sabes).

Desesperanza. La creencia de que algo que deseamos no sucederá provoca este sentimiento tan negativo. La impotencia para cambiar la situación o el estado de ánimo puede degenerar en desesperanza sobre la vida misma.

---

22. ¿Te estás dando cuenta de las preciosidades poéticas que se esconden tras las etimologías de los términos que empleamos para referirnos a las emociones?

Desprecio. Sentimiento que niega el interés, el valor o la dignidad de algo o alguien, desencadenando una actitud de alejamiento o rechazo sin deseo de daño.

Disgusto. Pesadumbre e inquietud causados por un accidente o una contrariedad.

Entusiasmo. La etimología de esta palabra es sublime. Significa 'estar poseído por un dios', sentirse elevado por una fuerza que te sobrepasa. Una alegría que impulsa a la acción.

Envidia. El sujeto siente que el disfrute ajeno le impide ser feliz, porque le arrebata la posibilidad de un triunfo o de ser él el admirado. Este 'impulso contra alguien' le acerca a otros sentimientos como la furia.

Esperanza. Sentimiento agradable provocado por la anticipación de algo que deseamos y que se presenta como posible.

Fascinación. Admirar, asombrar, atraer, cautivar, embelesar, encantar, pasmar.

Felicidad. Sentimiento de alegría y plenitud en el que nada se echa en falta. También dicha o prosperidad. En su origen significaba 'fertilidad', eran felices los árboles que daban frutos.

Frustración. Aparece cuando nos hemos esforzado en hacer que algo suceda pero finalmente no se materializa.

Gratitud. Sentimiento que experimenta el receptor de una ayuda, regalo, atención. Este puede captar y valorar la buena intención de quien lo ha ayudado u obsequiado y experimenta este sentimiento positivo hacia el donador, un cierto amor que lo impulsa a querer corresponder. Para los griegos, gratitud es *eumnemia*, 'memoria de los beneficios'.

Gozo. Gozar una cosa es poseerla y disfrutarla. Se diferencia de la alegría en que esta siempre se manifiesta exteriormente, mientras que el gozo puede ser una sensación muy íntima.

Horror. La percepción de algo que sobrepasa la posibilidad de control, sea peligroso o no, provoca este sentimiento que suele venir acompañado de la incapacidad de reaccionar.

Hostilidad. Este sentimiento se manifiesta como una actitud provocativa y agresiva, generalmente sin motivo alguno, hacia otra persona.

Impaciencia. La tardanza en suceder algo que se desea produce este sentimiento de irritación que impide el descanso e impulsa al movimiento.

Interés. Es una disposición de la propia energía y atención dirigidas hacia algo o alguien. Una actitud de atención para saber más de esa persona u objeto.

Ira. Sentimiento negativo de irritación provocado por la percepción de un obstáculo, una ofensa o una amenaza que dificultan el desarrollo de la acción o la consecución de los deseos. Suele venir acompañado de un movimiento contra el causante, y del deseo de apartarlo o destruirlo.

Melancolía. Sentimiento levemente negativo, acompañado de pasividad, deseos de aislamiento y, con frecuencia, de languidez y ensoñaciones.

Miedo. Desasosiego causado por un peligro real o imaginario.

Misericordia. Deriva de *misericors,* 'el que tiene un corazón sensible al dolor', pero se ha convertido en el sentimiento y la virtud relacionados con el perdón.

Nostalgia. La etimología es bellísima: *nostos* significa 'regreso' y *algios,* 'dolor'. Es el dolor del regreso. Significa el recuerdo de algún bien perdido.

Odio. Sentimiento negativo, de aversión o irritación continuada al que suele seguir la intención de aniquilar o el deseo de alejar a ese algo o alguien que lo provoca.

Orgullo. La conciencia de la propia dignidad provoca este sentimiento positivo de satisfacción y respeto hacia uno mismo.

Pundonor. La conciencia de la propia dignidad también provoca este sentimiento positivo de satisfacción. Se acom-

89

paña del deseo de comportarse de la forma adecuada para merecer la admiración del entorno o un premio material o espiritual (como el honor).

Rencor. Sentimiento negativo, duradero y contenido de irritación intensa, acompañado de un movimiento contra el causante, una aversión a todo lo que se relaciona con él, así como el deseo de su daño y destrucción.

Respeto. La percepción de algo digno de alabanza o dotado de poder provoca este sentimiento positivo de sumisión no forzada.

Sentimiento estético. La percepción de la belleza provoca un estado de ánimo positivo y el deseo de contemplación.

Serenidad. Deriva del latín *serenus*, 'sin nubes'. Apaciblilidad, calma, tranquilidad.

Simpatía. Actitud afectiva hacia una persona por la cual se encuentra grata su compañía. Se tiende a encontrar bien lo que ella hace, se desea que le vayan bien las cosas.

Soberbia. La conciencia exagerada de la propia dignidad o valor provoca un sentimiento positivo, con frecuencia mal visto por la sociedad, que viene acompañado de desdén hacia los demás, comportamientos de superioridad y deseos de ser alabado.

Sorpresa. La percepción de algo que aparece súbitamente provoca un sentimiento breve —que puede ser positivo o negativo— que concentra la atención sobre lo percibido.

Timidez. Sentimiento de inhibición social, incapacidad para actuar o desenvolverse ante otras personas.

Tristeza. El sentimiento que se experimenta tras una pérdida, una desgracia o una contrariedad que hacen imposible la realización de deseos o proyectos. Este sentimiento suele venir acompañado de deseo de alejarse, de aislarse.

Triunfo. El sentimiento de placer y alegría que se experimenta cuando se logra algo en lo que alguien se ha empeñado especialmente.

Vergüenza. La posibilidad o el hecho de que los demás contemplen alguna mala acción realizada por el sujeto, alguna falta o carencia, o algo que debería permanecer oculto, provoca un sentimiento negativo —más o menos intenso— acompañado de deseo de huida o de esconderse.

**¿Cuáles de estos sentimientos experimentas
con más frecuencia?**

¿Te resultan fáciles de manejar o se apoderan de ti?

¿Cómo sueles expresarlos?

**¿Sabes reconocer la mayoría de estos sentimientos
y emociones en ti?**

¿Y en los demás?

**¿Alguno que no hayas experimentado (o experimentado
pocas veces) y que te encantaría experimentar
(o experimentar más frecuentemente)?**

5

Introducción a la regulación emocional
(la gestión de tus emociones)

Pertinentes, proporcionales y adaptativas

Cada vez que abordo este tema en consulta, comienzo por decir: «A todos nos convendría que nuestras reacciones emocionales fueran pertinentes, proporcionales y adaptativas», y continúo detallando que me refiero a lo ventajoso que resulta que nuestras reacciones emocionales sean coherentes con los acontecimientos que las han ocasionado.

Por «pertinentes» entendemos que las emociones reflejan el significado natural del evento. Que si me dan una buena noticia y me enfurezco o me deprimo, algo está ocurriendo en mi interior, porque la reacción pertinente sería la de alegrarme o sorprenderme. Quizá estoy malinterpretando el evento o me han enseñado a reaccionar de una forma inadecuada, reprimiendo mis auténticas emociones.

Para que la reacción sea proporcional, la magnitud de mi reacción emocional debería guardar relación con la magnitud del suceso que la provoca. Si ante un pequeño contratiempo, como que mi coche me deje tirado, me derrumbo entre llantos, probablemente esa reacción tan desmesurada indique que estoy emocionalmente cargado desde hace mucho tiempo y que he tocado fondo porque, desde luego, lo del coche no es para tanto.

Finalmente, puede que mi reacción sea pertinente y proporcional, pero no adaptativa. Imaginemos que tengo mucha ansiedad porque mi jefe me está haciendo *mobbing*. En este caso, la ansiedad, por más que sea pertinente y proporcional, no es adaptativa al ser una respuesta que no soluciona una situación injusta. Nos convendría denunciar al jefe y, para ello, necesitamos bastante aplomo (justo lo contrario del miedo), así que la ansiedad, por más que sea comprensible, no nos ayuda a resolver el problema. La regulación emocional (la gestión de las emociones) abarca estos tres aspectos: la adecuación cualitativa y cuantitativa de nuestra reacción, así como lo oportuna que resulta esa emoción para afrontar la situación.

Comencemos explicando qué es el «afrontamiento». Los clásicos Monat y Lazarus lo definieron en 1991 como «los esfuerzos de un individuo para dominar los daños, amenazas o desafíos que, a su modo de entender, exceden a sus recursos». Es aquello que hacemos para tratar de controlar algo que, a nuestro parecer, podría superarnos. Si es algo que podríamos abarcar sin dificultad, lo denominaremos «respuesta» y no «afrontamiento». Este último implica esfuerzo, y es bueno que recuerdes que a nadie le resulta fácil enfrentarse a las adversidades. En psicología solemos distinguir dos tipos de afrontamiento según si nos enfocamos en solucionar el problema o en regular las emociones desencadenadas por el problema. Afrontamientos a los que, por cierto, les otorgamos los nombres de «afrontamiento centrado en el problema» y «afrontamiento centrado en las emociones».

Solemos afirmar que es más eficaz resolver el problema, aunque también es cierto que a menudo no se puede hacer nada por solucionarlo. Este sería el caso de que tu novio rompa contigo y te deje claro que no piensa volver ni de broma. Ahí no hay nada que hacer para «solucionar lo vuestro», y todo el afrontamiento que podrás hacer estará centrado en solucionar tu duelo de la mejor manera posible. Nosotros nos centraremos mayoritariamente en este último, el afrontamiento de la emoción porque este es un libro sobre inteligencia emocional y no vamos a hablar de recetas de sushi, ¿verdad?

Para muchos autores, «afrontamiento centrado en las emociones» es un sinónimo de «regulación emocional» (Garnefski, Kraaij y Spinhoven, 2001): «Todos los procesos extrínsecos e intrínsecos responsables de monitorear, evaluar y modificar las reacciones emocionales, especialmente sus características intensivas y temporales, para lograr los objetivos propios». Esta definición se merece un pelín de detalle:

- La regulación incluye un conjunto de procesos. Por «proceso» entendemos, en psicología, una serie de tareas ordenadas que nos conducen a un fin. Un proceso incluye multitud de actividades, pero no realizadas al azar sino siguiendo una secuencia concreta que nos conduce a lo que perseguimos. Hay un propósito, hay un orden en los pasos y se espera un resultado.
- Estos procesos son tanto extrínsecos como intrínsecos. Ocurren tanto fuera como dentro de la persona. Procesos extrínsecos son las maniobras de distracción, como construir maquetas para tener la atención puesta en encajar las piezas y no en nuestras emociones. Los intrínsecos los llevamos a cabo «por dentro», como las técnicas de revaluación que os explicaré en breve.
- Estos procesos evalúan la intensidad y la duración de nuestras reacciones, además de si esas reacciones se ajustan o no a lo deseado. Por otro lado, buscan incidir en nuestras propias reacciones para acomodarlas a lo que consideramos que sería deseable. Gritar como la niña de *El exorcista* puede ayudar a desahogarse,

pero igual no es lo más apropiado en mitad de una reunión con el departamento de finanzas de la empresa. La regulación se fija también en detalles como el de no parecer un loco ante los compañeros de oficina.

- Los procesos se han dividido tradicionalmente en fisiológicos, conductuales, emocionales, cognitivos y sociales, pero lo cierto es que a menudo encontramos estrategias mixtas que reúnen elementos de varias de estas categorías. De estas estrategias o técnicas nos ocupamos de aquí en adelante.

Técnicas de regulación emocional

Antes de que comencemos a afrontar mejor las emociones que, como hombres gais, más nos retan a lo largo de nuestras vidas, voy a proporcionarte una buena «caja de herramientas». Sé que es muy importante poder contar con técnicas prácticas porque la teoría es muy fácil y lo más complicado es saber cómo traducirla a acciones concretas. Dividiré las estrategias en sociales, cognitivas, fisiológicas, emocionales y conductuales, pero no consideres esta clasificación como algo rígido. Los humanos tenemos muchos niveles de funcionamiento y es casi imposible aislar unos de otros en la vida real. Por eso, en la práctica, estas técnicas se entremezclan frecuentemente.

1. REGULACIÓN SOCIAL DE LAS EMOCIONES

Nos referimos a aquellas estrategias que, para lograr el fin de regular nuestras emociones, recurren a actividades de tipo social. Para los gais (las personas LGBT en general), esta ha sido una de las estrategias más utilizadas y exitosas. Y no debe sorprendernos puesto que el efecto del apoyo social es especialmente potente en los que formamos parte de minorías discriminadas.

Seleccionar la situación

Algo tan cotidiano como marcar líneas rojas es una estrategia de «selección de la situación» porque estás impidiendo que nadie te lleve a vivir situaciones donde no te encuentras a gusto. Para ello, lo primero es anticipar mentalmente las reacciones emocionales más probables que tendremos ante una situación. Si creemos que serán desagradables, tomamos medidas para evitar esa situación. De algún modo, huyes del problema, pero ¿sabes qué? No puedes estar permanentemente en guerra con todo el mundo, ni estás obligado a implicarte en todas las causas. Elige las batallas que sean imprescindibles para ti y desentiéndete de gente que solo quiere molestar. Tienes derecho a no hacerles caso.

> **TÉCNICA. Filtra Twitter**
>
> Durante la pandemia de la covid-19 muchos recurrimos al filtrado de noticias. Para saber qué estaba ocurriendo en el mundo no era necesario estar continuamente pendientes de las informaciones. Bastaba con dedicar un momento al día a revisar las webs del Ministerio de Sanidad y las de las diferentes Consejerías de Salud para actualizar las cifras de contagios y las recomendaciones de seguridad. Sin embargo, las redes sociales estaban llenas de mensajes, quejas, bulos, opiniones, ruido, infoxicación. Aquello no podía ser saludable, y muchos decidimos racionar y racionalizar nuestra exposición a los contenidos virales. Lo que hicimos más de cuatro fue entrar a la configuración de nuestras cuentas y seguir la ruta «Preferencias de contenido / Silenciado / Palabras silenciadas» e introducir términos como «covid» o «pandemia». Si lo configuras así, Twitter no vuelve a mostrarte contenidos que contengan las palabras que elijas y tu *timeline* será muy diferente.

Hemos seleccionado qué situación queremos encontrarnos en esa red social. No se trata de permanecer ignorantes sino de decidir en qué momento del día queremos informarnos. No puedes controlar lo que otros comparten en sus redes, pero sí aquello a lo que quieres prestar atención y cuándo. Yo veía las noticias mientras desayunaba, pero cuando entraba en Twitter para contestar mensajes no me encontraba con una avalancha de tuits indeseados. Sabía perfectamente en qué punto se encontraba cada ola y cada desescalada, pero no me angustiaba con el bombardeo de información. Nadie puede obligarnos a estar al día de cada salseo, de cada polémica o de cada tendencia, y nadie puede obligarnos a consumir una información que no deseamos. Todos podemos ser ciudadanos informados sin estar *infoxicados*. O mejor dicho: podemos estar informados sin que, cada día, los noticiarios y los tuits virales decidan por nosotros la causa por la que debemos enfadarnos o deprimirnos. Si algo o alguien te pone de mal rollo, puedes bloquearlo en tus redes sociales. Hazlo durante treinta días y, si pasado este periodo, las noticias continúan en su tónica *infoxicadora,* renueva el bloqueo. Ya me contarás qué tal.

CONTROLAR LA SITUACIÓN

Aunque no sea la estrategia más eficaz, es una de las que más utilizamos los homosexuales. Cada vez que salíamos al patio del colegio y echábamos un vistazo para saber si los matones andaban cerca, estábamos recurriendo al «control de la situación». Si ellos pululaban por la zona, nosotros permanecíamos cerca de algún profesor, sabiendo que no seríamos agredidos en su presencia. Tratamos de obtener el máximo de información sobre el contexto para anticiparnos a los movimientos de los otros en nuestro beneficio, o al menos, con la intención de evitar un perjuicio. Si la técnica anterior sería análoga a elegir el juego al

97

que queremos jugar, esto sería un poco como «ya que tengo que jugar al ajedrez, mejor anticiparme a los movimientos de mi contrincante». El principal problema de esta técnica es que nos acostumbramos a tratar de controlarlo todo…, ¡y por eso eres un *control freak*, maricón! Mejor aplícala con mesura.

> **TÉCNICA.**
> Los espacios personales y el *outing*. Siempre ha sido muy útil si tienes mucha IH y te preocupa que alguien se entere de que eres gay sin que tú hayas decidido decírselo. Si vas a salir del armario y todavía no te sientes totalmente seguro, cosa que es normal porque cada uno lleva su ritmo, haz una división de las personas que quieres que lo sepan según si pertenecen a tu círculo íntimo, privado, social o público.[23] Dibuja cuatro círculos concéntricos siendo el interior el íntimo, rodeado del privado, luego el social y finalmente el público. Cuanto más al interior, menos personas habrá, pero más control tendrás sobre la información que compartas con ellas. Comienza saliendo del armario con las personas del círculo íntimo y a medida que recibas su apoyo y *feedback* positivo, continúa con las personas que pertenecen al siguiente círculo. Sigue progresando de círculo en círculo hasta que llegues al último y ya no te importe que un desconocido sepa que eres gay porque vea en tu Instagram una foto tuya en el Orgullo. Con cada paso tendrás menos control sobre la información, pero con esta gradación irás sintiéndote cómodo ante esa pérdida progresiva de control sobre la información.

23. Al íntimo pertenecen esas pocas personas que lo saben casi todo de ti. Al privado, las que te conocen bastante bien y con quienes tienes una relación cercana. A tu espacio social pertenecen todos aquellos con los que sueles relacionarte aunque no tan frecuentemente como con los anteriores. Por último, al espacio público pertenece cualquier persona que tenga un contacto superficial contigo.

DISTRACCIÓN

A veces no es posible evitar una situación, pero sí podemos elegir enfocarnos en solo una parte de la misma y obviar la parte que nos provoca el malestar («Mamá, que si viene tu cuñado el homófobo a la barbacoa del domingo, invita también al vecino buenorro para que yo tenga con quien distraerme»). Frecuentemente nos encontramos con personas que tienen la habilidad de distraerse enfrascándose en actividades que las mantienen entretenidas. Son esos amigos que cuando les preguntas por cómo están llevando el ERTE, te contestan que se han apuntado a varios cursos para tener la cabeza ocupada y no pensar demasiado, que así se agobian menos. O los que sobrellevan una mala relación de pareja dedicando horas y más horas a su voluntariado en una asociación. Como habrás imaginado, los primeros están siendo adaptativos y los segundos no, porque los primeros no pueden hacer nada para solucionar su problema y los segundos lo están evitando. Volveremos sobre ello más adelante porque, como puedes imaginarte, distraerse es algo que no solo es posible hacer mediante actividades sociales, también es una técnica cognitiva si nos distraemos con otros pensamientos.

99

TÉCNICA.
Busca algo que te entretenga. El ocio no es un simple pasatiempo sino una forma de equilibrar nuestra mente y emociones. Realizando actividades placenteras que te exigen poco esfuerzo permites que tus emociones se equilibren gracias al placer y a la satisfacción que te producen. Al mismo tiempo, con actividades que te exigen poco esfuerzo cognitivo, permites que tu mente repose y evitas el punto de saturación que tanto nos agobia a todos. La charleta superficial con una cerveza de por

medio, o cualquier actividad que podamos considerar «entretenimiento social», nos ayuda a conseguir este reposo mental. Es importante que des valor al ocio, que comprendas su importancia para el buen funcionamiento psicológico; es el equivalente al descanso para el bienestar físico. Así no sentirás remordimientos cuando te obligues a mantenerte ocupado en otras cosas que te distraigan de las situaciones que te estresan.

MODIFICAR LA SITUACIÓN

Esta la conocemos bien. ¿Alguna situación te provoca reacciones emocionales que no te gustan? ¡Cambia la situación! Para ello, puedes persuadir a otros para que modifiquen sus actitudes, puedes desafiar a los acosadores o puedes implicarte en algún tipo de activismo LGBT. Esto es lo que venimos haciendo en el colectivo desde que Magnus Hirschfild presentó una iniciativa en 1898 para despenalizar la sodomía en Alemania. Si algo es injusto, lucha por cambiarlo.

TÉCNICA. El listado de asociaciones

Esta técnica es tan sencilla como responder a «¿Qué puedo hacer yo para mejorar la situación?». Elabora un listado de las asociaciones LGBT de tu zona con las que puedas implicarte para ayudar y sentir que estás aportando algo en ese sentido. Por supuesto que puede ser cualquier otro tipo de organización o causa, siempre que te haga sentir útil.

Apoyo social

Según la American Psychological Association (APA), apoyo social es «la prestación de asistencia o consuelo a los demás, habitualmente para ayudarlos a afrontar los estresores biológicos, psicológicos y sociales. Puede surgir de cualquier relación e involucrar a miembros de la familia, amigos, vecinos, instituciones religiosas, colegas, cuidadores y grupos formales de apoyo. Puede tomar la forma de ayuda práctica, apoyo material o apoyo emocional que permita que la persona se sienta valorada, aceptada y comprendida». El apoyo social es uno de los factores clásicos que aparecen cuando evaluamos el bienestar de las personas LGBT. Leas el estudio que leas, todos concluyen que a mayor apoyo social, mejor salud psicológica de gais, lesbianas, bisexuales y trans. Cuando proviene de las instituciones es muy beneficioso porque las políticas y leyes pro LGBT resultan enormemente eficaces para ayudarnos a mejorar el estado de ánimo. Los centros educativos que realizan intervenciones expresas de apoyo a la comunidad LGBT y de visibilización de la diversidad sexoafectiva y de género están dando apoyo social (y, por tanto, emocional) al alumnado LGBT, pero también a otras personas LGBT del entorno, como los parientes y vecinos LGBT de niños y niñas que se educan en el respeto a la diversidad. Cualquier pequeña acción puede tener grandes repercusiones. Y lo mismo si hablamos de políticas en empresas que apoyan la visibilidad de su plantilla LGBT. Por último, las leyes estatales, autonómicas, locales o de organismos supranacionales (como la Unión Europea) tienen esos mismos efectos beneficiosos, aunque, sin duda, con un mayor impacto social.

Pero además y curiosamente, sentirnos parte de una comunidad funciona de maravilla como «apoyo invisible». Tú creías que «invisible» era cualquier chico de Grindr después del segundo polvo, pero resulta que también es un tipo de apoyo social. Cuando nuestra autoestima está muy deteriorada, recibir ayuda puede hacernos sentir peor puesto que (a causa de esa baja autoestima) pensamos que no somos capaces de solucionar el problema por nuestros propios medios (para que veáis lo complicada que puede ser la relación apoyo-autoestima). ¿Qué es eso del apoyo invisible? Pues un tipo de acciones donde «el receptor del apoyo no es consciente de las acciones concretas que se desarrollan en su beneficio» (Bolger, Zuckerman y Kessler, 2000). ¿Significa eso que los mariquitas nos reunimos en privado para tramar acciones que beneficien a alguna de nuestras primas sin que lo sepa? No, no nos da la vida para tanto, cari. Significa que el hecho de estar en una comunidad, gracias a los referentes que encontramos en ella y sin necesidad de que nadie nos diga explícitamente cómo, aprendemos a enfrentarnos a nuestros retos y emociones gracias a los ejemplos que encontramos. El apoyo invisible sucede gracias a que los demás se convierten en referentes y es especialmente útil para la comunidad LGBT. Y esta es otra razón más por la que tanto estar fuera del armario como ponerse en contacto con grupos gais bien estructurados y con un discurso sólido[24] es beneficioso al mil por cien en lo referente a la gestión social de las emociones.

TÉCNICA. La Tarde de Mierda y la Tarde de Gloria

Estas les encantan a mis pacientes y amigos. Para la Tarde de Mierda, reuníos en casa de alguno de vosotros un grupo de entre tres y cinco maricones. Comprad una tarta y preparad café. Cada uno de vosotros tiene un turno (podéis fijar una duración máxima para que os dé tiempo a todos) y cuenta sus problemas. Los demás le preguntan, lo escuchan, le dan puntos de vista alterna-

---

24. No, no todos cumplen este requisito (ver *Sobrevivir al ambiente*, pp. 35-41).

tivos y algún consejo. Luego le toca al siguiente hasta que todos hayáis soltado vuestras respectivas mierdas. Se trata de hablar, descargar y escuchar a los demás. Si os ponéis un collar de perlas y servís copitas de anís como las señoras bien, esta prueba puntúa para el campeonato anual de mariconismo además de darle el toque humorístico que remarcará que queréis soltar lastre y sentiros mejor. La diferencia entre esta técnica y una charla entre amigos que se quieren y apoyan es... ninguna. Pero decir «Este sábado, en casa de Chema, tarde de mierda, lo soltamos todo y luego nos vamos de fiesta, ¿vale, amigas?» le da un propósito más definido, ¿no crees?

La Tarde de Gloria precisa de los mismos requisitos: café, tarta, amigos en torno a una mesa (collares y anís siguen siendo optativos) y una ronda de quince minutos a lo largo de los cuales vais a hablar de las bondades y virtudes de cada uno de vosotros. Mientras Pablo permanece en silencio, los demás tenéis que decirle todo lo bueno que veis en él, por qué lo queréis, los motivos que lo hacen importante en vuestras vidas, etcétera. Pablo no tiene derecho de réplica, él está allí para escuchar piropos y punto. Debéis procurar justificar vuestras respuestas con ejemplos de situaciones donde él haya mostrado esa virtud. Pasado el tiempo, Pablo da las gracias, os abraza y besa, y pasáis al siguiente. Así, hasta hacer la ronda completa. Ya veréis cómo salís con la autoestima subidita.

2. REGULACIÓN COGNITIVA DE LAS EMOCIONES

En términos generales, la definiríamos como el manejo o administración de las emociones empleando recursos cognitivos tales como recuerdos, imágenes mentales o razonamientos (Thompson, 1991). Todos hemos empleado técnicas cognitivas de regulación emocional sin saber que lo estábamos haciendo, porque forman parte de nuestra actividad cotidiana. Para que quede más claro os pongo unos ejemplos del uso de recuerdos, imágenes mentales y razonamientos:

—Recuerdos. Cuando estés triste, trata de recordar momentos alegres de tu vida.

—Imágenes mentales. Cada vez que doy una conferencia, me imagino que las personas de la audiencia son maniquíes, así no me pongo nervioso.

—Razonamientos. Si el problema tiene solución, ¿para qué preocuparse? Y si no tiene solución, ¿para qué preocuparse?

Un afrontamiento cognitivo es muy útil cuando tenemos que convivir con una situación que no podemos solucionar como, por ejemplo, un familiar homófobo. Consistiría en cambiar lo que pensamos de él y dejar de verlo como un agresor para comenzar a verlo como un pobre hombre al que nadie recordará con cariño: «El cuñado de mi madre es un machista y un homófobo. Y con 56 años que tiene ya no espero que cambie. He aprendido a no hacerle ni puto caso cada vez que suelta una barbaridad. Le contesto y lo pongo en su sitio, pero ya no me enfado. Hasta me da pena, porque sé que nadie de la familia lo echará de menos cuando se muera». Otra vertiente de las técnicas cognitivas es la de valorar si no estaremos exagerando un poco en cómo evaluamos la situación y, a causa de esa exageración, reaccionamos de una forma desorbitada, (como una *dramaqueen* de toda la vida). Veamos algunas estrategias concretas (Garnefski, Kraaij y Spinhoven 2001).

Aceptación

Aceptar lo ocurrido es el primer paso para ponerle solución, así como para hacer el duelo correspondiente. Es importante entender que los sucesos desagradables también forman parte de la experiencia humana y que, a veces, nos suceden cosas malas. Existe una «terapia de aceptación y compromiso» (Hayes, 2004) que hace mucho hincapié en cómo, frecuentemente, los problemas guardan relación con nuestros intentos de evitar el sufrimiento. En palabras de su desarrollador: «Los terapeutas de ACT[25] asumen que no es posible ni saludable intentar rescatar a los clientes de sus dificultades y los desafíos de su crecimiento. Es intrínsecamente difícil ser un ser humano».

Cuando lleguemos al capítulo 6 hablaremos de crisis y de lo mucho que nos cuesta aceptar que son inherentes a la experiencia humana. Llevamos milenios huyendo de nuestro dolor, anestesiándolo con creencias de diversa índole o tratando de enfrentarnos a él para solucionar el problema que lo causa. La ACT aporta un marco de comprensión más amplio, filosófico, para dar sentido a lo que nos sucede. A menudo nos ocurren cosas simplemente porque estamos vivos y no tenemos control sobre todo. En esos casos tan concretos, solo nos queda aceptar que somos humanos y que este tipo de experiencias tienen lugar. Como mucho podemos extraer de ellas algún aprendizaje, pero nunca evitarlas ni solucionarlas.

105

> **TÉCNICA. ¿Por qué a otro?**
>
> Steven Hayes, en la referencia anterior, proporciona diversas técnicas, como el énfasis en valores, la perspectiva trascendente del yo, la confrontación o el «control como problema» y la aceptación. La técnica ¿Por qué a otro? reflexiona sobre la esencia misma de la vida al considerar que nadie está libre de verse en dificultades.

Aquí va un ejemplo personal de uso de esta última. Como

25. Sigla de esta terapia en inglés.

sabes, nací con genitales intersexuales, los médicos que atendieron mi parto creyeron que era una niña y mi familia me educó en femenino. Aunque de pequeño no lo entendía, yo siempre tuve una identidad de género masculina. En la pubertad mi cuerpo se desarrolló en masculino, de forma que hice una *transición* natural (deseada pero no buscada) que me supuso un infierno social. Tras varios años de resistencia familiar, fui al médico, me diagnosticaron la intersexualidad, encontraron mis cromosomas XY, mis testículos en las ingles y el resto de órganos masculinos (vesículas seminales, próstata) en su sitio. Tanto Google como la Wikipedia te dan más información sobre mi historia si quieres saber un poquito más. La cuestión es que podrás imaginarte el infierno de mi infancia en los 70 y de mi adolescencia en los 80, así como las secuelas que todo ello me dejó. Me pasé años preguntándome: «¿Por qué a mí?». Caminaba por la calle preguntándome: «¿Por qué a mí?». Cada vez que alguien se reía de mí, me preguntaba: «¿Por qué a mí?». Cada vez que sentía alguno de mis múltiples complejos sobre mi cuerpo, me preguntaba: «¿Por qué a mí?». Cada vez que me derrumbaba debido a todo mi trauma, me preguntaba: «¿Por qué a mí?». En aquellos años, cuando necesitaba tranquilizarme, acudía a la orilla del océano. Aún hoy, cada vez que necesito paz, mi corazón mira hacia el oeste. Y uno de esos días en los que meditaba sentado frente al Atlántico, entré en bucle: «¿Por qué a mí?, ¿por qué a mí?, ¿por qué a mí?, ¿por qué a mí?, ¿por qué a mí?». Y a la sexta o séptima vez que me lo repetí, una pregunta nueva surgió en mi mente: «¿Por qué a otro?». Algo dentro de mí se movió. Como dos continentes que chocan entre sí, llega un terremoto, los sacude y, ¡de repente!… se ensamblan. Ya no hay más fricciones, no hay más temblores, todo encaja y puedes pasar de una tierra a otra paseando. Estuve un buen rato preguntándome: «Eso es, ¿por qué a otro? ¿Por qué a otro?», y entendí que la vida es una lotería, que el azar es el rey de nuestro universo y que la estadística dice que le tocará a uno de entre no sé cuántos miles. Pero que a alguien le tocará. Sin que se lo merezca. Ni para bien ni para mal. A las personas buenas les ocurren cosas malas y a los malos les suceden cosas buenas. Es azar. Puro y puto azar. Es inútil resistirse. Lo único que podemos hacer es aprender de estas desgracias inevitables. No tenemos más margen de maniobra. Así que me levanté, me sacudí la arena de las rodillas y volví a casa pedaleando muy despacito, disfrutando de los esteros y las casitas de Camposoto. Entender el azar dio orden a mi vida. Por eso, si algún día escribo sobre mi propia historia, la comenzaré con este párrafo:

«Yo no quería ser un héroe. A menudo pienso que, si me lo hubiesen consultado antes, yo hubiera rechazado la oferta. Pero la vida no pregunta y, como le tenía que tocar a uno de cada diez millones de varones nacidos vivos, me tocó a mí. Y así fue como comenzó todo».

Reenfocarse en la planificación

Esta es una estrategia centrada en la resolución de problemas; ¿qué tiene que ver con la regulación emocional? Pues es un buen ejemplo de que las estrategias nunca son puras y siempre operan en varios niveles de nuestra persona. Incluso antes de pasar a la acción, tener un plan nos tranquiliza mucho. El simple hecho de saber qué pasos vamos a dar, en qué plazos y con qué alternativas nos hace estar más optimistas y sentirnos mucho más eficaces, además de menos ansiosos.

TÉCNICA.

El enfoque de la «terapia breve centrada en soluciones» tiene una técnica muy conocida, denominada «pregunta milagro». Consiste en preguntar a la persona cómo sería la vida si, repentina y milagrosamente, desapareciera su problema. Para que la entendamos bien, abordemos un caso práctico: alguien con complejos sobre su físico. En primer lugar, le pedimos a la persona que nos dé el máximo número de detalles sobre cómo sería su vida si no tuviera ese problema y hacemos una lista:

—Me haría fotos para Instagram.

—Me compraría ropa llamativa.

—Tendría Grindr.

—Les entraría a los hombres que me gustan.

—No vería críticas en cualquier comentario (como hay que describirlo en positivo, le pediremos que lo reformule como «los comentarios ajenos me serían indiferentes»).

—Saldría más a menudo.

Definimos este panorama ideal como la situación 10 y le planteamos a la persona: «Si esta situación es el 10, y 0 es el desastre absoluto, donde tus complejos te tienen totalmente dominado, ¿en qué lugar de esa escala te encuentras?». La persona responde, por ejemplo «En el puesto 3», y le volvemos a preguntar «Ok, estupendo, ¿y cómo sería la situación 4, la que está un poquito mejor que la tuya actual?». La persona puede darnos una descripción de cómo estarían cada uno de los ítems anteriores o centrarse en alguno/s de ellos, por ejemplo:

—Saldría de vez en cuando.

—Tendría Grindr, pero sin foto de cara.

—No estaría pendiente de los comentarios ajenos.

Una vez tenemos ese segundo listado, le preguntamos sobre las acciones que puede llevar a cabo para pasar de la situación en la que se encuentra a ese nivel 4 que acaba de describir. Anotamos sus respuestas:

—Hablar con mis amigos y decirles que me avisen de cuándo van a salir para ir con ellos. No me quedaría toda la noche, pero sí un ratito.

> –Lo de Grindr no es complicado, puedo hacerlo y usarlo solamente para ver quiénes hay y, si alguno me parece majo, chatear con él.
> –Lo de los comentarios no sé cómo hacerlo.

Tener algo planificado ayuda a sentirse mejor, pero no nos quedaremos ahí. A la planificación le añadimos la ejecución de los pasos planificados y, acto seguido, animamos a la persona a que dé los pasos para quedar con sus amigos y le preguntamos si sería posible que hubieran quedado antes de nuestra siguiente sesión. En caso de que así ocurra, en la siguiente cita evaluaremos los puntos positivos que tuvo haber salido con sus amigos y le ofrecemos soluciones si es que hubo algún contratiempo.

Para el segundo ítem de la lista, le pediremos que se abra una cuenta de Grindr solo para curiosear. Le solicitamos expresamente que no interactúe con nadie. En la siguiente sesión es altamente probable que nos diga que no nos ha hecho ni puto caso y que sí interactuó. Esta es una de las técnicas de «intención paradójica», de las que te hablaré posteriormente. Lo importante es que la persona habrá dado pasos por su cuenta y nosotros le reforzaremos esa iniciativa animándola a continuar: ya sabe que no todo el mundo será desagradable con él.

En cuanto al tercer ítem, le ofreceremos una técnica nosotros mismos (que es, a su vez, un ejemplo de revaluación positiva). Le pediremos que clasifique a la gente según lo bien o mal que lo conoce. A sus íntimos, que lo conocen bien, los llamaremos «calificadores de élite», y los que no lo conocen de nada serían «jueces de mierda».[26] A partir de esta denominación, si alguien

---

26. El uso de palabras gruesas o tacos tienen el efecto psicológico de resultar muy contundentes. Nunca animo a nadie a que insulte a otros (más adelante profundizaré en ello), pero sé muy bien que el uso de este tipo de palabras en expresiones que solo pensamos, pero nunca verbalizamos, las dota de una fuerza y convicción muy necesaria para alguien que requiere de esta técnica. Si lo que repitiésemos mentalmente fuese «eres un mal juez», todos sabemos que no tendría ese mismo efecto.

que no lo conoce de nada opina sobre él, le será fácil repetirse: «Es que eres un juez de mierda, ¿qué vas a saber tú de mí?». Si el que hace una crítica es un buen amigo, deberá hacerse una segunda pregunta: «¿Me lo dice con la intención de ayudarme?». Si la respuesta es no, el amigo se descalifica por sí mismo. Si la respuesta es sí, le resultará mucho más fácil aceptar una crítica constructiva.

Al final, hemos elaborado una lista de pasos sucesivos y de acciones concretas. Una vez que la persona confirme que se siente en el nivel 4, le preguntamos por cómo sería estar en el nivel 5. Y repetimos planificación y ejecución. Y con el nivel 6. Hasta el final (o hasta que la persona esté satisfecha). En cada uno de esos pasos llevaremos a cabo procesos terapéuticos de todo tipo. Lo fundamental de esta técnica es la planificación, y esta será diferente para cada persona según sean las problemáticas a solucionar. Esta planificación exhaustiva y gradual ayuda a que la persona se sienta orientada (sabe lo que ocurrirá en cada momento), confiada en sí misma, apoyada por su psicólogo y sus amistades, esperanzada por que el cambio está en sus manos, segura, tranquila, animada y alegre. ¿No es eso lo contrario de estar insegura, desolada e infeliz como cuando comenzó su proceso? ¿Verdad que ha habido una regulación emocional? Ea, ya comprendes la técnica.

REENFOQUE POSITIVO (O REORIENTACIÓN POSITIVA)

Si tienes un problema, piensa en temas alegres y agradables en lugar de en el problema. Es un *hakuna matata* de manual y aunque podría parecer un tanto escapista, puede ser una buena primera estrategia antes de tratar de solucionar algo. Si estoy tan nervioso que no puedo pensar con claridad, igual es bueno reenfocarme en positivo hasta que me tranquilice un poco. Es una estrategia muy a corto plazo, como paso previo a otras, no es útil para mantenerla a largo plazo.

> **TÉCNICA. La lista de canciones**
>
> ¿De verdad que no tienes una lista de canciones que te ponen de buen rollito y a la que recurrir cuando algo te haya puesto de mala leche? Pues ya la estás creando y teniéndola a mano para cuando alguien te saque de tus casillas.

REEVALUACIÓN POSITIVA

A veces miramos el lado bueno de las cosas o tratamos de sacarles el lado positivo. Esta estrategia nos ayuda a mejorar nuestro estado emocional, recalificando lo sucedido de forma que deje de ser un problema y se convierta en un reto o en una oportunidad. Esta estrategia resulta un poco cándida y a menudo se abusa de ella dentro del mundo del *coaching* y la psicología buenrollista. Puede ser especialmente peligrosa cuando se nos vende como justificante del *statu quo*, puesto que deberíamos intentar solucionar el problema, no conformarnos con él. Sin embargo, sí se revela de gran utilidad en aquellas situaciones donde no tenemos ningún margen de maniobra, como, por ejemplo, cuando se rompe una relación. Está claro que no podemos obligar a nuestro ex a que vuelva con nosotros, así que la revaluación puede ser una buena estrategia a aplicar y, gracias a ella, comenzar a ver nuestra recién inaugurada soltería como una oportunidad para hacer actividades que nuestro ex aborrecía o para experimentar sexualmente. O quizá como el reto de aprender a ser menos dependientes de una pareja.

Un caso muy interesante de reevaluación es la «identidad gay positiva», que se define como ser «consciente de sentirse bien, valorar y tener un sentido de orgullo por las características asociadas con ser gay» (Hill y Gunderson, 2015). El simple hecho de que desarrollemos una identidad gay positiva es importante porque es una fuente inmediata de emociones positivas

111

que equilibran las negativas (Riggle *et al.*, 2014). Los hombres con identidad gay positiva se caracteriza por: (a) una mayor conciencia de sí mismos; (b) sentirse cómodos de ser homosexuales; (c) tener un sentimiento de ser parte del colectivo LGBT; (d) la percepción de que su visibilidad permite una mayor intimidad con los demás, así como una mayor libertad sexual, y (e) un mayor sentido de justicia social, alguien con una identidad gay positiva se enfocará más en luchar contra la opresión e impulsar el activismo.[27] Por cierto, y ya que estamos, ¿tienes una identidad gay positiva? ¿Has contestado con cinco síes?

Algo muy importante de la identidad gay individual es que conecta con la identidad gay colectiva y, al abrazar esa experiencia de grupo, uno se da cuenta de que lo malo que le ha ocurrido no se debe a algo incorrecto que haya hecho sino a la homofobia del entorno. Dado que otros han sufrido la misma discriminación y prejuicios, vemos que la causa de los problemas no somos nosotros, sino la maldad de los homófobos. Otros estudios que demuestran la importancia del apoyo social para los hombres gais son los de Herrick, Friedman y Stall, y el de Kwon, ambos de 2013, quienes documentaron tanto la relación entre apoyo social y bienestar psicológico como una menor reactividad emocional a los prejuicios ajenos (cuanto más apoyo sentimos por parte de otros gais, menos nos altera lo que digan los homófobos).

> **TÉCNICA.**
>
> En el ejemplo sobre la «pregunta milagro» hacíamos una reevaluación positiva de los comentarios ajenos. Veíamos los comentarios constructivos de los amigos no como cotilleos sino como intentos de ayudarnos con nuestros problemas. Alguien que te conoce bien y te quiere es una

---

27. El activismo también es eso que tú haces siendo visible en tu barrio o en tu lugar de trabajo y hablando de diversidad sexoafectiva con quien necesita aprender.

fuente valiosa de información sobre ti mismo, incluyendo las partes que no aceptas o que menos te gustan. Reformula a tus amigos como «evaluadores cooperativos» que te ayudan a superar tus propios complejos y ábrete a sus comentarios. Pon en práctica sus consejos y comprueba que te son útiles. Ya no te molestarán, te ayudarán.

PONER EN PERSPECTIVA

Cada vez que decimos «Ese es un problema del primer mundo», estamos poniendo en perspectiva, restando importancia a la seriedad del suceso. No se trata de minimizarlo sino de ponerlo en contexto. No se trata de decir: «Eso es una tontería», sino: «Comparado con otros problemas que he tenido y superado, este no será tan complicado». El efecto suele ser tranquilizador y favorece nuestra autoestima.

TÉCNICA. Tu peor pesadilla

Piensa en lo peor de lo peor de lo peor que podría sucederte. Aquello que sabes que te dejaría tan destrozado que ya no podrías vivir de ninguna manera posible, algo duro de verdad, como perder a un hijo o al ser más querido de tu vida. Imagínate la situación con el máximo de detalles que puedas, descríbela en un texto o grábate en un vídeo contando qué supondría. Cuando lo hayas hecho, describe lo que te angustia en estos momentos y compáralas. ¿En qué nivel se queda la situación presente? Sigue siendo un marrón, una putada, un asunto jodido que necesitas resolver. Pero ya no es ni tan dolorosa ni tan terrible como te parecía antes. Ahora es algo por resolver, un trago amargo, un trámite que no te gusta en absoluto. Ya no lo vemos como un desastre gracias a que lo hemos puesto en perspectiva.

3. REGULACIÓN FISIOLÓGICA DE LAS EMOCIONES (MODULACIÓN DE RESPUESTA)

Una vez que se ha producido la respuesta emocional, todavía podemos hacer algo más con ella. Con estas técnicas tratamos de modificar los resultados fisiológicos de las emociones. Podemos hacerlo con estrategias tan sencillas como controlar la respiración o echarnos agua helada en la cara. Cuando fumas, te comes media pizza familiar, te tomas una copa o te drogas, estás ingiriendo sustancias que modulan tu respuesta emocional. Y aunque sabemos que son nocivas, recuerda que si dejas de consumir esas sustancias sin haber aprendido estrategias alternativas para modular tu respuesta, probablemente volverás a recaer (*QMM*, pp. 171-176). No puedes dejar algo sin haber comprendido su función, y esto también se aplica a novios tóxicos (*CAM*, pp. 48 y 49). ¿Repasamos algunas?

RELAJACIÓN

Dentro de este concepto, cabe prácticamente todo lo que se te ocurra ya que, al fin y al cabo, cada uno se relaja como quiere. O como puede. Las estrategias que a ti te resultan especialmente útiles para tranquilizarte puede que me pongan de los nervios a mí. Y viceversa. O que lo que hoy me relaje, mañana me estrese. Afortunadamente, contamos con infinidad de técnicas y recursos para relajarnos. La mayoría de nosotros emplea el control de la respiración y la atención permaneciendo más o menos quietos. Y digo «más o menos» porque existen técnicas como el yoga, el chiqung o el tai-chi en las que controlas la respiración y la atención, pero lo haces con posturas y movimientos suaves. A la hora de relajarse, no todo es sentarse en un cojín. Si eres muy tecnológico, puedes recurrir a técnicas como el *biofeedback* (Simón, 1991), con la que te conectas a una máquina que va monitorizando tu respiración, tasa cardíaca, etcétera, y vas comprobando en tiempo real cómo mejoran mientras te induces a la relajación. Otras técnicas más sencillas son la meditación de toda la vida, el *mindfullness* de hace unos años o el *neurolaxating* que se inventarán de aquí a nada.[28] Estas técnicas, en general, consisten en colocar el cuerpo en una postura cómoda, pausar la respiración y, posteriormente, controlar la atención enfocándola en determinados sonidos (como los mantras) o imágenes mentales. En la actualidad es fácil seguir meditaciones guiadas, gracias a la multitud de *youtubers* que suben vídeos para que sigamos sus instrucciones. También en Internet hallamos algo novedoso, como el AMSR, donde *youtubers* simulan situaciones relajantes o realizan sonidos suaves que relajan a muchas personas. Lo importante es aclarar que no existe una técnica mejor que otra. Debes encontrar la que te funciona y emplearla para rectificar la reacción fisiológica que estás teniendo en tu organismo.

Para comprender los beneficios de la meditación (y similares) es conveniente saber que la ansiedad es una respuesta en cascada, que comienza en la amígdala cerebral. Esta pequeña protuberancia se encuentra ubicada dentro de los lóbulos temporales de nuestros cerebros y cumple un papel fundamental en la gestión de las emociones. La recordarás porque te hablé de ella en *QMM* cuando te expliqué que el trastorno de estrés postraumático impactaba en esa estructura de forma permanente, ocasionando esos altos niveles de ansiedad que nos caracterizan a los que hemos sufrido acoso y abusos. La amígdala desencadena la liberación del factor liberador de corticotropina (o CRF), este provoca la liberación de corticotropina (ACTH)

---

28. En la pseudopsicología abunda el *rebranding* o, dicho coloquialmente, cambiarle el collar al mismo perro para que parezca nuevo. Cada cierto tiempo aparece una nueva técnica (que no es más que una sutil variación de otras anteriores y que ni siquiera es más eficaz), en torno a la cual se organizan cursos, seminarios, titulaciones y demás tinglados con el propósito de sacar el dinero a los profesionales y engañar a los pacientes que se dejan impresionar por una pared llena de títulos.

y esta, finalmente, promueve la producción de hormonas glucocorticoides como el cortisol. La actuación de este es similar a la de la adrenalina (o epinefrina), que suele liberarse en los primeros momentos de la respuesta. A diferencia de la epinefrina, el cortisol no actúa rápida sino lentamente y su efecto se mantiene por más tiempo (Johnston y Olson, 2015).[29] Otros efectos de la respuesta de estrés son el aumento de la frecuencia respiratoria y de la tasa cardíaca (por eso las técnicas de relajación insisten mucho en el manejo de la respiración, que a su vez ayudará a pausar la tasa cardíaca).

Pero la relajación no solo modifica la respuesta final (la respiración o los latidos), sino que algunas técnicas como la meditación van al mismo origen de la ansiedad. La meditación tiene un efecto muy interesante sobre la amígdala cerebral, pues se ha demostrado que su práctica consolidada modifica esta estructura revirtiendo los efectos del trauma (Taren *et al.*, 2015). También hace que nuestra respuesta sea más calmada incluso durante el tiempo en el que no estamos meditando (Desbordes *et al.*, 2012; Leung *et al.*, 2018). De hecho, un entrenamiento en meditación relativamente breve (unas semanas, unos pocos meses) consigue que la amígdala no solo reaccione menos, sino que aumente su conectividad neuronal con el córtex prefrontal ventromedial, una zona del cerebro implicada en la regulación emocional (Kral *et al.*, 2018). Yo te prometo que a mí me salvó la meditación. Me pasé de los 30 a los 38 años meditando. No meditaba a diario ni mucho menos, pero sí con frecuencia. A menudo, simplemente eran cinco minutos controlando la respiración; a veces,

29. Nota para expertos: sobre la inclusión del eje de lucha-huida (y la liberación de epinefrina) junto con el eje hipotalámico-pituitario-adrenal (HPA), las autoras de este manual nos recuerdan: «Tradicionalmente, solo se consideraba respuesta al estrés el eje HPA, de modo que solo los glucocorticoides se consideraban hormonas del estrés. Más recientemente se ha comenzado a incluir en la respuesta al estrés ambos sistemas, de manera que la epinefrina es también conocida como hormona del estrés» (p. 91).

eran sesiones de una hora. Pero el efecto que tuvo mi continuidad en esta práctica aún sigue presente más de diez años después. Y te aseguro que estoy convencido de que eso fue lo que me rescató de mi propia historia. No sé, ¿qué más puedo decirte para animarte a meditar en cualquiera de sus variantes?

TÉCNICA.

Tanto la anterior como las dos estrategias siguientes son una técnica en sí mismas, así que se hace redundante que yo explique técnicas concretas con ninguna de ellas. La técnica del apartado de la relajación sería «aprende técnicas de relajación» y la técnica del apartado del deporte sería «practica algún deporte». No tiene sentido que las describa, ¿no crees?

DEPORTE

Si no te gusta meditar porque no puedes estarte quieto, siempre puedes optar por el deporte, aunque ya sé que los gais tenemos una mala relación con el ejercicio físico. «¿Y todos los maricones del gimnasio con sus fotos en Instagram?», me preguntarás. «Pues son una sobrerrepresentación,[30] un lugar común, algo que todo el mundo repite, pero sobre lo que casi nadie se ha detenido a reflexionar concienzudamente, de forma que, al final, terminamos repitiendo mantras que no representan la realidad», te responderé yo antes de explicarte que, contrariamente a lo que podemos concluir al curiosear por Instagram o Grindr, los gais tenemos una peor relación

---

30. La sobrerrepresentación es un fenómeno electoral. Algunos partidos sacan más proporción en escaños de la que les correspondería si se les aplicase el porcentaje exacto de votos que recibieron. El hecho de que los que más fotos suban a redes (y quienes más seguidores tienen) son aquellos que hacen deporte hace creer que el porcentaje de gais deportistas es mucho mayor del real. Por enésima vez: las redes no representan fielmente la realidad.

con el ejercicio físico y el deporte que la población hetero-sexual. La sobrerrepresentación en redes de una minoría muy activa en los gimnasios encubre el hecho de que los gais esta-mos mucho menos implicados en los deportes y la actividad física que la población general. Esto es algo poco estudiado, pero lo poquito que sabemos tiene unas implicaciones muy interesantes relacionadas con la homofobia en el deporte y con las experiencias infantiles.

De ese poco que sabemos, por ejemplo, conocemos que los gais, ya desde muy jóvenes, practicamos varias horas semanales menos de deporte o actividad física que los heterosexuales (Cal-zo *et al.*, 2014). Entre los factores que convierten el deporte en algo aversivo para personas LGBT están la homofobia, los este-reotipos de género y el acoso. Lo de la homofobia en el deporte es un hecho tan conocido por todos nosotros que no necesita demasiada explicación: no nos sentimos ni cómodos ni segu-ros en unos entornos que están repletos de homofobia («¡Ár-bitro, maricón!») y donde creemos que seríamos susceptibles de agresiones o mofas. Dejamos de practicar deporte a causa del *bullying* homófobo y los estereotipos de género (Baiocco *et al.*, 2018). Desde nuestra infancia, cuando hacíamos las prue-bas deportivas en clase de Educación Física, los demás niños se reían de nuestra pluma mientras corríamos los 100 metros o tratábamos de saltar el potro. Añade lo duro que a muchos se nos hacía que nos obligaran a jugar a un deporte que no nos gustaba en absoluto (como podía ser el fútbol), donde además eran habituales las burlas despiadadas de algunos jugadores cuando errábamos un tiro o no sabíamos defender una posición. En este tipo de deportes es habitual un comportamiento de gé-nero (masculino) tan extremo que se hacían especialmente fre-cuentes y humillantes los comentarios sobre que no sabíamos «comportarnos como un hombre» porque no se nos daba bien empujar, chocar, correr o pelear la pelota. Muchos pacientes y seguidores también me cuentan que les resultaba duro estar en

118

el vestuario, por el miedo a las bromitas homófobas de algunos o, incluso, a que se les notase que los cuerpos masculinos los atraían debido a alguna erección involuntaria ante el buenorro de la clase. Por cierto, quizá te suene el párrafo que acabas de leer porque lo compartí en un hilo en Twitter.[31] Es lo bueno de seguirme en redes: contenidos en primicia.

Y también compartí en mi Instagram (en alguna de mis fotos en el gimnasio) una reflexión sobre el deporte y las motivaciones deportivas o estéticas:

Si tu motivación para hacer ejercicio es estética y no eres constante, enhorabuena: eres un tipo listo. Porque te has dado cuenta de que es absurdo dedicar tu tiempo y tu esfuerzo a perseguir un objetivo que solo tiene que ver con cumplir un canon estético. Es absurdo creer que porque estés más bueno vas a tener mejor autoestima o a disfrutar más de la sexualidad. Más tarde o más temprano tú mismo te darás cuenta de que es ridículo esforzarse por un objetivo como ese y, simplemente, desistirás. Y así podrás dedicar tu tiempo y tu esfuerzo a otros asuntos que sean mucho más importantes y nutritivos para ti. Si tu motivación es realmente deportiva, entonces nunca desistirás porque estarás en permanente reto contigo mismo: ayer corriste 20 minutos, mañana querrás correr 22. Ayer aguantaste bien 30 minutos de *spinning*, mañana querrás aguantar 35. Tu marca está en ocho largos en la piscina y te propones hacer un par más cada vez que te sumerjas en el agua. Haces *curl* con la mancuerna de 12 kilos y para la próxima semana vas a subir a la de 14.

El reto es siempre contigo mismo, la motivación es superarte, batir tu propia marca. No te comparas con los demás, te da igual lo que esté haciendo el tipo del banco de al lado, no te importa la cantidad de largos que lleve la chica que nada en la calle de al lado. Te

119

---

31. El 12 de febrero de 2020, disponible en https://twitter.com/GabrielJMartin/status/1227664751955673089

focalizas en ti, en lo que has hecho hasta ahora y en lo gratificante que resulta superarte un poquito más cada día. Si duermes mejor cuando vuelves del entrenamiento, te sientes más ágil y con más energía; si sabes que descargas la ansiedad cada vez que sudas en el gimnasio, entonces nunca perderás la motivación y serás constante. La constancia a veces puede ser un buen indicador de nuestra verdadera motivación.

A esta reflexión hay que añadir alguna que otra cosilla (que para eso te has comprado el libro) y entrar en la motivación que, te recuerdo, también tiene mucho que ver con la gestión emocional.

A partir de mi práctica clínica (y mis relaciones sociales), fui dándome cuenta de que los más persistentes en la práctica de ejercicio eran aquellos que disfrutaban de sus logros deportivos, los que hacían deporte por reto personal. Al hilo de Twitter sobre nuestra aversión al deporte, muchos seguidores me comentaron que eso les ocurrió a ellos y compartieron con el resto las soluciones que a ellos les funcionaron. Muchos me decían que les resultó de gran ayuda un entrenador personal, porque esta figura los reconcilió con el deporte. Hay algo tremendo en nuestras historias: tantos años de burlas sobre nuestro bajo desempeño deportivo (en comparación con los «machotes de la clase») acabaron por hacernos sentir incapaces para el deporte. Y esto es un auténtico disparate: todos los seres humanos estamos preparados para el ejercicio físico. No todos vamos a ser deportistas de élite, pero todos estamos preparados para practicar alguna modalidad. Una figura como la del entrenador, que nos dé ánimo y confianza, que nos enseñe la técnica de cada ejercicio y que nos anime, hará que recuperemos la confianza en nuestra capacidad para completar *bien* la sesión. Esta autoeficacia es una de las variables mediadoras que intervienen en nuestra constancia (Bagøien y Halvari, 2005), así que este es el primer paso que nos conviene dar para adquirir el hábito de practicar deporte y disfrutar de sus beneficios sobre nuestra salud psicológica. De hecho, aunque en un primer momento la motivación pueda ser estética, los logros permanentes y el beneficio mental solo se consiguen cuando la motivación es la salud (Teixeira *et al.*, 2006).

Fíjate qué interesante, hemos aplicado técnicas de regulación emocional como el apoyo social del entrenador y la aproximación sucesiva (de la que hablaremos en breve) para gestionar la aversión y la ansiedad que nos produce el deporte (y su entorno), y, una vez superadas la aversión y la ansiedad, podemos contar con el ejercicio como una nueva herramienta en nuestro repertorio de técnicas y estrategias de gestión emocional. Porque si no regulamos primero la mala relación que tenemos con el deporte, es imposible que nos aprovechemos de los beneficios del ejercicio físico sobre nuestra salud física y emocional. Quizá te preguntes por qué he incluido el deporte en el apartado fisiológico en lugar de conductual, y una buena respuesta sería: «¿Qué más da? Todas las técnicas son mixtas», pero el verdadero motivo es que la práctica continuada del deporte aminora la ansiedad desde su raíz fisiológica.

121

Pastillote

Dicho así suena casi frívolo, pero me niego a quitarle ese matiz cómplice y desdramatizador para hablar de lo que supone tomar medicación. A veces es necesario recurrir a los fármacos porque las reacciones emocionales están muy lejos de lo que la persona es capaz de gestionar con los medios de los que dispone en este momento. Y esto es lo único que debe importarte. Me parece genial que tu prima te diga que ella fue capaz de gestionar lo de su divorcio, cuando el marido la dejó por la vecina de arriba y, además de abandonada, tenía que soportar oírlos follar cada día. Seguro que te lo dice desde el cariño y para animarte y recordarte que tú, a quien considera más fuerte que a sí misma, podrás enfrentarte a tal o cual cosa. Vale. Me parece estupendísimo que tu amigo te diga que si él pudo dejar los *chills*, seguro que tú también porque tú siempre has sido muy fuerte y consigues todo lo que te propones y blablablá. Pero quien sabe en qué estado te encuentras, los ánimos y fuerzas de los que dispones, las herramientas que necesitas (y puede que no tengas) y, sobre todo, lo capaz o incapaz que te sientes, ese eres tú. Y si tú sabes que estás peor que hecho mierda y que no puedes salir de la cama sin llorar ni asomarte a la puerta de casa sin que te entre un ataque de pánico, eres tú quien tiene que sentirse legitimado para ir al médico y pedirle ayuda farmacológica. Y punto.

La farmacología ayuda a controlar la fisiología de la respuesta, a que no tengamos reacciones emocionales tan extremas. Y a veces necesitamos un apoyo farmacológico no que oculte sino que amanse unos estados emocionales demasiado fuertes como para resultar manejables. ¿Verdad que por muy buen nadador que sea un tipo nunca le diríamos que se lance al mar en mitad de una galerna porque él tiene experiencia nadando? Pues eso. Cuando el tratamiento reduzca la ansiedad o la tristeza a unos niveles humanamente manejables, aplicarás las estrategias que te enseñe tu psicólogo y te será mucho más fácil gestionar tus emociones. Y aprovecharás la terapia para descubrir los disparadores de tu ansiedad. Y aplicarás estrategias como la de la «selección de situaciones» para no meterte en fregados que solo sirven para ponerte de los nervios. Y trabajarás tu asertividad para decirle a los demás: «Oye, que yo soy un pelín ansioso y a mí no me va nada bien meterme en jaleos con responsabilidades ni vainas, que paso de líos», y seguir con tu vida tan contento. Con todo ello, tus niveles de ansiedad descenderán hasta un punto en el que podrás plantearte dejar atrás la medicación, porque ya habrás aprendido las habilidades necesarias para que la ansiedad no vuelva a hacer acto de presencia o lo haga en unos niveles asumibles y regulables. Y entonces dejarás el pastillote. Pero entendamos que nadie está obligado a esforzarse más allá de sus límites y que la farmacología es útil en determinadas situaciones.

Un beso y todo mi cariño. Sé que esto es muy jodido, nene.

4. REGULACIÓN EMOCIONAL DE LAS EMOCIONES

Ya lo sé: es el colmo de la redundancia. Pero como estamos tirando de clasificación y pretendo ser exhaustivo, salen estos títulos para los apartados. Me explico: por «regulación emocional de las emociones» entendemos aquellas técnicas que regulan las emociones promoviendo otras (mientras que las técnicas fisiológicas inciden sobre la emoción aminorando la respuesta orgánica).

Esta regulación se basa en algo tan simple como el antagonismo entre las dos ramas del sistema nervioso autónomo, la simpática y la parasimpática, ¿las recuerdas del capítulo 3? Cuando experimentamos una reacción como el miedo, está activada la rama simpática y, gracias al mencionado antagonismo, si activamos la rama parasimpática, se desactiva la primera y, con ella, la respuesta de miedo. De los mecanismos antagónicos hemos hablado previamente al explicar técnicas como la relajación, que promueven la activación del sistema parasimpático para compensar la activación del sistema simpático durante el episodio de ansiedad. Y también existe otra modalidad que consiste en controlar una emoción fomentándola hasta que nuestro cuerpo deje de reaccionar.

HABITUACIÓN

Ya la abordamos en *QMM* (pp. 447-451), cuando os explicaba que la almeja interior era el nombre que le dio mi amigo Alejandro durante un taller de fin de semana donde yo explicaba

123

(entre otras cosas) este mecanismo psicológico. Les conté a los participantes que se había estudiado haciendo experimentos con los sistemas neuronales de la aplysia, un molusco que era una especie de almeja sin valvas. De hecho, puedes hacer el mismo experimento con una almeja de las que compras para cocinar. Si la sumerges en un plato con agua y la dejas tranquilamente, al rato verás que extiende unos tubitos (los sifones) a través de los cuales capta nutrientes. Si la tocas, rápidamente recogerá los sifones y cerrará las valvas. Al poco rato, volverá a abrirse y extender sus sifones. La tocas y, ¡zas!, vuelve a esconderse... y a sacar los sifones lentamente. Pero ahora cada vez lo hace más y más lentamente, como si ya no se asustase. Y así hasta que, a fuerza de tocarla, la almeja deja de reaccionar y te mira con cara de «¡Maricón: métete el dedito en el culo, que me tienes frita ya con tanto golpecito, ¡coño!». La almeja se ha habituado a tus toquecitos y ya no reacciona. Esta reacción tiene aplicaciones terapéuticas en el tratamiento de fobias, exponiendo a la persona fóbica a aquello que le desencadena la reacción hasta que deja de reaccionar.

También está detrás de fenómenos tan curiosos como el de la «habituación hedónica», que significa, hablando en plata, que te acostumbras pronto a las cosas buenas. Piensas: «Oh, ¡qué bien estaría ganar 200 euros más, la de cosas que yo haría!». Te suben el sueldo esa cantidad y el primer mes estás muy contento: te compras algo de ropa extra, te pagas una cena y algún capricho más. Al mes siguiente decides invertir esos 200 euros en pagarte un curso y ahorrar algo de dinero. Pero a los cinco meses vuelves a sentirte como antes de que te subieran el salario. Y piensas: «Oh, ¡qué bien estaría ganar 400 euros más, la de cosas que yo haría!». ¿Qué crees que sucederá cuando ganes esos 400 euros más? Exacto, que terminarás acostumbrándote a tu nuevo nivel de vida. Eso sí, al menos no vivirás en precario y te ahorrarás el miedo a no poder pagar tus facturas. Pero más pronto que tarde dejarás

124

de experimentar la alegría que sentiste inmediatamente después de recibir el aumento. Eso es la «habituación hedónica»: el cerebro se acostumbra a lo bueno y deja de darle relevancia.

Lo importante de todo esto es comprender que nuestro organismo, sometido repetidamente a un estímulo, termina por adaptarse a él y acaba por no reaccionar. Y este es el principio básico que subyace en técnicas tan diversas como la desensibilización sistemática, los tratamientos por inundación o algunos ejemplos de intención paradójica.

DESENSIBILIZACIÓN

Este es justo el efecto contrario a la habituación y se entiende muy bien cuando hablamos del trastorno de estrés postraumático (*QMM*, capítulos 10 y 11). Haber sido víctimas de agresiones nos condiciona de forma que nuestros sistemas de respuesta emocional son hiperreactivos y nos sobresaltamos en exceso por situaciones que a lo mejor no son para tanto. Estamos a la defensiva, cualquier ruido o grito nos retrotrae a los años del abuso y volvemos a reaccionar con tanta intensidad como entonces, incluso aunque la situación presente no tenga nada que ver con la pasada. Las víctimas de acoso homofóbico pasamos años hiperreaccionando a los desencuentros con los demás, y hace falta un poquito de terapia para poder desenvolvernos en un mundo que no es ni tan apacible ni amigable como necesitaríamos. La sensibilización está detrás de que si te quemas la piel de la espalda con tanto sol, no serás capaz de soportar ni el tierno beso de tu amante cuando te aborda por detrás. La sensibilización, tanto sensorial como emocional, convierte estímulos y situaciones neutras en aversivas. Como es fácil de suponer, es el procedimiento que empleamos para revertir los efectos de la sensibilización. Así pues, empleamos profusamente la desensibilización sistemática contra los efectos del trauma.

«Desensibilización sistemática» es el procedimiento que utilizamos ante determinadas fobias. El simple hecho de que vayas a terapia y hables de lo que te provoca ansiedad hace que te vayas exponiendo mentalmente a ese estímulo y vaya perdiendo capacidad de despertar tu reacción fóbica. Por eso, a veces, va bien hablar de lo que nos da miedo ya que, pierde poder sobre nosotros, o, dicho más científicamente, nos habituamos a ese estímulo y nuestra respuesta es menor.

Necesitamos planificar la exposición para que sea gradual, y elaboramos una escala de estímulos cada vez más ansiógenos a los que nos iremos exponiendo paso a paso. Primero aprendemos una buena técnica de relajación. Luego nos exponemos al nivel 1. Practicamos la relajación hasta que logremos estar en presencia de un estímulo de ese nivel sin que nos produzca ansiedad. Continuamos con el nivel 2. Y así, hasta llegar a un nivel de control suficiente para ti. Esta técnica es muy útil en el tratamiento de la nosofobia y, por esa razón, volveremos a ella en el capítulo correspondiente.

FLOODING

Otras técnicas que empleamos son las de tipo inundativo o *flooding*, las solemos conocer en la calle como «terapia de choque», y deben hacerse con mucho cuidado para evitar males mayores. Originariamente se diseñaron con la pretensión de eliminar las respuestas de huida (Fernández-Castro, 1979). Se exponía a la persona a una situación que temía, pero se le impedía escapar de ella (todo pactado, nunca se amarró a nadie, los psicólogos no somos tan cafres). De esta forma, su conducta evitativa se volvía inútil, inservible. Y dejaba de presentarse. Pero además, esta exposición tan intensa demostró ser muy útil en el tratamiento de algunas fobias (Botella Arbona, 1985; Pérez-Acosta, 2005) y ofrecía una solución a la respuesta de miedo mucho más rápida que la desensibilización. No obstante, ni es aplicable a todo el mundo ni a todas las situaciones. Se corre el riesgo de que siga quedando miedo residual o de que se produzca un agravamiento si no se hace bien (la desensibilización, por el contrario, es mucho más versátil).

Un ejemplo de la vida cotidiana sería, si tienes complejos con tu cuerpo, que un amigo te lleve a un club sexual. Si somos rigurosos, tendríamos que controlar muchas variables para que la técnica fuera puramente *flooding* (por ejemplo, que mientras estés en el club no pienses en nada para que no haya «reestructuración cognitiva» paralelamente), pero estos entornos donde se nos permite aislar las variables tan bien solo suelen darse en laboratorios y con animales. Al margen de las precisiones metodológicas, ir a un lugar donde, justo al contrario de lo que te temías, no te encuentras esos cuerpos esculturales de *flyer* sino docenas como el tuyo puede funcionar muy bien para mandar algunos complejos a paseo.

127

Prescripción del síntoma

Por último, esta técnica consiste básicamente en pedirle a la persona que experimente más y más la sintomatología de la que se queja. Suele emplearse contra el insomnio, pero también es útil para el tratamiento de la ansiedad y de la tristeza. Cuando le pides a una persona que, a una hora concreta del día, antes de hacer otras actividades y durante un tiempo limitado, se ponga lo más ansioso posible, paradójicamente le será imposible cumplir con la petición. Esta técnica suele presentarse pidiéndole a la persona que durante 19 minutos al día (ni uno más ni uno menos) piense detallada e intensamente en su peor pesadilla, en lo peor que le podría suceder, recreándose en los detalles más mínimos y sufriendo todo lo que pueda. Es imposible mantener la concentración tanto tiempo y esto tiene el efecto que buscamos. Al proponerle que mantenga voluntariamente su sintomatología y darse cuenta de que no es capaz, la persona comienza a pensar que igual no le preocupa tanto y a relativizar la gravedad de sus síntomas.

Por otro lado, al pensar repetidamente en las situaciones que la aterran (o entristecen), llegará un momento en que dejará de sentir ese terror porque se habrá habituado. Como ninguna técnica es pura, aquí aparecerá también un efecto cognitivo tal como la descatastrofización, porque se dará cuenta de que buena parte de su miedo venía de una distorsión mental que le hacía catastrofizar. Muchos pacientes me dicen: «Al cuarto día me di cuenta de que todo estaba en mi cabeza, que lo que tanto me preocupaba no iba a suceder y que, si sucedía, sería capaz de superarlo». A veces las técnicas más elementales son las más eficaces.

5. TÉCNICAS CONDUCTUALES

Todas las anteriores técnicas son conductuales porque «conducta humana» no es solo lo que ejecutamos mediante movimientos sino también nuestros pensamientos, emociones y respuestas fisiológicas. Quizá alguna de estas modalidades responda mejor al condicionamiento o han sido más estudiadas dentro del conductismo, y de ahí, quizá, que solemos ver como conductual aquello que supone hacer algo. Pero no: conducta es todo.

Al hacer esta aclaración, yo mismo me he cargado mi discurso porque si todo lo anterior es conductual, ¿qué voy a contar aquí? Pues, de nuevo, que es difícil aislar los distintos niveles de funcionamiento del ser humano y que, por eso, no hay muchas técnicas puras; que las anteriores se han clasificado según lo preponderante que era el elemento fisiológico, cognitivo, etcétera, y que aún quedan algunas técnicas por explicar y habrá que meterlas en algún sitio (como en este epígrafe cajón de sastre). En cualquier caso, dudo mucho que tú, tras una bronca con tu novio, pienses: «Ahora mismo me vendría bien soltar el cabreo que llevo encima, pero como la técnica de expresión no está bien clasificada en el capítulo correspondiente, no sé si me será útil». Pues eso. *Loviu.*

EXPRESIÓN

«Mi psicólogo me recomendó que escribiera cartas a las personas que odio y que luego las quemase. Seguí su consejo, pero ahora no sé qué hacer con todas las cartas que escribí.»

Antes de emplear cualquier técnica de expresión emocional, espero que tú sí seas capaz de entender que lo que había que quemar eran las cartas y no a las personas que odias y que no cometas ningún crimen por equivocación. Dicho esto, esta técnica incluye cualquier modalidad de expresión de las emociones y los sentimientos. Expresar el duelo con lágrimas, la alegría a carcajadas o la furia estampando cosas contra la pared son estrategias de expresión emocional. No todas son igualmente bien vistas, y sabemos que algunas, como compartir nuestra alegría a carcajadas, van a ser útiles a corto y a largo plazo incluso si estamos ante desconocidos. ¿Has visto algún vídeo de esos donde un actor se pone a reír a carcajadas en el metro y al final todos se contagian de su risa y el vagón al completo termina descojonándose? Este es un ejemplo de buen resultado a largo plazo en la vida real: estar de buen rollo pone de buen humor a los demás y la convivencia es mejor. Pero prueba a hacer lo mismo soltando improperios y dando golpes a las paredes. Verás lo poco que tardan en inmovilizarte y sacarte del transporte público a rastras. Soltar las emociones negativas no funciona igual de bien en público a no ser que estés en un entierro (de nuevo, el contexto es importante) o en compañía de alguien que quiere ayudarte a sacar toda tu mierda (como tu psicólogo). Hay alternativas, como encerrarte en casa y liarte a hostias contra los cojines, sacudirle al saco de boxeo del *gym* o irte a una playa vacía a pegar gritos como un loco.

129

Una vez leí que en algunas empresas japonesas disponen de habitaciones antiestrés, donde puedes encerrarte, liarte a manguerazos contra muñecos, romper tiestos y cagarte en la estirpe de quien quieras. Supongo que en una cultura tan emocionalmente represiva como la nipona estas habitaciones son mucho más necesarias que las máquinas de café (y te aseguro que lo de la represión emocional no es un cliché, me lo cuentan mis amigos y pacientes japoneses). Por cierto, y ya que estamos en el ámbito asiático, existe un estudio coreano realizado con 1227 jugadores *online* que mostraba cómo los videojuegos pueden ser una magnífica herramienta para descargar la agresividad que se va acumulando sin que la persona se haga más violenta por ello (Lee y Jeong, 2018). O sea, que si quieres soltar furia, corta unas cuantas cabezas en un videojuego y verás qué bien te quedas.

La expresión de las emociones mediante la escritura es un clásico que funciona muy bien. Hay evidencia de su funcionalidad en hombres gais que han sufrido acoso homofóbico (Pachankis y Goldfried, 2010). Claramente, la experiencia de cualquiera de nosotros nos da una idea de cuántos amigos gais han recurrido a la escritura, en cualquiera de sus variantes, como forma de exorcizar sus demonios personales. Y lo mismo podemos decir de la música. Los *genes gais* no incluyen ningún exón que codifique nuestro gusto por los musicales ni por pertenecer al coro marica de la ciudad, pero sí que hemos encontrado en la música el canal perfecto para expresar nuestras emociones con la vehemencia que se requiere. Cualquier arte nos permite la expresión emocional, pero los que tienen que ver con la palabra tanto hablada (o cantada) como escrita son los más habituales.

Al respecto, suelo aconsejar una técnica que explico en mi canal de YouTube («Mariconsejo 23, grábate») y que consiste en aprovechar la tecnología para la expresión de las emociones. Básicamente se trata de que te grabes en vídeo contando lo que te preocupa, pero yendo un paso más allá: debes verte al día siguiente. Al grabarte te ves obligado a estructurar tus pensamientos para expresarlos de forma coherente e hilar una explicación de tu problema. De este modo, al obligarte a explicarlo, estás ordenando tus propias ideas. Y a más orden mental, más tranquilidad emocional. Pero lo bueno del segundo paso (verte) es que te podrás dar *feedback* a ti mismo. A menudo la expresión se queda en hacer una catarsis, pero no nos enseña nada, no aporta información sino un simple desahogo. Verte ayuda a comprenderte. Tras haber pasado unas horas y haberte desahogado antes, te observarás con más objetividad y quizá te des cuenta de que puedes redimensionar el problema y ver que no era tan grave. Verte te ayuda a reconocer tus muestras de sufrimiento y cuando vuelvas a sentir lo mismo, podrás recordar el vídeo y decirte: «Hey, me estoy poniendo como aquella vez que me grabé y luego no fue para tanto. A lo mejor ahora tampoco es como para que me ponga tan mal, ¿no estaré exagerando?». Gracias a esta reflexión te contextualizas y recuerdas que has salido de situaciones similares (otras dos estrategias de afrontamiento). Algo tan tonto como grabarte en vídeo te permite la expresión emocional, la estructuración del pensamiento, la contextualización, la redefinición del problema y el afrontamiento confiando en tus propias capacidades porque ya las habías demostrado antes. Todo ello con un simple *smartphone*, ¿no es genial? Estos aparatos nos han cambiado la vida (guiño).

131

6. «ME CAGO EN TO TUS MUERTOS, SO DESGRACIÁ. ¿TÚ QUIÉN COÑO ERES, PEAZO PUTA?»

Este epígrafe iba a titularse «técnicas de gestión emocional eficaces, aunque socialmente poco recomendables», pero pudiendo parafrasear a la Veneno, ¿quién necesita inventar títulos? Afirmar que uno está tan por encima de un atacante que hasta podría defecar sobre su linaje al completo es una buena forma de sentirse mejor. En la misma dirección, podemos cuestionar la importancia de esa persona señalándole que nadie sabe quién es debido a que nadie se interesa por ella ni ha hecho nada relevante. Y también podemos recordarle que, además de ser una desventurada sin oficio ni beneficio, también es una mala persona que actúa con el único propósito de herir a los demás sin motivo alguno. Al hacerlo nos vamos a sentir tan estupendamente que, acto seguido, exclamaremos: «¡Ay, qué a gusto me he quedado!». Hablo, naturalmente, no de insultar a otros sin venir a cuento, sino del insulto como respuesta a las agresiones de los demás.

Insultar a los otros, menospreciarlos, definirlos con aseveraciones que subrayen su nula importancia o lo muy por encima de ellos que estamos nos hacen sentir mejor inmediatamente. Desahogamos la rabia a fuerza de insultos, pero además remarcamos nuestra dominancia sobre el otro. Son un medio que nos acompaña desde nuestros orígenes, todas las culturas los han tenido y nuestros primos chimpancés también se gritan unos a otros cuando se enfadan o cuando quieren amenazarse. Aunque no tengo pruebas, tampoco tengo dudas de que existe algún alarido simiesco que signifique: «¿Tú quién coño eres, *peazo* puta?».

Empleamos esta estrategia a diario, aunque la reservamos para nuestra privacidad. Nos dejan un comentario fuera de lugar en redes sociales, entramos al perfil del que lo ha escrito, leemos alguno de sus tuits, vemos algunas de sus fotos y pensamos: «Madre mía, el gilipollas este, que no es más imbécil porque no ha nacido antes, va a venir a darme lecciones a mí cuando el muy capullo no tiene ni puta idea de lo que está hablando». No le respondemos con lo que pensamos realmente, sino que nos limitamos a bloquear, borrar y pasar de perder el tiempo, no recurrimos al insulto abiertamente (sobre todo, si eres un personaje público). Pero tu mente no puede dejar de pensar en que ese cagalindes no tiene más luces que las que le caen del sol y que ya quisiera él saber del tema la décima parte de lo que sabes tú.

¿Por qué empleamos el insulto como respuesta a las ofensas? Con el menosprecio del insulto, tu mente está reubicando al otro, está redefiniendo la situación. Tu mente está diciéndote que ese no es un encuentro entre dos señores que discrepan, sino el intento por parte de un personajillo sin importancia para que le hagas un poco de casito. Que lo mejor para ti es que no te distraigas con él, sino que mejor dediques tu tiempo a asuntos verdaderamente importantes. Porque, además, si le ofreces la atención que busca, solo conseguirás reforzar su conducta.

El insulto redefine la situación en tu mente y la describe no como un peligro ni un ataque, sino como algo que no merece tu atención. También es una reformulación: ¿qué clase de persona se dedica a insultar a los que se va encontrando por la vida? La respuesta consiste en un insulto («un gilipollas»), aunque en esta ocasión, más que algo menospreciativo, el término resulta ser bastante descriptivo: quien hace ese tipo de cosas debe de ser muy carajote. Al menospreciarlo, le quitamos poder y sentimos menos ansiedad o furia.

Así, cuando de manera natural insultamos a nuestros agresores, estamos empleando una estrategia de afrontamiento que consiste en quitarles importancia para verlos como menos perjudiciales y rebajar el nivel de tensión. A menudo, cuando nuestra mente concluye que el otro es un imbécil, optamos por no molestarnos en discutir con él, mucho menos agredirlo de vuelta. Simplemente, le mostramos nuestro desprecio y nos desentendemos. Visto de este modo, el insulto hasta tiene un efecto pacificador.

En resumen, aunque socialmente no sería aceptable, el insulto y el desprecio en su forma íntima, sin que salga de tu cabeza o de los comentarios con los amigos muy cerca-

133

nos, es una estrategia de gestión emocional que se basa en la redefinición de la amenaza u ofensa al menospreciar la importancia del otro.

No somos seres de luz y la perfección de la inquebrantabilidad es un espejismo tan peligroso como un dildo de cristal de ventana. Nos vamos a enfadar, vamos a soltar burradas por la boca. Todos necesitamos desahogarnos de vez en cuando y poner verde a alguien. Mejor hagámoslo de modo consciente, permitámonos en privado algo que, aunque inconfesable, es tan eficaz y tan humano que lleva milenios acompañándonos. Solo se me ocurre un consejo más: perfecciona tu estilo.

7. *Técnicas que funcionan… pero regulín tirando a mal*

Los autores Campos, Iraurgui, Páez y Velasco revisaron en 2004 las estrategias de regulación emocional que funcionan… pero para hacerte sentir peor. Tras un metanálisis de trece estudios describieron el cuarteto maldito de técnicas que pueden ser «peores remedios que la enfermedad»: rumiación, evitación, aislamiento social y abandono. Toca, por tanto, darles un vistazo para tratar de no caer demasiado en ellas, aunque a menudo es inevitable hacerlo pues tienen una función que debemos descubrir antes de sustituirlas. Vamos a verlas.

Rumiación

Ante un hecho negativo, es habitual que hagamos introspección y reflexionemos sobre él, tratando de sacar algún aprendizaje de utilidad para posibles situaciones futuras. Pero ¿qué ocurre si nunca pasamos a esa fase y nos quedamos en el bucle de darle vueltas y más vueltas? Que estaremos rumiando. Si encima nos culpamos por lo ocurrido, esta rumiación reforzará la mala imagen que tenemos de nosotros mismos. Se afirma que las personas que tienden a rumiar suelen ser evitativas y que reprimen sus sentimientos (Páez, 1993).

Por esta razón, es un buen consejo hacer esquemas y resúmenes de tus rumiaciones, como el que analiza un texto y entresaca las ideas principales. Poner las rumiaciones por escrito, te hace consciente de ellas y te ayudará a no repetirlas. También te conviene revisar la emoción que sientes al rumiar. Si, por ejemplo, siempre es enfado, seguramente te favorecerá aprender a manejar ese enfado con la técnica correspondiente.

Evitación

Incluye varias estrategias, como la desconexión, la negación, el distanciamiento o la huida. Todas coinciden en que mantienen distancia con el problema. Esta distancia puede ser física (distanciamiento o huida) o psicológica (desconexión y negación). Insisto en que si no podemos enfrentarnos al problema o no tenemos poder sobre él, distanciarse puede ayudarnos a sobrellevar situaciones difíciles. Sin embargo, si nuestra tendencia es la de ser evitativos, tanto si podemos como si no podemos poner remedio al problema, entonces no estamos utilizando una estrategia adecuada. Consejo: desmenuza el problema en partes. A menudo somos evitativos porque la situación nos parece inabarcable. Si recurrimos a la técnica de planificación estratégica, resulta mucho más sencillo afrontarla.

135

Aislamiento social

Es «el conjunto de respuestas orientadas a aislarse del entorno social, a ocultar sus sentimientos y protegerse evitando contactar con otros, o prevenirse de que otros sepan sobre la situación estresante o sus efectos emocionales. Incluye la evitación de los demás, ocultación, aislamiento, estoicismo, parte de la desconexión o desvinculación y abandono emocional» (Skinner *et al.*, 2003). Aislarse y perder el vínculo con los demás es claramente un «remedio peor que la enfermedad» y aunque pueda suponer un respiro momentáneo, no solo deja los problemas sin resolver, sino que crea otros nuevos.

Es una estrategia que todos nosotros conocemos porque no encontrábamos mejor forma de afrontar el *bullying*. Solo se nos ocurría huir. ¿A alguno de vosotros le supuso una solución duradera? No. ¿Verdad que nos sentíamos indefensos y, aunque sirviera para evitar el mal trago, sabíamos que escondernos solo servía para poner un parche, pero no era un remedio en absoluto? Verdad. ¿Necesitamos que nos expliquen por qué no es una estrategia funcional? No. Pues eso. Consejo: léete el capítulo 7 con especial atención, está dedicado a ti.

ABANDONO

136   Aquí, en realidad, los autores mencionados hablan de un conjunto de estrategias. Entre ellas se incluyen técnicas de una vertiente constructiva que pueden asociarse al estoicismo y que suponen la aceptación de circunstancias que no podemos cambiar. También hay otra vertiente menos constructiva, que es la de caer en el abatimiento, la desesperanza o la inacción, característicos de la indefensión aprendida. Dejarlo todo, rendirse sin ni siquiera intentarlo es cualquier cosa excepto una estrategia de afrontamiento.

8. *RISOTERAPIA Y ESAS COSAS*

Y tras hablar de técnicas y estrategias no eficaces, no nos queda más remedio que abordar el lado oscuro de la terapia: las pseudoterapias. El problema con estas prácticas no es solo que nunca han demostrado una eficacia superior a la del placebo; al fin y al cabo, eso las dejaría en inocuas. Lo más grave es que pueden convertirse en obstáculos para la aplicación de técnicas que realmente funcionen (porque vas al chamán antes que al psicólogo) o, simplemente, en excusas para sacarte dinerales por algo que es exactamente igual (pero vestido con colorines más cuquis) que técnicas contrastadas experimentalmente. Los talleres de risoterapia, las sesiones de constelaciones familiares, la programación neurolingüística (PNL) o la terapia chamánica no son más que oportunidades para reunirte con otras personas durante un rato.[32] Este apoyo social tiene un efecto favorable para tu salud psicológica, cierto. Pero que no te engañen: esas técnicas no son mejores que tomarte una caña con los amigos, contarles tus cosas y reírte un rato con ellos. Solo son más caras. Si no tienes muchos amigos con los que quedar y reírte, igual antes de meterte a risoterapia puedes meterte en una quedada marica y conocer gente. O pensar en las razones por las que te falta apoyo social.

Conozco muy bien el mundillo esotérico (mi vida ha dado para mucho) y el resumen es que quienes acuden a este tipo de técnicas no contrastadas, pero que prometen resultados espectaculares en poco tiempo, suelen ser personas con poca información científica y con muchas necesidades emocionales y de *brilli brilli*. Un terapeuta *new age* les proporcionará un espectáculo realmente llamativo además de escucharlas. En psicología, por supuesto que te escucharemos (si no, no podríamos trabajar) e intentaremos que lo pases bien (o que llores a gusto). Pero no habrá campanitas, ni piedrecitas de colores ni energías místicas. Todo será mucho más mundano, científico y racional.

Las magufadas, por otro lado, ni de lejos son exclusivas de las pseudoterapias. Podemos encontrar ejemplos en otros campos como el de la nutrición. Resulta que uno de los factores que importan en nuestro estado emocional es la micro-

137

---

32. Y no, no son terapias en absoluto. Puedes leer el informe al respecto que publicó el Instituto de Salud Carlos III, disponible en https://www.conprueba.es/sites/default/files/multimedia/documentos/informes-pseudoterapias_1.pdf

biota, esa trillonada de bacterias que pueblan nuestro tracto digestivo y que nos ayudan a procesar los alimentos. Ellas ayudan a que nuestro sistema emocional funcione óptimamente y se sabe que los niveles de serotonina, por ejemplo, pueden estar mediados por el buen funcionamiento de la microbiota. Pero fíjate lo que son las cosas. No hace mucho me topé con un titular en la cuenta de Twitter de un medio informativo que decía: «La microbiota intestinal influye en el cerebro y en el estado de ánimo».[33] En el texto remitían a una nota de prensa del Institut Pasteur, cuyo titular era «La microbiota intestinal juega un papel importante en la función cerebral y la regulación del estado de ánimo»,[34] de modo que *El Periódico* había sido bastante fiel a su fuente. Lo fuerte es que la nota de prensa remite a su vez al título del artículo referenciado, y este resulta ser: «El efecto de la microbiota intestinal sobre los comportamientos depresivos en ratones está mediado por el sistema endocannabinoide» (Chevalier *et al.*, 2020). Un título que se parece a lo que dice la nota de prensa como un huevo a una castaña. En ratones se ha demostrado que una microbiota alterada produce menos niveles de un tipo de ácido graso que, a su vez, altera el funcionamiento de los endocannabinoides, que son unas moléculas que median en las conexiones sinápticas de neuronas implicadas en la regulación emocional. ¿Cuánto crees que tardará en salir un iluminado diciendo que para curarse la depresión hay que tomar lactobacilus porque «lo dice un artículo científico»? Nos saltamos las diferencias entre ratones y humanos, creemos que los hallazgos de laboratorio son cien por cien replicables en la vida real y pensamos que consumir determi-

138

33. https://www.elperiodico.com/es/tendencias-21/20201214/microbiota-intestinal-influye-cerebro-animo-11385765?utm_source=twitter&utm_medium=social& utm_campaign=cm

34. https://www.pasteur.fr/en/home/press-area/press-documents/gut-microbiota-plays-role-brain-function-and-mood-regulation

nado producto es suficiente, sin tener en cuenta ni cómo se sintetiza, ni cómo se absorbe en nuestro organismo ni nada de nada. Falta cultura científica, ¡mucha!

En definitiva...

En el bloque II plantearé las situaciones a las que tenemos que hacer frente los gais en las que se nos exige una gestión emocional extraordinaria y en las que, precisamente por esa alta exigencia, muchos hemos fracasado. Las describiré y aportaré ejemplos cotidianos de cómo podemos aplicar estas técnicas que acabamos de desgranar (o algunas de sus variantes) en esos desafíos que la vida nos pone por delante a los hombres homosexuales. Antes es necesario que nos detengamos a reflexionar sobre nuestras crisis.

6

Estoy en crisis

Todo son crisis, ¡joder!

Que sepas que es mentira que la palabra «crisis» en chino significa 'peligro con oportunidad'. Y esto es importante porque nos llevan vendiendo la moto de la oportunidad desde hace décadas. Vale, sí, es supermotivador entender que las situaciones críticas pueden abrir la puerta a mejoras, pero eso no siempre está garantizado y puede que, en algunas ocasiones, ni siquiera sea posible. Nunca mejor dicho, lo de «peligro con oportunidad» es un cuento chino.[35]

Una crisis es, ante todo, un cambio. Que sea para mejor o para peor depende de un buen número de circunstancias: tu situación económica, tus recursos intelectuales, tu red de apoyo, tu experiencia previa, tus objetivos (comenzando por tener alguno claramente definido), las oportunidades que te brinda tu lugar de residencia y muchas otras. Por ejemplo, un despido: lo que para ti puede ser la oportunidad de hacer un viaje de mochilero por Europa, para otro es la putada de tener que encontrar un empleo lo antes posible y cerca de donde vive porque tiene unos hijos que mantener y no los puede sacar del

35. https://es.wikipedia.org/wiki/Palabra_%22crisis%22_en_chino

colegio a medio curso para llevárselos a otra ciudad. Nunca hay soluciones idénticas para todo el mundo y, desde luego, esas soluciones no caben en una sola frase motivacional.

Lo único que podemos afirmar con certeza sobre las crisis es que son inevitables. Supongo que ser la única generación que no ha vivido ni una guerra ni una hambruna nos ha hecho pensar que la vida era esa placidez en la que estábamos instalados. Pero sal de Europa Occidental, vete a los Balcanes y pregunta. O vete a Colombia o a El Salvador. O a cualquier lugar del mundo donde hayan vivido conflictos armados no hace tanto. O a países donde si no eres pobre de solemnidad, te secuestran para obtener un rescate. O no viajes tanto, pero acércate a cualquiera de los barrios más pobres de tu ciudad. ¿A que ya el mundo no te parece tan estable? Incluso si nunca vives ni la guerra ni la escasez económica, puede que un virus se lleve por delante muchas de las cosas que formaban tu mundo. ¿Te das cuenta de lo que sucede cuando pones en práctica la estrategia de «poner en perspectiva» del capítulo anterior? Las crisis están ahí, esperando que resbalemos fuera de nuestro oasis de paz y prosperidad. Y paradójicamente, a pesar de que una crisis puede aparecer en cualquier momento, nunca nos preparamos para ella. ¡Qué ingenuos somos! Si las crisis no se pueden evitar, debemos pensar cómo afrontarlas.

A menudo pensamos que las crisis tienen que ver con adaptarnos a unas circunstancias cambiantes. Solemos entenderlas como una pérdida, equiparable a la muerte de alguien querido, a un despido laboral o a la ruptura de una pareja. A las crisis que tienen que ver con pérdidas las hemos llamado «duelos» y a las que tienen que ver con cambios las hemos llamado «adaptación».

Pero los duelos y la adaptación no son los únicos tipos de crisis. ¿Y si no cambia nada excepto yo? ¿Y si, de repente, lo que antes me parecía un mundo maravilloso ahora me parece una cárcel mental o un aburrimiento mortal? A veces tenemos crisis «de crecimiento». Te lo explico con una analogía: imagina que hay un globo dentro de una caja y que el globo (mágicamente) se hincha, crece y crece. Mientras haya espacio dentro de la caja, no habrá problema, será un crecimiento «feliz». Pero llegará un momento en que el globo tope con las paredes. Al principio se adaptará, adoptando la forma de la caja. Pero si sigue creciendo, comenzará a presionar las paredes y no hay más que tres resultados posibles: que el globo detenga su crecimiento, que reviente o que reviente la caja. En la primera opción, verte limitado te supondrá un duelo, porque habrás perdido la oportunidad de seguir creciendo. En la segunda, que te rompas porque tu entorno no te deja ser tú mismo es una mierda que cualquier persona LGBTIQ+ conoce a la perfección. Y la tercera opción también es una crisis de crecimiento: que tu entorno se rompa porque se te queda pequeño, porque no te entiende o no te acepta. A veces, crecer interiormente supone un problema si el entorno no crece contigo.

142

Y luego hay pequeñas crisis cada día, a las que no les damos tanta importancia: amigos que se rajan y no te siguen en tus planes, proyectos que se frustran, enfados con personas a las que quieres porque la convivencia supone roces. La lista es larga y aunque no las consideramos tan importantes, al final todo suma... y jode.

El afrontamiento de las crisis ha oscilado desde la aceptación consciente de la terapia de aceptación y compromiso hasta los intentos de cambio mediante otro tipo de enfoques terapéuticos (como la terapia centrada en soluciones o la terapia sistémica). Dado que las crisis nos acompañan desde el origen de nuestra especie, los humanos hemos tratado de afrontarlas con multitud de recursos. Como te dije en el primer capítulo, la inteligencia emocional se nutre de muchas disciplinas. Por ejemplo, la religión católica nos instruye en la aceptación: «Dios obra misteriosamente, solo somos instrumentos en sus manos y debemos aceptar resignadamente todo lo que nos ocurra porque es su voluntad». El concepto budista de *dukka* explica que en la vida todo incluye algún grado de insatisfacción y que las crisis son inherentes a la experiencia humana; que no debemos sorprendernos ni sufrir cada vez que aparezca una crisis: es parte de la vida. El dogma cristiano «Dios es amor» nos hace pensar que las crisis tienen una finalidad: «Si Dios me ama, esto es una prueba, una oportunidad para ganarme el cielo». Otras interpretaciones nos enseñan que Dios quiere que amemos a los demás haciéndonos comprender su dolor a través del propio. Así, las crisis nos enseñarían a ser más empáticos y a actuar para aliviar el sufrimiento ajeno, ya que entendemos que es igual que el nuestro.

Para muchos creyentes, el afrontamiento de crisis se resume en la plegaria de la Serenidad: «Señor, concédeme serenidad para aceptar todo aquello que no puedo cambiar, valor para cambiar lo que soy capaz de cambiar y sabiduría para entender la diferencia». Atribuida a Reinhold Niebuhr tal como hoy la conocemos, incorpora ideas de autores de la Antigüedad. El filósofo estoico griego Epícteto ya escribió en su *Enquiridión*:

> Hay cosas que están bajo nuestro control y otras que no lo están. Bajo nuestro control se hallan las opiniones, las preferencias, los deseos, las aversiones y, en una palabra, todo lo que es inherente a nuestras acciones. Fuera de nuestro control está el cuerpo, las riquezas, la reputación, las autoridades y, en una palabra, todo lo que no es inherente a nuestras acciones [...]. Recuerda, pues, que te perjudicarás si consideras libre y tuyo lo que por naturaleza es servil y ajeno.

Y otro estoico, el emperador romano Marco Aurelio, recogió en sus *Meditaciones:*

> Todo lo que acontece, o bien acontece de tal modo que estás capacitado por naturaleza para soportarlo, o bien te halla sin dotes

143

naturales para soportarlo. Si, pues, te acontece algo que por naturaleza puedes soportar, no te molestes; al contrario, ya que tienes dotes naturales, sopórtalo. Pero si te acontece algo que no puedes por naturaleza soportar, tampoco te molestes, pues antes te consumirá. Sin embargo, ten presente que tienes dotes naturales para soportar todo aquello de lo cual depende de tu opinión hacerlo soportable y tolerable, en la idea de que es interesante para ti y te conviene obrar así.

Hay otra versión de esa plegaria de la Serenidad que me gusta tener presente porque nos recuerda lo humanos que somos: «Señor, dame paciencia. Porque como me des fuerza, reviento a este tío de una hostia» (guiño, guiño, guiño).

Afrontar una crisis, además de mucho estoicismo, requiere de paciencia y perseverancia. Para explicar esto, cuando un paciente me relata que está enfrentándose a una crisis y que se siente desbordado, me gusta animarlo ante el trabajazo que se le viene encima y se lo explico con la siguiente analogía que he denominado «La Biblioteca Nacional»:

En realidad, esto es bastante sencillo desde un punto de vista técnico. Quiero decir, las técnicas que tenemos que aplicar son fáciles de entender y, por lo que voy viendo, tú tienes capacidad suficiente para emplearlas. Además, tienes mucha motivación y ganas de colaborar, eso siempre ayudará. Sin embargo, estamos hablando de algo que afecta a tantas áreas de tu vida que el proceso será muy laborioso.

Imagina que trabajas en la Biblioteca Nacional y hay un terremoto. Todos los libros, revistas y demás ejemplares caen al suelo. Tu trabajo consistirá en volver a colocarlos en su lugar. ¿Será complicado? No, porque cada libro lleva una etiqueta en su lomo que te dice exactamente en qué sección, pasillo, estantería y entre qué otros dos libros debe ir. Solo tienes que tomar cada volumen, leer su etiqueta y llevarlo a su emplazamiento correspondiente. Pero

144

resulta que en la Biblioteca Nacional hay 34 millones[36] de ejemplares, entre libros, revistas, documentos y demás. Con que solo tuvieras que colocar el 10 por ciento, estaríamos hablando de devolver a su emplazamiento tres millones y medio de libros, ¿cuánto tardarías en devolverlos a su estante? ¿Sería técnicamente complicado? Para nada. ¿Te haría falta media vida? Sí. Afortunadamente para ti, resolver esta crisis te llevará mucho menos tiempo.

Y ahora que ya sabemos que resolver una crisis puede ser laborioso, pero no necesariamente difícil, ¿conocemos las diferentes crisis y cómo resolverlas?

1. CRISIS POR PÉRDIDAS

Sufrir una pérdida, sea del tipo que sea, nos confronta con la necesidad de readaptarnos a una nueva realidad. Si perdemos a un ser querido, seguiremos amándolo y lo echaremos tremendamente de menos. Así pues, deberemos aprender a convivir con ese fuerte sentimiento de nostalgia. Si perdemos una propiedad, quizá ya no podamos hacer las mismas cosas que antes y deberemos readaptarnos a esa nueva vida (por ejemplo, si te ves obligado a vender tu espacioso piso para hacer frente a tus deudas y mudarte a uno mucho más modesto). Si perdemos una oportunidad, deberemos reajustar nuestras expectativas y planes, además de gestionar la frustración. Amores y familiares, propiedades u oportunidades no son las únicas pérdidas que podemos sufrir en nuestra vida. Muchas de nuestras biografías, son (lamentablemente) ricas en esas otras pérdidas. En *QMM*, cuando explicaba el proceso para aceptar que uno es homosexual, también aludía a la gestión de pérdidas (pp. 63-65). Y aún quedarían otras,

145

---

36. Recuento a 28 de mayo de 2019, según aparece en http://www.bne.es/export/sites/BNWEB1/es/Servicios/PreguntasMasFrecuentes/docs/Historia_Edificio.pdf

como la que se sufre cuando uno envejece y ya no es tan sexi. Nuestras vidas están llenas de pérdidas.

¿Cómo podemos resolver las crisis por pérdidas? Con una serie de tareas que comienzan por conectar con la realidad ya que nuestra primera reacción suele ser la negación. Esta no consiste (solo) en repetir una y otra vez «no no no» como si fuésemos Consuela, de *Padre de familia*, sino más bien en actuar, sentir y pensar como si la pérdida no hubiese sucedido. Esta estrategia es adaptativa como un primer intento de afrontamiento y, una vez resuelto lo más amenazante de la crisis, se sustituye por otra que permita el contacto con la realidad y los propios sentimientos.

Un ejemplo ayudará a explicarme. En mi pueblo tenemos una expresión que solemos emplear cuando alguien está en negación tras un fallecimiento: «Todavía no se ha enterado». Si nos derrumbásemos en cuanto fallece un ser querido, el cadáver se descompondría en nuestra casa porque seríamos incapaces de hacer nada excepto llorar. Afortunadamente, actuamos como si no se hubiese muerto, resolvemos diligentemente el velatorio, avisamos a los allegados y preparamos el entierro. Y cuando ya han pasado unos días nos derrumbamos porque «nos enteramos» de que esa persona tan querida ha desaparecido. Ese es el aspecto positivo de la negación, que te permite resolver el suceso antes de dejar paso al dolor. En otras ocasiones no aparece negación y la persona se derrumba por completo desde el primer momento. O la negación es muy corta. O vamos alternando momentos de derrumbe con momentos de recomposición. Cada reacción es distinta y todas ellas son humanas y naturales.

Tras la negación llega el contacto con la realidad. Sin él, no se puede resolver una crisis. Si he perdido mi empleo, tengo que tomar conciencia de mi situación económica y de las alternativas. Si me han diagnosticado VIH, necesito conocer las expectativas y las soluciones que me ofrece la medicina. Si mi padre me rechaza por maricón, necesito saber con qué apoyos cuento dentro de mi familia. El contacto con la realidad tiene una primera función «informativa» para dejarme claro qué es lo que tengo que resolver y cuáles son mis opciones. Esto nos permite calibrar mejor nuestra respuesta comenzando por preguntarnos: «¿De verdad las cosas son tan jodidas como yo las estoy viendo?». Obviamente, si se ha muerto mi perro, se ha muerto mi perro, esto es objetivo. Pero a menudo es muy importante preguntarnos si la situación es tal y como la hemos entendido:

«¿La homofobia de mi padre es para siempre o si le doy tiempo se arrepentirá de lo que está haciendo conmigo? Igual mi madre le mete bronca. Y mis hermanos. Y su propia hermana, que mi *tita* me quiere mucho. Igual tengo motivos para estar enfadado con él porque está demostrando que sus prejuicios son más importantes que su hijo, pero a lo mejor ni siquiera me tengo que ocupar yo porque ya se encargarán los demás. O él mismo, cuando recapacite sobre la clase de capullo que está siendo. Y si no lo hace, ¿de verdad quiero tener una relación cordial con alguien que no es capaz de aceptar a su propio hijo?».

¿Verdad que podemos redefinir la situación y ver que igual no es tan crítica o que no tenemos que encargarnos de solucionarla? Vemos un ejemplo con el VIH:

«A ver, tengo VIH. Todo habría sido más cómodo si no lo tuviera, vale. Pero yo no lo busqué. Simplemente confié en que el riesgo no era tan alto. Uno no puede siempre controlar todo lo que sucede, ¿qué hago ahora: me machaco toda mi puta vida porque no he sido muy sistemático con el preservativo? Claro, es justo lo que necesito, machacarme cada día. ¿Qué pasará con la gente que tenga prejuicios? Tengo miedo a que me rechacen. Claro, a nadie le hace ni puta gracia que lo rechacen. ¿Y? ¿Dejo de relacionarme? ¿Dejo de follar? ¿Miento? ¿Qué opciones tengo? A lo mejor no se trata de conseguir que me acepten, a lo mejor se trata de que yo me dé cuenta de que no todo el mundo está a la altura, que no todo el mundo se ha trabajado sus mierdecitas mentales, que no todo el mundo se ha molestado en quitarse prejuicios. Pues, ea, ya tengo un primer filtro: si tienes prejuicios es porque no te has trabajado tus pajas mentales y no te quiero en mi vida.»

La crisis ya no parece tan grave cuando redefinimos la situación. Y mucho menos aún si exploramos las alternativas. Si el apoyo social siempre es aconsejable, aquí viene genial para que los amigos y familiares nos informen de las que tenemos a nuestra disposición. Gracias a los nuevos puntos de vista que nos proporcionan los otros podemos planificar más allá de lo que nosotros hubiésemos sido capaces. Los demás son una extraordinaria fuente de información. O Internet. Indaga, busca opciones que ni siquiera hubieses sospechado. Te ayudarán a planificar, y eso, como ya hemos visto, no solo implica resolver sino también sentirte mejor. A veces, lo único que necesitamos es que los demás nos digan que no hemos buscado que nos ocurra eso y que no debemos sentirnos culpables. Y que nos dejen desahogarnos. Los demás son fundamentales para gestionar los sentimientos que nos desencadenan las crisis por pérdidas. Esta es otra de las razones por las que la soledad predice el mal funcionamiento psicológico: alguien sin amigos es alguien que lo tendrá mucho más difícil para gestionar las crisis en su vida.

Para terminar este apartado, también es bueno que tratemos las crisis desencadenadas por pérdidas posibles. «¿La gente tiene crisis por pérdidas posibles?», te preguntarás. Y mi respuesta será: «La gente y tú, mari. Y yo. Comenzando por la crisis de antes de salir del armario y el acojone ante la idea de que nos rechazarán». La catastrofización es una crisis por pérdida posible. Se te viene el mundo encima solo de pensar en las consecuencias que tendría para ti tal o cual cosa. Como cuando chupas una polla y te da ansiedad por si tuviera VIH o gonorrea…«y se me complique porque el antibiótico no funcione porque sea una de esas supergonorreas que decía no sé quién que había leído en no sé dónde. Verás tú, que me va a dejar todo jodido y a ver cómo les cuento a los tíos que tengo una gonorrea multirresistente y que no podemos ni besarnos y..., joder, ¡qué mal! Me está dando mucha ansiedad solo de pensarlo... ¡Ay, ay, el corazón, se me sale del pecho!».

El mundo de las pérdidas posibles está formado por «gonorreas atómicas», un jefe que se entera de que estoy en Grindr buscando pollas, «porque me verá allí el amigo de un cuñado suyo y seguro que se lo cuenta en la cena navideña». ¿Cuántas veces te has puesto de los nervios por imaginarte en el peor escenario posible sin que fuese probable? Pues cada una de esas veces es una crisis por pérdida posible, y me gusta trabajarlas desde la ansiedad, porque es el típico pensamiento de alguien con ansiedad anticipatoria, y desde la diferencia entre lo verosímil y lo probable.

Verosímil es un suceso que resulta congruente dentro de un relato. Los eventos que ocurren en cualquier película o novela deben resultar congruentes con el resto de la acción porque, de lo contrario, no nos creeríamos la narración y no podríamos entrar en ella. Pero ¿es real? No, ¡es una ficción! Lo verosímil no es necesariamente lo verdadero (aunque pueda serlo). Recuerdo una anécdota que nos contó mi profesor de Literatura en el instituto. Le sucedió durante una excursión que hizo mientras estudiaba Filología. Recorrieron La Mancha y, en uno de sus pueblecitos, una señora les mostró la cama en la que había pernoctado Don Quijote antes de enfrentarse a los molinos de viento. Pedro, mi profesor, nos explicaba que aquello era imposible porque estaban hablando de un personaje ficticio, aunque más de uno daba por verdadera la historia del hidalgo gracias a que la genialidad de Cervantes dotó a la historia de tanta verosimilitud. *El Quijote* narra hechos verosímiles (aunque habría que preguntar a los expertos en psiquiatría antes de afirmarlo tan rotundamente) pero, desde luego, no narra hechos reales. De hecho, si en una novela o película analizásemos la probabilidad de que cada suceso narrado fuera seguido solo por el siguiente, la probabilidad sería ínfima. En la vida real es muy poco probable que las cosas acaben como ha imaginado el autor o autora de una novela. Y esto es lo que necesito que entiendas para poder manejar tus catastrofizaciones o, dicho coloquialmente, las películas que te montas en tu cabeza. Una forma de abordarlas es calculando matemáticamente la probabilidad de que lo verosímil acabe sucediendo.

Un paciente estaba muy asustado ante la idea de que los demás dejaran de tomarlo en serio si se hacía novio de un chico 22 años más joven con el que había follado algunas veces. Lo primero que hicimos fue poner por escrito los sucesos que debían darse para que eso ocurriera y que estimara las probabilidades de que tuviera lugar cada uno:

a) Que el chico quisiera volver a verlo para follar: 90 por ciento.

b) Que mi paciente se enamorase de él: 25 por ciento.

c) Que el chico le correspondiese: 10 por ciento.

Luego las transformamos en un coeficiente entre 0 y 1 dividiendo cada porcentaje entre 100 (es decir, 0,9 / 0,25 / 0,10). Multiplicamos esos tres coeficientes entre sí (lo que en este caso da 0,0225) y el resultado lo multiplicamos por cien para obtener el porcentaje de probabilidad: un 2,25. ¡Se estaba rayando por una probabilidad del 2,25 por ciento! Por muy probable que fuese que el chico lo volviese a llamar, era muy improbable que mi paciente se enamorase de él (antes pondría tierra de por medio). Y lo más probable de todo era que el chico no quisiera saber nada de un hombre que solo le daba morbo para follar. Mi paciente reconoció que se estaba montando una película en su cabeza, que lo más seguro sería que el chaval únicamente pretendiera mantener sexo con un *daddy* sin más pretensiones. ¿A que ya se ve distinto? ¿Eres capaz de repetir esta misma técnica con aquello que te preocupa?

Otra técnica que podemos aplicar en estos casos es la de preguntarnos: «¿Esto es todo lo peor que puede pasarme?». En serio, funciona. Siempre comparto la misma anécdota personal. Hace años, cuando mi sobrino era pequeño, yo tenía unos problemas laborales y eso me tenía muy preocupado. Una noche, previa a la toma de una decisión muy importante, tuve un sueño horroroso. En el sueño, el niño y yo íbamos por el campo. De repente, el niño resbaló, se deslizó por un terraplén y cayó en una charca. Docenas de cocodrilos saltaron al agua y todo lo que vi fueron salpicaduras y sangre. Chillé como un desesperado en el sueño. Me desperté gritando, llorando, con el corazón saliéndoseme de la boca, empapado en sudor. Cuando me di cuenta de que había sido una pesadilla, me sorprendí diciéndome: «Esto es lo único que no sería capaz de soportar», y encontré mi verdadero límite. Mientras a él no le pasara nada malo, el resto de sucesos de mi vida serían insignificantes en comparación. Así que me decidí a dar el paso que quería dar y no solo no me ocurrió nada malo, sino que, como muchos ya sabéis, mi vida profesional comenzó a funcionar realmente bien.

Y a ti, ¿qué es lo peor que podría pasarte? ¿Cómo de lejos están ese suceso terrible y lo que te está ocurriendo en este preciso momento? ¿Ves que lo que te ocurre igual no es tan grave si lo comparas? ¿Cuál sería realmente la gran pérdida de tu vida? ¿No crees que si tienes claro la peor pérdida, puedes entender que esta es una pérdida menor? Claro que no pretendo restar importancia a la pérdida presente, pero sí que la contextualices.

2. CRISIS POR CRECIMIENTO

Como te explicaba hace unos párrafos, hay crisis que están motivadas por el crecimiento. A veces, algo que es objetivamente saludable para ti se convierte en un problema con tu entorno. En algunas familias homófobas, que uno de sus miembros acepte plenamente su propia homosexualidad se convierte en un problema. Sé que muchos lo habéis vivido: a la que os libráis de la vergüenza, de la IH y del armario, comienzan los problemas con vuestras familias (o con alguno de sus miembros relevantes). Al principio os sentís culpables (u os lo hacen sentir): «Hay que ver el disgusto que le estás dando a tu madre», «No se lo digas a nadie del pueblo porque tu abuelo no podría soportar la vergüenza». La respuesta saludable siempre es: «Bueno, ahora tenéis una oportunidad espléndida para demostrar que sois capaces de libraros de vuestros prejuicios y que me amáis tal como soy». O si preferís una versión más detallada:

«¿De verdad pretendéis que siga odiándome a mí mismo? A ver, querida familia, para mí todo habría sido más sencillo si hubieseis tenido un hijo heterosexual. El mundo es más fácil para los heterosexuales, y a nadie le gusta complicarse la vida desde tan pequeño. Pero lo que tuvisteis fue un hijo gay y me ha tocado a mí afrontarlo. Ojalá yo hubiera recibido aceptación incondicional y amor hacia lo que soy sin ningún tipo de cortapisas. Pero lo que he recibido ha sido cariño a condición de que sea algo que nunca he sido ni seré: heterosexual. ¿Os imagináis cómo me siento? ¿Seríais capaces de poneros en mi lugar por un momento? Si lo hicierais, quizá comprenderíais por qué me ha costado tanto tiempo aceptarme, limpiarme de todo ese odio hacia lo que soy, quererme a mí mismo incondicionalmente. Quizá, solo quizá, podríais daros cuenta de lo difícil que ha sido para mí crecer interiormente hasta este punto de total autoaceptación. Y si lográis empatizar conmigo, entonces comprenderéis por qué no hay marcha atrás posible. Cuando uno sale del infierno, no hay manera de obligarlo a volver allí. No hay vuelta atrás en la aceptación de mí mismo. Por eso no voy a avergonzarme, ni a esconderme ni a mentir. Porque lo que yo soy es tan digno como lo que vosotros sois, y no voy a consentir nunca más que me hagáis sentir vergüenza de ser homosexual. Si el abuelo (o papá, o mamá o la tía Enriqueta) tiene prejuicios, que se los arregle. Son ellos los que tienen que mirar en su interior y darse cuenta de que lo están haciendo manifiestamente mal. La American Psychological Association, la Organización Mundial de la Salud, la Unión Europea, la Organización de las Naciones Unidas, ¡todos!, coinciden en que la homosexualidad no es una enfermedad, ni una desviación ni nada malo. Todos coinciden en que la homosexualidad no es otra cosa que una muestra de la diversidad sexoafectiva de los seres humanos. Y si lo afirman la APA, la OMS, la UE y la ONU después de recoger los dictámenes e informes de miles de expertos, igual es el abuelo (o papá, o mamá o la tía Enriqueta) quien está equivocado y tiene que cambiar su forma de pensar. Y no, no soy egoísta. ¿Acaso sería egoísta mamá si papá la maltratase y ella lo denunciara? Al fin y al cabo, ella estaría rompiendo una familia, ¿no? ¡Esperad! ¡Pero si eso es lo que se decía de las mujeres que denunciaban a sus maltratadores durante el franquismo! Menos mal que hemos cambiado y ya no nos cabe en la cabeza que una mujer soporte el maltrato, ¿verdad? ¿Cuándo pensáis dar el paso y entender que es lo mismo que estáis haciendo con este maricón que tenéis en casa? ¿Cuándo os vais a dar cuenta de que la homofobia es maltrato? ¿Cuando yo ya no lo soporte más y no os vuelva a dar ni más tiempo ni más oportunidades para que lo asumáis y me respetéis?».[37]

No somos entes aislados, vivimos en un sistema que llamamos «familia», o «grupo» o «pueblo». Cualquier cambio que experimentes en tu vida repercutirá en tu entorno, y si tu en-

153

---

37. Bueno, a ver…, si sueltas este discursito tal y como lo he redactado, como mínimo te llamarán «redicho». Yo te he escrito aquí una soflama porque no quería olvidarme de ningún punto, pero tú quédate con los puntos relevantes para tu caso y exprésalo con tus propias palabras.

torno no está dispuesto a crecer contigo, se resistirá a tus cambios y no siempre lo hará de buenas maneras.

Otro ejemplo: tus amigos y tú os drogáis cada fin de semana, tú empiezas a tener serios problemas y el consumo ya no es recreativo sino problemático. Decides dejarlo. Ya no tomas drogas, pero cada vez que sales, te ofrecen. Tienes varias recaídas. Les pides ayuda a tus amigos y les dices que, por favor, no te ofrezcan o que no se droguen delante de ti. ¿Qué ocurrirá? Probablemente te responderán: «Tío, tú antes molabas». A veces, cambiar de hábitos requiere cambiar de entorno porque nuestros hábitos se refuerzan con ese entorno mutuamente, y este de las drogas es un ejemplo paradigmático. Cuando te drogas en grupo, recibes el refuerzo positivo de la aceptación y la diversión en compañía. Si quieres dejar de drogarte, con suerte solo dejas de recibir el refuerzo positivo, pero lo más probable es que también recibas el castigo de su rechazo y sus pullas: «Te has convertido en un cortarrollos». Si tus amigos te entienden, respetan tu decisión y te apoyan procurando no pasarte la droga por las narices (nunca mejor dicho), macho, ¡qué suerte tienes con tus colegas!

Cuando tú cambias, tu entorno lo acusa porque se redefinen las relaciones entre tú y ese sistema del que formas parte. Este proceso de redefinir las relaciones no siempre es recibido con agrado por los demás y, en los peores casos, significa una ruptura. Por más que te sientas culpable o solo, es importante que entiendas que ese ha dejado de ser el sistema en el que puedes vivir. Cuando eras una plantita, podías vivir en una maceta pequeña. Pero al crecer y convertirte en un árbol, o cambias de maceta o tus raíces van a romperla. O morirás al no tener suficiente tierra en la que seguir madurando.

Hay muchas crisis de crecimiento a lo largo de la vida. Otro ejemplo es la crisis de valores. Los valores no son solamente eso tan moral del bien y el mal, de ser un hombre de provecho y tal y cual. Son cosas que para ti son valiosas, y su impor-

154

tancia se manifiesta en el esfuerzo que realizas para lograrlas o mantenerlas. Si tu familia es un valor, harás esfuerzos por verlos y cultivar su cariño: organizar encuentros, mantener el contacto, celebrar las ocasiones, estar disponible para ayudarlos. Si el éxito profesional es un valor, su importancia se manifestará en las horas que le dedicas, en lo volcado que estás en seguir formándote, en la de planes de desarrollo profesional que llevas a cabo. Si el sexo es un valor, dedicarás tiempo a encontrar amantes, a estar sexi, a flirtear, a visitar fiestas sexuales y a aprender formas nuevas de follar. Los valores de tu vida se infieren del esfuerzo que les dedicas.

Pero ¿qué ocurre si hasta ahora la diversión era un valor, pero resulta que cada vez te preocupa más llegar *tostado* al trabajo los lunes y no rendir bien? ¿O si empiezas a darte cuenta de que te hace más feliz estar con alguien y dedicas más horas a tener citas románticas y menos horas a estar de *after*? ¿Cómo afecta eso a tu entorno? Un ejemplo clásico es el de la crisis que sufren muchos hombres de 35 a 40 años en sus trabajos. Apostaron por sus carreras, tuvieron un gran desarrollo profesional, llegaron lejos tanto en el organigrama como en lo geográfico. Aceptaron puestos de responsabilidad en sedes de otros países. Ahora son jefazos en las oficinas centrales de Amazon o Pfizer. Viven en el extranjero, ganan dinero en abundancia y tienen un respaldo corporativo impresionante para desarrollar sus objetivos. Pero un día se despiertan tristes, el trabajo cada vez es menos excitante, solo piensan en volver a casa durante las vacaciones, con sus amigos de toda la vida. Echan de menos las costumbres de sus países… y fantasean con volver. Pues, sí: se trata de una crisis de valores. Porque hasta ahora lo que más les importaba era el trabajo y ahora le dan mucha más importancia a la calidad de vida, a estar con sus amigos, a tener tiempo libre.

Si en tu escala de valores, las relaciones interpersonales comienzan a ser más importantes que el desarrollo profesional, está claro que dedicarás más esfuerzos a lo primero y te importará mucho menos lo segundo. Cada uno resolverá esta crisis de forma diferente. Algunos seguirán en sus puestos, pero delimitando claramente el trabajo y respetando los momentos de ocio, tratando de mejorar su red social en el lugar donde residen. Otros buscarán un puesto en algún lugar más cercano a su ciudad y se mudarán lo antes posible. Otros cambiarán de empresa y comenzarán desde cero en su ciudad de siempre. Algunos no toman decisiones radicales por si luego vuelven a cambian de parecer. Otros se preparan para comenzar de cero las veces que sean necesarias. Cada uno resuelve sus crisis de la mejor manera para él.

3. CRISIS DE INMADUREZ

Si nos dieran un euro cada vez que oímos «Mengano es un eterno adolescente», referido a un hombre homosexual, todos tendríamos un apartamento en la playa. Esta afirmación se ha convertido en un cliché. Como todos los lugares comunes sobre nuestro colectivo, este no es más que una verdad a medias, y bastante peligroso, porque promueve un estereotipo que nos menosprecia. Claro que existen hombres gais que son unos inmaduros irrecuperables, ¡por supuesto! Pero ¿tantos? Quizá nos estamos equivocando en nuestra apreciación y necesitamos un análisis más detallado, así que lo veremos punto por punto.

Los lugares comunes son afirmaciones simplistas que necesitan matices y análisis. Forman parte del contexto cultural y consisten en sobregeneralizaciones. Si un tipo de 57 años dice que este verano piensa ir a Maspalomas de fiesta, pensamos inmediatamente en el eterno adolescente, ¿verdad? Ya que los lugares comunes están al mismo nivel que los refranes, he pensado en uno: «Maricón viejo, adolescente añejo». Eso sí, una vez que lo uses, me gustaría pedirte que reflexiones sobre si quizá esa persona hace cosas de adolescente debido a otras razones y no porque sea un inmaduro sin intención de asumir su edad cronológica. Y, ya que estamos, también recapacita sobre si, al menospreciar al otro, no estarás tratando de darte más valor a ti mismo en comparación. Vamos, que se trata de un problema de autoestima de alguien que necesita pensar que los demás son idiotas para sentirse mejor.

En primer lugar, que alguien me explique por qué un hombre no puede hacer lo que le dé la gana a la edad que le dé la gana. En nuestra cultura distribuimos las actividades por edades empleando como referencia el patrón de los heterosexuales reproductores. Hay una edad para hacer el tonto, una edad para estudiar y labrarse un porvenir, una edad para sentar la cabeza y una edad para reproducirse y criar a los hijos. Si en este momento estás pensando en el léxico tan anticuado que he empleado en la frase anterior, ¡gracias por notarlo!, es absolutamente intencionado y para que vayas dándote cuenta de que ese modelo ya lleva unos añitos caducado.

157

Al igual que cuando hablo de las parejas abiertas afirmo que «el modelo heteronormativo hace años que no sirve ni para las parejas heterosexuales», sería deseable que nos actualizásemos y nos diésemos cuenta de que buena parte de nuestra sociedad, al margen de su orientación sexoafectiva, ya no sigue ese patrón de «edad-actividad» y que muchísima gente entiende que cualquier edad es buena para divertirse. En segundo lugar, y relacionado con ello, resulta que gran parte de nuestra comunidad no tiene hijos y que por ello dedica mucho tiempo al ocio. De que el ocio esté relacionado con la fiesta o con el follar me ocuparé un poco más adelante, pero ya te avanzo que a partir de los cincuenta ni tenemos cuerpo para tanta juerga ni las pichas se ponen tan tiesas, así que ni vamos tanto de fiesta ni follamos tanto como afirma el cliché. En cualquier caso, el resumen es: «¿Tú quién coño eres para decirme a mí lo que tengo que hacer con mi ocio, tenga yo la edad que tenga?».

El verdadero problema, el problema en el que la condescendencia no les deja caer a algunos, es que un hombre de cincuenta años puede estar actuando como un adolescente porque nunca antes tuvo la oportunidad de hacerlo. Me explico. La madurez no tiene que ver con la edad, sino con la práctica. Hay edades en las que las condiciones te permiten ir haciendo tal o cual cosa, aprendiendo y practicando. Pero si en determinado momento de tu vida no se dan las circunstancias, es imposible que practiques lo que se supone que toca a esa franja de edad. Con 13-14 años, la mayoría de adolescentes comienzan a flirtear, a tener sus primeros romances y sus primeras relaciones sexuales. Los hombres gais que hoy tienen cincuenta años, ¿dónde estaban a sus 13-14 años? ¡En el cajón más escondido del armario! ¿Sabes cuántos hombres, hoy en día, siguen aceptando su homosexualidad a partir de los 35? Pensemos en un hombre que no tuvo la oportunidad de aprender a flirtear, que no adquirió la habilidad de cribar posibles parejas ni de relacionarse sexualmente sin vergüenza. Un hombre que no pudo practicar todo el sexo que necesitó, que se quedó con las ganas de vivir determinadas experiencias. Ese hombre necesita esas vivencias para adquirir los aprendizajes correspondientes y madurar. Porque madurar tiene que ver con la experiencia, no con acumular años. Por eso también hay gente muy joven y muy madura porque, a su corta edad, ya les ha pasado de todo. Así, muchos hombres homosexuales se comportan como adolescentes porque hasta que no han llegado a esta edad no se han podido liberar de las ataduras mentales que les impedían vivir las experiencias que correspondían a su adolescencia cronológica. Y hasta que no las vivan, no pueden seguir avanzando hacia otros estadios de crecimiento personal. Son como semillas que han hibernado hasta que se han dado las condiciones que les permiten germinar.

Estos hombres, gracias a todos esos maravillosos e irreflexivos lugares comunes, se sienten faltos de apoyo social y juzgados. Avergonzados por las opiniones ajenas, se sienten inseguros porque no tienen ni puta idea de cómo enfrentarse a asuntos como la sexualidad (por poner un ejemplo) y se sienten forzados a aparentar un dominio sobre la situación que no sienten en absoluto. Si eres lector habitual mío, sabrás que aparentar control sobre algo que no se controla solo provoca más problemas. Más inseguridad, más apoyo en los fármacos o en las drogas, más problemas de erección, porque «sin pastillas me entra el pánico antes de follar», y más necesidad de terapia para desmontar todo esto.

Sería genial que dejáramos de hacer el tonto con los putos clichés y que mostrásemos más empatía con nuestra propia comunidad, pero sé que es poco probable que desaparezcan todos los que necesitan sentirse superiores a los demás. Yo me conformo con que tú tengas claro que tu inseguridad no tiene más raíz que la falta de práctica y que si tú necesitas tiempo para aprender aquello que supuestamente ya deberías saber, puedes tomarte todo el que quieras. Y que si después de décadas de estar prisionero de los miedos, te liberas y te apetece ir de sauna en sauna y de fiesta en fiesta, tu vida es tuya y a nadie le importa. Repite conmigo: quien no estuvo a mi lado para ayudarme con mis problemas que no se acerque para opinar sobre mi vida.

4. Crisis de madurez

Además, la vida pasa y el esplendor físico desaparece. Ya te dolerán las rodillas y las resacas serán terribles pesadillas de domingo por la mañana. Poco a poco se te caerán las tetas y te saldrá pelo en todas partes excepto en la cabeza. O tienes mucho dinero para cirugía estética o ya sabes lo que te espera pasados los 45. Cierto es que nosotros tenemos, por lo general, mejor aspecto que la mayoría de hombres. Hace años leía una guía estadounidense para hombres gais que, en tono humorístico, decía: «Un hombre gay de 50 tiene el aspecto de un hombre hetero de 40, un hombre gay de 60 tiene el aspecto de un hombre hetero de 50, un hombre gay de 70 tiene el aspecto de un hombre hetero de 60…». Supongo que, tras habernos robado buena parte de la infancia y adolescencia, la vida quiere resarcirnos regalándonos una década extra de belleza. Es lo menos que podía hacer la muy cabrona.

Pero década arriba o década abajo, por más que el deporte pueda ayudar y por más que seamos hábiles conocedores del bótox, el ácido hialurónico y las inyecciones de vitaminas cutáneas, lo cierto es que vamos a envejecer y, con ello, nos enfrentaremos a varios retos. El más frívolo de todos tiene que ver con el aspecto físico. Si durante años nos hemos relacionado con los demás a base de sexo mediante aplicaciones muy visuales, como Grindr o Instagram, en las que nos presentábamos con fotos llenas de belleza y sensualidad, ahora solo nos quedan dos opciones: (a) mentir, subir fotos de hace años y que sea lo que dios quiera cuando el maromo nos vea «en real», y (b) subir fotos actuales y afrontar con dignidad que hemos perdido público. O no. El sector maduro de la población tiene cada vez más fans de todas las edades y es relativamente fácil follar siendo maduro si tu imagen en Grindr muestra ese perfil. Canas, corbata y la polla saliendo por tu bragueta es una combinación que no falla. Otra cosa es que tú quieras encontrar el amor y que te valoren por algo más que por ser un fetiche sexual. En ese caso comienza por preguntarte qué coño haces en una aplicación para follar y luego ya, si eso, seguimos buscando formas de conectar con hombres abiertos a enamorarse.

Lo cierto es que si eres guapo, nunca te verán como un viejo sino como un *daddy*, y hasta puede que te sorprenda la cantidad de chicos menores de 25 que pierden las bragas por follar contigo. El gran problema aparece cuando te acojonas solo de pensar en cómo le das al chaval toda la mandanga que un cuerpo joven demanda. Porque tú serás muy *daddy* y muy morboso y todo lo que quieras. Pero tu picha tiene 55 años y eso sí que no admite ni bótox ni hialurónico. Aunque sí sildenafilo (y tadalafilo y otros -filos) y sus buenos *cockrings*. En *GS* te hablé largo y tendido de la erección, sus problemas y sus soluciones (pp. 187-192), así que te remito allí.

En ese libro anterior, entrevisté a Eduard García Cruz, urólogo del Hospital Clínic de Barcelona, que nos daba buenas noticias: si calentamos mejor nuestros motores, respetamos nuestro periodo refractario —el tiempo desde que se tiene un orgasmo hasta que se puede volver a tener una erección— y disponemos la mente en calma, la erección puede ser estupenda, tengamos la edad que tengamos. Pero (y esto es lo más importante), la pérdida de respuesta física se ve plenamente compensada con la experiencia, el conocimiento de morbos y fantasías y la seguridad en la propia capacidad de encontrar los puntos erógenos del otro. A partir de cierta edad, la pérdida de plenitud física puede compensarse perfectamente con la plenitud creativa, y la crisis se resuelve si aprendemos a poner el acento de nuestra sexualidad en esta otra habilidad.

Aunque, como te decía, los sexuales son los problemas más frívolos del envejecimiento. Lo que se nos hace cuesta arriba son la soledad y los problemas mentales y emocionales relacionados con la edad. Ya hablábamos de ello en *QMM* (pp. 186-191), donde te expuse una revisión de estudios al respecto. Sobre el envejecimiento de nuestro colectivo, hay cuatro ideas que siempre se repiten de un estudio a otro:

- Cómo haya sido nuestra salud psicoemocional a lo largo de nuestra vida será determinante en nuestra salud física y nuestras relaciones sociales en nuestra vejez.
- La IH juega en nuestra contra a la hora de encarar el proceso de envejecimiento.

– Una red social, y mejor si es una red formada por otras personas LGBT, ayuda a mantener el bienestar psicoemocional.

– La implicación en grupos LGBT favorece una vejez saludable.

Otros estudios han profundizado en algunas de esas ideas (D'Augelli *et al.*, 2001; Addis *et al.*, 2009) y demuestran que los ancianos gais que tienen mayores tasas de IH son más propensos a tener pensamientos suicidas y a sufrir más soledad. El efecto terrible de la IH en nuestros mayores se encuentra una y otra vez en diversos estudios (Kuyper y Fokkema, 2010; Fredriksen-Goldsen *et al.*, 2013). Estos últimos nos advertían de que si las autoridades sanitarias no incluyen la perspectiva LGBT en sus protocolos, muchas necesidades de salud mental y psicológica quedarán desatendidas en los mayores de nuestra comunidad. Y Fredriksen-Goldsen realizó en 2011 una revisión muy completa sobre los desafíos para los mayores LGBT y encontró:

- que nuestra comunidad tiene muchos más problemas emocionales en la vejez debido a que hemos sufrido muchísima más discriminación y victimización a lo largo de nuestra vida,
- que nuestras redes sociales no estaban formadas por familiares, sino por otros gais y lesbianas, ya que muchos fuimos rechazados por nuestras familias y creamos una propia con otras personas LGBT,
- y que muchos tenían graves problemas para acceder a los servicios de salud (aunque esta es una particularidad estadounidense, debido a su sistema sanitario).

Un trabajo muy apreciado fue el de Van Wagenen, Driskell y Bradford que en 2013, aunque reconocen que se hizo con una muestra pequeñita, nos dejaron esta preciosa reflexión:

Muchos en esta muestra habían sufrido largamente la exclusión social y la marginación a lo largo de sus vidas. Tales experiencias constituyen un estrés adicional y dan como resultado un mayor número de enfermedades físicas y mentales. Solo unos pocos envejecieron sin grandes problemas de salud. Sin embargo, la mayoría demostró extraordinaria resiliencia para afrontar esos problemas de salud física, salud mental, estado emocional y social: estaban sobreviviendo y trabajando para mejorar su salud a pesar de los desafíos.

Incluso con las cargas que arrastramos, tenemos una resiliencia tan entrenada que nos empeñamos más en superar esos mismos problemas, mucho más de lo que lo intentan los heterosexuales.

Otros estudios remarcan la importancia de las redes de apoyo que hemos ido creando a lo largo de los años y cómo estas difieren de las de los heterosexuales. Ellos se apoyan en sus familias y nosotros nos apoyamos en nuestros amigos gais porque, ya sabes: al haber sido rechazado por nuestros familiares, nuestra red estaba compuesta por otros como nosotros. Redes que, por cierto, fuimos elaborando en esos espacios seguros que fueron los barrios gais (Barrett *et al.*, 2015). Barrios que, por cierto, están siendo sustituidos por la comunidad digital, de forma que aquellos ancianos gais que no saben desenvolverse en Internet, se aíslan socialmente aún más (Marciano y Nimrod, 2020).

A estas alturas, confío en que el 90 por ciento de vosotros estéis pensando: «Pero esto se referirá a los gais que ahora tienen 70 u 80 años, porque cualquier maricón de 50 o 60 está más que acostumbrado a utilizar las aplicaciones del móvil, y más ahora después de habernos pasado casi todo 2020 confinados y haciendo videoconferencias». Pues, ¡efectivamente!, la mayoría de estos estudios no se pueden tomar como predicciones de lo que será nuestro futuro. Nuestro futuro no será como el presente de muchos gais mayores porque su pasado tampoco fue como nuestro presente. Las cosas han cambiado tanto (gracias a su activismo, por cierto) que lo que hoy es un problema para ellos nunca lo será para nosotros. De hecho, ellos arrastran muchísima más IH de la que sobrellevamos nosotros y ellos han tenido mucho más rechazo de sus familias que nosotros. La mayoría de los gais de 50 o menos tienen unas relaciones más o menos buenas con su familia y no se plantean la necesidad de vivir en un barrio gay. Y ya ni hablemos de los jóvenes de 30 o menos: la mayoría de ellos ni tienen problemas con su familia, ni IH ni nada de nada. Por tanto, nuestra futura vejez es… ¡una incógnita enorme! Sabemos poco sobre el envejecimiento de nuestra comunidad, y lo poco que sabemos se ha estudiado en una población nacida en los años 40 del siglo xx. ¿Tendremos sus mismos problemas? Muy probablemente no. Los nuestros serán muy distintos y puede que no se diferencien demasiado de los heterosexuales.

164 Así, cualquier intento de adivinar qué ocurrirá será pura elucubración. Por lo que vamos viendo en los hombres que ya entramos en la madurez, los problemas tendrán que ver con crear espacios de socialización distintos de los bares de ambiente y las apps, y el *cohousing*. Este último punto no será exclusivo de maricas precarios porque los adinerados también están pensando en compartir piso con otros gais para hacerse compañía, ayudarse y apoyarse mutuamente. Los menos afortunados compartirán un piso pequeño de dos dormitorios entre cuatro maricas y los más solventes tendrán un chalé con piscina y zonas comunes además de una habitación con baño para cada uno de ellos. Pero la idea de afrontar la crisis del envejecimiento acompañado por iguales está cada vez más presente en muchos gais de la clase que sean. Como *Las chicas de oro*, pero en marica (me pido ser Blanche Deveroux).

También necesitaremos encontrar alternativas de ocio que no pasen por trasnochar y follar. Cuando los cuerpos ya no aguantan tantas horas de pie, ni tanto alcohol ni follar tanto, es comprensible que cada vez haya más grupos de excursionistas mañaneros, de intercambio de idiomas, de clases de cocina, de viajes juntos… y de visita quincenal a la sauna. En fin, que la vejez supone pérdidas y debemos hacer el esfuerzo de superarlas, focalizarnos en lo positivo que aún nos queda y aceptar que el envejecimiento es el único futuro que nos aguarda a todos.

Afrontamiento constructivo: ¿podemos aprender algo y dar sentido a las crisis?

No hay nada más terrible que un dolor sin propósito. Si uno sufre con motivo, puede encontrar consuelo en que merece la pena, pero ¿pasarlo mal sin nada que lo justifique? Nadie quiere eso, ¿verdad? Dale la vuelta y comprenderás que cuando existe un motivo, las crisis son más llevaderas. Si hay un propósito, soy capaz de pasarlo mal temporalmente y dar un sentido a lo que me está ocurriendo. Como verás en el capítulo 14, dar sentido a la existencia es importante para el bienestar, pero te adelanto que dar un sentido a tus crisis te ayudará a sobrellevarlas.

Cada crisis nos enseñará algo, nos dirá en qué dirección pueden ir nuestros pasos. A lo mejor aprendemos que debemos repensar nuestro orden de prioridades. Bien, hemos dado un sentido a la crisis. A lo mejor, la crisis nos enseña a ser más empáticos, haber sufrido tanto puede motivarnos a trabajar para aliviar el sufrimiento ajeno (con el que ahora empatizamos tanto). Bien, hemos dado un sentido a la crisis. A lo mejor aprendemos que somos demasiado ingenuos y que no podemos ir por la vida creyendo que todo el mundo es igual de bienintencionado que nosotros. Bien, hemos dado un sentido a la crisis. Lo que importa, como dice Seligman, es que tener un propósito, un sentido, que entendamos que las cosas ocurren con una finalidad hace felices a nuestros cerebros de *Homo sapiens*. Ponlo en práctica y ya me contarás.

BLOQUE II

No, no tenemos emociones específicamente gais,
pero hemos vivido situaciones exclusivamente gais
que nos han exigido una gestión emocional
para la que no siempre hemos estado capacitados

7

Ansiedad, fobia social y acoso homofóbico

*E*n este capítulo debería incluir la compulsión sexual y el *chemsex,* ya que ambos guardan relación con un deficiente manejo de la ansiedad. Pero como los traté extensamente en dos de mis libros anteriores (*QMM* y *GS*), te recomiendo que acudas a ellos para leer todo lo que puedo explicarte so- bre estos problemas y su gestión.

Ya hemos visto la definición de la ansiedad. Y te expliqué en *QMM* que es uno de los efectos más visibles que el acoso homofóbico deja en cualquiera de nosotros. Y que se manifiesta de múltiples maneras: bloqueos de todo tipo, sexo compulsivo o distorsiones cognitivas. Aquí vamos a ocuparnos de la ansiedad de vivir siendo gay.

Imagina un gong de esos de bronce, colgado de un travesaño de madera. Se acerca un tipo fornido (como en todas las películas), armado con un mazo más grande que su cabeza, lo agita en el aire con armonía asiática, golpea el metal, ¡dooooong!, y resuena como una campanada. Primero suena fuerte, el sonido te envuelve y no se oye nada más. A partir de ahí, el zumbido decrece progresivamente hasta que ya no se oye nada. Adopta esta analogía para entender los eventos traumáticos: la vida te mete una hostia y te deja fuera de juego durante una temporada. El eco del impacto permanece en tus emociones, en la ansiedad concretamente. El tiempo pasa y el impacto va perdiendo fuerza hasta que, finalmente, dejas de oírlo. Lo has superado, lo has dejado atrás.

Pero imagina que el tipo de gong no golpea una vez, sino varias. Que cuando el efecto va desapareciendo, ¡doooong!, otra vez. El efecto será doble. Pero imagina que el tipo la toma contigo y no cesa: ¡doooong!, ¡doooong!, ¡doooong!, ¡doooong!, ¡doooong!, ¡doooong! Te zumban los oídos, pierdes la cabeza, ya no sabes ni dónde estás, vives en un mareo constante, un ruido que no te abandona, que no te deja oír nada más. El gong te impactará hasta que te acostumbres, hasta que huyas... o hasta que le quites el mazo al fulano y se lo hagas tragar.

Así es el efecto del acoso homofóbico sobre nosotros. A más golpes recibidos, más duradero es su efecto. Y así son las soluciones: acostumbrarse, huir o luchar. Las tres implican ansiedad: la ansiedad de convivir con el acoso, la ansiedad de estar huyendo del acoso y la ansiedad de pelear contra el acoso. Hasta que el acoso cese. O hasta que nos demos cuenta de que el acoso ya cesó porque, a veces, persiste en nuestra mente años después de haber acabado en la vida real.

Representaciones mentales obsoletas

Cuando en QMM os explicaba aquello de «A la rubia la matan, al maricón lo rechazan», faltaba por introducir el concepto de «representación mental».

Una representación mental es, para los psicólogos académicos, una fuente de conflictos y disputas, ya que discuten frecuente y apasionadamente sobre qué tipo de representaciones son, cómo están organizadas en el cerebro, qué tipo de información contienen, de qué manera se codifica esta información, etcétera. Pero eso, a ti como lector, no te importa demasiado. Te basta con saber que existe un acuerdo en que las representaciones mentales son un tipo de abstracción mental y que contienen información. Y vamos a entenderlo mejor a partir de un ejemplo de la vida cotidiana.

Cuando te mudas de barrio, al principio te sientes perdido en tu nuevo vecindario porque no conoces nada de sus calles. Pero a medida que deambulas por él y lo vas viviendo, conoces los bares, las tiendas, los supermercados, las oficinas bancarias, los nombres de las calles y sus trazados. Hasta que llega un punto en que si te pregunto por una horchatería, puedes contestarme: «En mi barrio hay una muy buena, en el paseo San Juan esquina con Rosellón. Si vienes en metro, toma la línea azul y bájate en Verdaguer. Sal por la salida que da al paseo, tómalo cuesta arriba y la siguiente calle que te encuentres, allí es. La horchatería está en la esquina derecha según cruzas Rosellón». Me lo explicas detalladamente, sin ver ningún plano y sin necesidad de estar allí, gracias a que has ido creando una representación mental de la nueva zona en la que vives.

Del mismo modo, si en el entorno en que viviste se te acosaba continuamente por maricón, ¿qué representación mental tendrás de él? ¿Qué información habrás almacenado sobre ese entorno y su trato hacia ti? Cuando en *QMM* os hablaba de los guiones de agresión, os decía que hemos interiorizado la homofobia hasta tal punto que ya la esperamos. Demos un paso más: ¿cómo no desarrollar fobia social si tenemos interiorizado que el mundo es un lugar lleno de homofobia donde nos atacarán sí o sí?

O no. Puede que nuestra representación mental esté obsoleta. Que no responda a la realidad sino a nuestros recuerdos. Que no nos hayamos atrevido a actualizarla. O que no hayamos podido hacerlo por razones varias. A menudo me encuentro con hombres que siguen reaccionando al mundo como si el mundo actual fuese ese lugar de sus infancias. Como si la sociedad no hubiese cambiado en absoluto en todas estas décadas y él necesitara mantener las mismas precauciones y temores que antaño. Y no los culpo, a mi entender así es como funciona el cerebro.

Lo que os cuento a continuación es una hipótesis personal sobre la que no tengo ninguna evidencia. Nuestros cerebros modernos aparecen en una época (el Paleolítico) en la que la vida era muy rutinaria: cazar, comer, desplazarse en busca de más alimento, puede que alguna batalla, aparearse y poco más. La cosmovisión no cambiaba, el mundo era exactamente igual cuando nacías que cuando morías. Generación tras generación. Salimos del Paleolítico, pero la vida continuaba siendo muy similar año tras año: nacer, crecer, aprender un oficio, reproducirse, envejecer y morir. Las costumbres se mantenían, no había apenas influjo de otras culturas. Las cosas sucedían exactamente igual década tras década. Excepto en algunos lugares del mundo donde el comercio y las comunicaciones permitían una mayor influencia intercultural y donde la rutina era un poco más vibrante, para el 99 por ciento de la humanidad la existencia consistía en cultivar, cosechar, algún día de celebración religiosa y poco más. Siguió así en la Edad Media, se aceleró un poco en la Edad Moderna. Pero incluso en la época industrial, el entorno era más o menos igual en cuanto a creencias y normas sociales. Por más que se dieran avances tecnológicos (y tampoco tantos), para la mayoría de la población la vida transcurría idéntica de principio a fin en cuanto a costumbres y normas. Los cambios se aceleraron en el siglo XX, sobre todo a partir de la era de la conectividad. Ahora vivimos en un mundo globalizado, donde todos tenemos acceso a casi toda la información que se genera en cualquier lugar del mundo. Vivimos revoluciones tecnológicas cada década y nos encontramos en una perpetua revisión de creencias, normas sociales y valores.

Yo creo que nuestros cerebros evolucionaron en una época donde era importante aprender rápido cuando se era joven, pero que, una vez interiorizados los rasgos principales del mundo, podíamos limitarnos a vivir sin necesidad de cuestionarnos nada de lo que creíamos porque el entorno no cambiaría en absoluto. Así fue durante milenios. Ahora debemos enfrentarnos a vidas en las que el mundo en el que vives a los 30 no se parece en nada a aquel en que naciste, y este no se parecerá en absoluto al que conozcas cuando cumplas 60 años. Quizá nuestros cerebros no estaban preparados para cambios tan profundos y tan rápidos. Por eso, creo, algunos mantienen posturas muy conservadoras y se asustan ante las innovaciones. Por eso, creo, a algunos de nosotros nos resulta tan difícil cambiar nuestra representación del mundo.

Evidentemente quedan restos de aquellas épocas en las que éramos acosados, pero ¿acaso son representativos? Es fundamental que actualicemos nuestros *softwares* hasta que nos demos cuenta de que la única forma de superar nuestra ansiedad es dejar de ver el mundo actual como si aún estuviéramos en el colegio donde nos maltrataron. No resulta funcional vivir con representaciones mentales obsoletas. Como suelo explicar en consulta: «Si vas a permitir que tu visión del mundo condicione tu vida, me parece que lo mínimo que te mereces es que esa visión sea lo más objetiva posible». Vamos a ello.

173

Las representaciones mentales y la terapia de esquemas

A la hora de trabajar este necesario cambio de mentalidad, yo recurro a la terapia de esquemas (TE), pero tu psico lo hará recurriendo al conjunto de técnicas y modelos teóricos que mejor maneje según su orientación terapéutica. La única precaución que te pido al respecto es que te informes de que emplea contigo procedimientos avalados por la evidencia científica.

La terapia de esquema es «un enfoque de terapia integradora y un marco teórico utilizado para tratar a clientes con trastornos de personalidad, problemas caracterológicos, algunos diagnósticos crónicos del Eje I y otros problemas difíciles, tanto individuales como de pareja. [...] La TE se dirige a los aspectos crónicos y caracterológicos de un trastorno más que a los síntomas agudos [...], se desarrolló a partir de las prácticas cognitivo-conductuales y la experiencia clínica de Jeffrey Young, quien reconoció la necesidad de una perspectiva más amplia para abordar patrones de comportamiento y problemas emocionales». (Martin y Young, 2010).

La TE ha demostrado su eficacia en el tratamiento de la ansiedad y la ansiedad social (Morvaridi *et al.*, 2019), los abusos en la infancia (Daneshmandi *et al.*, 2014) y los trastornos de personalidad (Bamelis*et al.*, 2014). Una revisión de estudios publicados sobre la TE concluía:

> El mensaje final (tanto de la popularidad de este modelo como de su efecto) es que se trata de un modelo teórico que ya ha demostrado resultados clínicamente efectivos en un pequeño número de estudios y que se beneficiaría de la investigación y desarrollo en grupos de pacientes. Es imperativo que la práctica psicológica se dirija a investigaciones de alta calidad que demuestren intervenciones eficaces basadas en la evidencia. (Masley *et al.*, 2012).

Así que podemos decir que la TE funciona y que su modelo teórico nos permite entender mejor la relación entre los esquemas mentales y diversas emociones como la ansiedad.

Según sus desarrolladores (Rafaeli, Bernstein y Young, 2011), un esquema sería una configuración de representaciones mentales que incluye información de diversa índole: cognitiva, emocional, memorística, fisiológica y programación conductual. Al tratarse de un enfoque terapéutico, sus autores se han centrado en lo que denominan «esquemas desadaptativos tempranos» *(early maladaptative schemas)*, que definen como un «patrón amplio y omnipresente compuesto de recuerdos, emociones, cogniciones y sensaciones corporales, relativos a uno mismo y a las relaciones de uno con los demás, que se desarrolla durante la infancia o la adolescencia, que se va refinando a lo largo de la vida y que resulta disfuncional hasta cierto grado. En resumen, los esquemas desadaptativos tempranos son patrones de autosabotaje que comienzan demasiado pronto en nuestro desarrollo y que se repiten a lo largo de nuestra vida». (Young, Klosko y Weishaar, 2003).

A ver, a ver: patrones de autosabotaje que comienzan temprano y se repiten a lo largo de nuestra vida, nos suena, ¿verdad? Ahora has entendido la pertinencia de toda esta explicación (guiño). Si he sido maltratado sistemáticamente a lo largo de mi vida, es muy probable que desarrolle un esquema de desconfianza.[38] Este esquema se caracteriza, según esos mismos autores, por «la expectativa de que otros te lastimen, humillen, engañen, mientan, manipulen, o que abusen o se aprovechen de ti. Por lo general, implica la percepción de que el daño es intencional o el resultado de una negligencia extrema e injustificada. Puede incluir la sensación de que uno siempre termina siendo engañado en relación con los demás y que siempre se llevará la peor parte de todo lo que suceda».

Lo vamos viendo cada vez más claro: haber recibido sistemáticamente abusos e insultos hace que interioricemos una representación mental del mundo según la cual los demás siempre estarán tratando de herirnos. A partir de ahí y ya de adulto, cada vez que tengas una discusión con alguien, la interpretarás como un intento de abusar de ti. Cada trol que te encuentres en Grindr lo interpretarás como otro ser malvado que, deliberadamen-

175

---

38. De ahora en adelante y mientras no especifique lo contrario, donde diga «esquema» debe leerse «esquema desadaptativo temprano». Se han identificado y validado experimentalmente quince, entre los que se incluyen los de privación emocional, desconfianza, imperfección, abandono, aislamiento social y subyugación. No los veremos todos porque muchos de ellos no guardan relación con el propósito de este libro.

te, quiere hacerte daño. Cada desacuerdo con los amigos, cada roce en el trabajo, cada palabra gruesa que suene los interpretarás como intentos de humillarte. Te pasarás la vida sintiéndote ofendido. Te pasarás la vida en guardia contra los ataques de los demás. Te pasarás la vida con ansiedad.

La ansiedad es nuestra reacción idiosincrásica

Si la ansiedad (o miedo) es la respuesta natural a los peligros, es lógico que las personas con la representación mental del mundo que hemos descrito padezcan el llamado «estrés de las minorías», que se ha identificado tanto en minorías sexuales (Meyer, 1995; Meyer y Frost, 2013) como en minorías étnicas (Arbona y Jimenez, 2014). Hasta tal punto tiene que ver con el maltrato recibido que en 2016 tuvo lugar un efecto muy curioso entre la población LGBT de Estados Unidos ante la elección de Trump como presidente: sus niveles de estrés subieron por el temor a que se reprodujeran ataques homófobos como los que habían sufrido en sus infancias (Gonzalez, Ramirez y Galupo, 2018). Y no tenemos que irnos tan lejos: en España sucede lo mismo cada vez que Vox obtiene votos o da algún titular. Ellos saben muy bien el impacto que generan y se aprovechan de ello. Nuestra comunidad, con los comentarios a sus tuits y el *reposteo* de noticias, consigue darles relevancia ante los algoritmos de las redes sociales. Al final, les hacemos gratis las campañas publicitarias. Y algo parecido hacen algunos políticos de izquierdas azuzándonos cada cuatro años con el miedo a que gane la derecha. No tienen reparos en jugar con nuestros traumas siempre que ellos puedan arañar unos cuantos votos, cuando deberían habérselos ganado haciendo políticas realmente beneficiosas para nuestro colectivo.[39]

39. Si quieres algunos buenos consejos sobre cómo manejar este tipo de asuntos, sigue el perfil de «No les des casito» en Twitter: @nolesdescasito

---

EJERCICIO. El Adivino de Mierda

Lo suelo recomendar cuando mi paciente catastrofiza a causa de su ansiedad; le pido que haga una lista con todas las veces que ha catastrofizado y que evalúe en cuántas terminó sucediendo lo que tanto temía. En un porcentaje altísimo nunca ocurre aquello que tanto le preocupaba, así que si tuviera que ganarse la vida como pitoniso, se moriría de hambre. Debe reconocer que es un adivino de mierda porque nunca acierta. Así, la próxima vez que catastrofice recordará su pésimo historial y hará menos caso a sus predicciones.

Como ya habrás deducido, podemos dedicar horas y más horas al *mindfullness* o hacer toooodo el deporte que queramos, pero mientras sigamos manteniendo este esquema en nuestras mentes, la ansiedad no desaparecerá jamás. Por eso vamos a hablar largo y tendido de ello.

Nos conviene redescribir la situación y nuestras representaciones

Cuando me preguntáis que cómo hago para desconectar tras las ocho consultas diarias que suelo realizar, además de contestar «sexo, deporte y estar con mis amigos», suelo añadir que me gusta ver vídeos de ciencia y de humor. Lo mismo sigo a un *youtuber* de los que hacen ASMR que veo comedias o navego por canales dedicados a la física o a las matemáticas, como el de Eduardo Sáenz de Cabezón (al que muchos conoceréis por el programa de TV *Órbita Laika*). En uno de sus vídeos, en más de una conferencia y en su libro *Apocalipsis Matemático* habla del «espejismo de la mayoría», que es un efecto que nos convendría tener en cuenta. Según nos explica Eduardo:

El espejismo de la mayoría se da cuando en una red, pongamos por ejemplo en una red social, un fenómeno que no es mayoritario es percibido como mayoritario por la mayoría de los miembros de la red. [...] Si nuestras fuentes de información se reducen a unos pocos nodos muy influyentes, nuestra información puede estar sesgada. Así que conviene tener diversas fuentes de información. En particular, conviene informarse también a través de medios o personas que no sean todos mayoritarios [...] Nos jugamos la visión más o menos distorsionada de la realidad.

A menudo las impresiones que tenemos del mundo no son realistas. Si resulta que lo que pensamos de tal o cual cosa proviene de la opinión de un grupo pequeño de informantes que dicen todos lo mismo, a nosotros nos parecerá que esa es la opinión mayoritaria y que, por tanto, debe ser verdadera. Pero puede que solo sea lo que opina el 5 por ciento de las personas y no sea representativo de las experiencias que ha tenido el 95 por ciento restante.

Te estarás preguntando cómo encajar todo esto del espejismo de la mayoría con los esquemas de desconfianza y el estrés de las minorías. O igual ya has imaginado por dónde puede ir el asunto. Para hablar de esto en consulta afirmo: «Si vas a permitir que lo que otros piensan del mundo condicione tu vida, me parece que lo mínimo que te mereces es que eso que piensan los otros sea lo más objetivo posible». Porque imagínate lo que sería de ti (y de ti, y de ti, y de ti...) si el modo en que vemos el mundo no fuera una realidad objetiva sino información filtrada por los ojos de personas que no se han desprendido de su «esquema de desconfianza». Nos devolverían una idea de que el mundo es un lugar amenazante, seleccionarían determinadas piezas de la realidad para demostrar que tienen razón y se concentrarían en repetir y repetir datos que sostengan lo que piensan..., aunque esos datos sean minoritarios. Sería deseable que todas las opiniones que vertemos estuviesen avaladas por datos contrastados, pero (carcajada) bien sabemos que no es así. Cada uno suelta lo que le da la gana, y si tú eres mínimamente crédulo, igual te tragas una visión del mundo que no es más que el producto de las pesadillas, traumas o intereses de otra persona.

Cuando alguien dice que teme salir del armario porque «fíjate las noticias» yo le insisto: «Si vas a permitir que una información condicione tu vida, me parece que lo mínimo que te mereces es que esa información sea lo más objetiva posible». Por eso siempre aconsejo que consultéis informes independientes. La International Lesbian and Gay Association (ILGA) publica cada 17 de mayo su informe sobre la situación de la LGBTI-fobia en el mundo. Si los analizas, verás que España ocupa una posición muy alta en los *rankings* de respeto a nuestra comunidad,[40] y aunque lo que se dice mejorar, se pueden mejorar hasta las croquetas de tu madre, la verdad es que estamos muy bien. Y no lo digo yo, lo dice el informe de expertos independientes que ni ganan ni pierden nada al valorar qué puesto ocupa cada país en su *ranking* (esto no es lo de los «50 gais más influyentes», que hay navajazos por salir en la lista). También hay informes del Alto Comisionado para los Derechos Humanos de las Naciones Unidas,[41] otro de la UNESCO de 2016, este centrado en el ámbito educativo y algunos más muy interesantes publicados por el Pew Research Center.[42]

Claro que incluso en España, donde ya no existe una homofobia estructural gracias al activismo de décadas anteriores, evidentemente aún se producen agresiones homófobas. Lo particular de estas es que tienen un efecto devastador sobre

179

---

40. Eso sí, se respeta más a los «G» que a las «L», y a las «L» más que a los «B», y a los «B» más que a los «T»…, y casi nadie sabe quiénes somos los «I».

41. https://www.ohchr.org/en/issues/lgbti/Pages/index.aspx

42. https://www.pewresearch.org/global/2013/06/04/the-global-divide-on-ho mosexuality/

las víctimas. Un efecto que va mucho más allá del trauma que cualquier agresión deja a cualquier persona. En nuestro caso, actúan como revictimizadores, de manera que, por más que porcentualmente sean escasas, tienen un impacto psicológico tremendo tanto en la víctima directa como en todos aquellos que reciben la noticia de que se ha producido un ataque a un homosexual. La revictimización reactiva todos nuestros esquemas mentales, alarmas y miedos, y sirve como refuerzo de nuestros propios sesgos. Nuestras mentes claman: «¡Lo sabía, lo sabía! ¿Ves? ¡Hay homofobia! ¡Nos quieren muertos o apalizados!», y terminamos sobrerreaccionando. Es contra esta revictimización y revivencia del trauma contra lo que va mi trabajo como terapeuta. Nadie puede negar que todos podemos ser agredidos. Lo que sí se puede negar con hechos es que nos encontremos en un mundo en el que necesitemos vivir asustados como conejos.[43]

180   A mis pacientes les hago revisar los informes que mencioné antes y les pido que se pregunten si les merece la pena ir con miedo por el mundo, sentirse amenazados en cada calle o con cada titular solo porque un grupo de personas repitan mantras contradichos por los informes independientes. Les pregunto si no vivirían un poquito mejor si cambiaran su modo de ver el mundo por otro en el que no necesiten vivir con tanta ansiedad, donde sí que hay homofobia pero que, desde luego, es residual. La verdad…, hasta la fecha ninguno me ha contestado que no. Y nunca nos hemos desdicho.

Sobre lo anterior, ten presente que nada de lo que vas a leer sustituye a una terapia. Los seres humanos somos complejos y los procedimientos para solucionar un problema

43. A mis lectores americanos: sé que la situación varía mucho entre países y que en Latinoamérica la apuesta por los derechos humanos de las personas LGBTI es firme, tanto a nivel legislativo como comunitario y asociativo. Aún hace falta mucha visibilidad hasta que se naturalicen cosas como que dos señores se den la mano por la calle o que en la escuela haya un niño con dos papás. Pero lo estáis haciendo de maravilla y esto es solo cuestión de tiempo.

suelen estar salpicados de detalles, vivencias individuales y contextos específicos que requieren particularizar las terapias. Esto no es más que un marco general para informarte de las líneas generales de tu proceso. Los ejercicios pueden ayudarte, pero por sí solos no servirán de mucho si necesitas una terapia más profunda.

A nivel terapéutico hay una serie de objetivos que son muy importantes en el abordaje de este esquema y la ansiedad relacionada (Young, Klosko y Weishaar, 2003). Todos ellos tienen que ver con la estrategia de «revaluación positiva» que he explicado en el capítulo 5, pero con un desarrollo mucho más detallado.

El primero de estos objetivos es tomar plena conciencia de que en este mundo hay gente en la que podemos confiar y gente en la que no. Que es importante valerse por uno mismo, dado que hay algunas personas que podrían herirnos, pero también saber que existe un buen número de personas que sí merecen nuestra confianza y que podremos apoyarnos en ellas. La confiabilidad es una variable continua que discurre entre los extremos «totalmente confiable» y «no confiable en absoluto» con un montón de personas en posiciones intermedias. No necesitamos desconfiar por sistema sino permitir que los eventos de la vida nos vayan mostrando con qué apoyos contamos. Y si alguien nos decepciona, ¡a la mierda con él!

> **EJERCICIO.**
>
> Vamos a elaborar una lista de personas cercanas a ti y puntúalas de 0 («No puedo confiar en él para nada») a 10 («Puedo confiar a ciegas en esta persona»). Para ello, abre tu WhatsApp y puntúa a las personas de los primeros quince chats, ¿verdad que la clasificación está compuesta por puntuaciones intermedias y no solo por ceros y dieces?

En segundo lugar, debido a la victimización secundaria, las víctimas de abuso terminan interiorizando que ellas son las causantes del acoso. He escuchado a pacientes contar: «Mi padre se ponía muy nervioso cuando me veía jugar con las muñecas de mi hermana», «Yo de pequeño era muy exagerado, tenía demasiada pluma» y «Es que mi madre, por sus valores, no puede aceptar mi homosexualidad». Uno de los primeros objetivos siempre ha sido superar la victimización que han sufrido y ayudarlos en su proceso de desvictimización. Este proceso comienza por entender que las broncas del padre, los insultos en el colegio y la negativa de la madre a conocer al novio del hombre en terapia no estaban causadas ni por sus preferencias de juego ni por su pluma ni por su homosexualidad, sino por los prejuicios sobre el género que tiene su padre, por la plumofobia de los demás alumnos y por el integrismo de su madre. Que cuando se quiere a un hijo, se le apoya para que juegue con lo que le hace feliz, que una educación en valores enseña a los niños a respetar al diferente y que el amor cristiano se entrega incondicionalmente. Dejamos de describir la situación como algo que ellos causaron y comencemos a entender que la causa del maltrato fue siempre la maldad y la homofobia de los demás.

182

EJERCICIO.

Reflexiona sobre tu culpabilidad. De todas las veces que te han culpado de ser el causante de una agresión, ¿en cuántas verdaderamente lo has sido? ¿De verdad ibas por la vida provocando que te atacaran? ¿Tan masoca eres? ¿No será que los maltratadores te estaban victimizando? ¿Cuál era la verdadera razón de que te atacasen? ¿Prejuicios, odio, sus propios conflictos personales que pagaban contigo? No eres tú, son ellos.

En tercer lugar, es importantísimo que pongas a los culpables en su sitio. No necesitas una bronca, puedes hacerlo por medio de una conversación realmente constructiva. Un paciente mío venezolano redactó una carta a su familia en la que incluyó estas palabras: «Solo les pido, como haría cualquier otro ser humano, que hagan el mismo esfuerzo que ha realizado la sociedad occidental del siglo xxi para entender que la homosexualidad no es ningún tipo de defecto que haya que corregir. Nada de lo que tengamos que avergonzarnos, ni esconder ni tratar de forma diferente a la heterosexualidad de todos ustedes». No se puede ser más constructivo para decir, en la cara de quien correspondía, que eran ellos los que debían liberarse de prejuicios y no él quien debía dejar de ser homosexual. Pero si en tu caso sí que es necesaria una bronca, no te asustes. En la vida no todo es paz y amor, a veces toca pelear. Si tienes que enfrentarte con alguien, hazlo, ponlo en su sitio. Y recuerda que si te dicen que estás haciéndole daño o rompiendo la familia, tu respuesta será que la culpa de ese daño la tiene su homofobia, no tu visibilidad.

Pero es fundamental, en cuarto lugar, que canalices tu rabia contra quien la merece, no contra el resto del mundo. Profundizaremos en este asunto al llegar al capítulo 10, donde ahondaré en lo lamentable que resulta encontrar a personas que van por la vida volcando su ira contra todo lo que se menea, pero que son incapaces de volcarla contra las personas que las hirieron. ¿Acaso no sería más justo y sensato hacer lo contrario? Insisto, no tienes que liarte a hostias con nadie, pero sí ponerlos en su sitio. Son (o han sido) homófobos, y ese sí que es un defecto que deben esforzarse por corregir.

Si sigues los cuatro puntos anteriores, el mundo se irá transformando gradualmente en tu mente. Los que te atacaron habrán tenido la oportunidad de convertirse en «los que te pidieron perdón» o en «aquellos a los que pusiste en su sitio». El resto serán seres neutros a los que, en el peor de los casos,

183

no les importas en absoluto, y en el mejor, gente que tiene contigo una relación cordial. Y luego habrá un número de seres que mantienen contigo una relación de cariño, confianza y cuidado mutuo. Obviamente, la representación mental del mundo habrá cambiado y ya no experimentarás aquella ansiedad tan terrible. Si añades unas cuantas actividades sociales que te hagan sentir acompañado, verás qué bien.

8

Vergüenza, IH, autoestima, plumofobia
y salir del armario

*U*fff…, la vergüenza. Otra emoción que nos acompaña a los hombres gais desde que tenemos noción de nuestra homosexualidad. La vergüenza, junto con la culpa, son emociones sociales, solo pueden experimentarse en el contexto de las relaciones con los demás. Si no hubiera otras personas que nos juzgasen o a las que pudiéramos haber dañado, no sentiríamos ni culpa ni vergüenza. Y precisamente por ser emociones sociales, la homofobia de la sociedad en la que hemos crecido es el gran determinante de nuestro sentimiento de vergüenza (también de la culpa, pero de ella hablaremos en el capítulo 12).

Crecer avergonzados

¿Qué dice la homofobia? Dice que los homosexuales tenemos algún tipo de tara o defecto que ha impedido que nos convirtamos en heterosexuales, que son lo «normal». Y dice que ser homosexual es peor e inferior que ser heterosexual y que, por eso, nosotros no merecemos gozar de los mismos derechos. Ni derecho al matrimonio, ni derecho a adoptar, ni derecho a ser visibles, ni derecho a expresar nuestra pluma libremente. Los homófobos dicen que si somos homosexuales, *shame on us*, y nos hacen recorrer el Paseo de la Vergüenza. Suerte de lo civilizados que somos porque, de lo contrario, ya habríamos reventado algún *Septum*.[44] Vamos por la vida oyendo continuamente insultos de quienes se encargan de que «nuestro defecto» no pase desapercibido y que pretenden recordarnos que estamos por debajo de los demás. Si recuerdas el capítulo 5, el insulto siempre menosprecia al otro, le quita valor. A los que me refiero ahora no son esos que proferimos para descargar la rabia que nos produce la mala condición ajena, sino a los que profieren quienes necesitan menospreciarnos porque sí, sin haber sido ofendidos previamente. Lo hacen porque están llenos de odio y necesitan escupirlo contra quienes ellos juzgan inferiores e indefensos. ¿Sabes qué? Jamás en mi vida he conocido a nadie feliz que insultase ni se entrometiese en la vida de los demás. Una persona verdaderamente feliz nunca ataca a otra sin venir a cuento. Los ofensores siempre tienen algo podrido en su interior. Algo que apesta dentro de ellos y que, con cada insulto, dejan escapar como el mal aliento de un eructo.

Si los insultos expresan que somos inferiores a los demás, o que tenemos una tara, ¿qué es la vergüenza sino el embarazo que nos produce el que otros conozcan nuestros defectos? Al interiorizar la homofobia, asumimos la idea de que estamos por debajo de los demás, que tenemos algún tipo de mancha. Si la ansiedad es la emoción del acoso homofóbico, la vergüenza es la emoción de la homofobia interiorizada. Aunque una vez que la vergüenza se apodera de nosotros, nos volvemos mucho más propensos a sentir vergüenza no solo por homosexuales: por gordos, por feos, por tener un trabajo corriente, por tener pollas pequeñas, por todo. La vergüenza es el apellido de nuestra pobrísima autoestima.

44. Me está quedando un libro lleno de referencias a las series que amenizaron mi pandémico 2020; os ofrezco un anexo con todas ellas.

Esto es lo que le ocurre a nuestra autoestima

Quien se otorga valor a sí mismo, se da a valer ante los demás. No hay una circunvolución cerebral de la autoestima ni se puede medir en sangre, así que tenemos que inferirla a partir de observaciones como, por ejemplo, la asertividad, la seguridad en uno mismo y las reacciones emocionales ante una situación social. La autoestima es otro de esos constructos que no se pueden ver, pero en los que diferimos. Aunque no es la única pieza del rompecabezas.

Hay tres «autos» importantes en un ser humano: el autoconcepto, la autoestima y la autoafirmación (o asertividad). Entre los tres forman el conjunto en el que se basa el aprecio hacia nosotros mismos y desde el que nos relacionamos con los demás. Esos tres elementos son más matices descriptivos que realidades independientes. No importa si autoconcepto y autoestima son entidades separadas o las dos caras de una misma moneda. Las diferenciamos para entenderlas, pero nada más.

AUTOCONCEPTO, AUTOESTIMA Y ASERTIVIDAD

El autoconcepto es la representación mental que hemos ido elaborando de nosotros mismos. La formamos tanto a partir de nuestras experiencias como de las declaraciones de los demás. Si tu madre te repite continuamente que eres guapo, creerás que lo eres. Pero si no ligas nada de nada, pensarás: «Mi madre me quiere mucho, pero guapo no soy», porque la experiencia de no ligar está influyendo en la imagen que tienes de ti mismo. De hecho, consideras que tu madre no es objetiva en sus declaraciones porque le ciega el amor de madre, así que te basas más en tus experiencias con el flirteo que en lo que ella te dice.

En el impacto de las declaraciones de los demás, una sola frase no tiene tanto peso, incluso si la expresa una figura relevante. No caigamos en esos reduccionismos de telefilm de sobremesa en los que alguien se vuelve asesino «porque mi padre me dijo que yo nunca sería nada en la vida». Pero una frase, una palabra o una intención repetida una y otra vez, día tras día, año tras año, por esta persona y por aquella, y recibidas en momentos críticos como la infancia… ya te digo yo que sí termina haciendo mella. Y si vienen acompañadas de agresiones, de bromas pesadas en las que toda la clase se ríe a coro de lo que te acaba de hacer el matón o de que tu madre te repita continuamente: «Por favor, no me hagas pasar vergüenza», al final la idea cala. Y se va deslizando en tu autoconcepto: igual sí eres un poco defectuoso y por eso se ríen todos de ti. Y por eso tu madre pasa vergüenza cada vez que se te cac una pluma. Ya está: te ves deficiente, malogrado, imperfecto.

Y si te ves imperfecto, ¿cómo será tu autoestima? La autoestima es la forma en que te valoras a ti mismo. Se relaciona tanto con el valor como con el amor que te das a ti mismo. La terminología es muy precisa porque «estimar» tiene ambas acepciones, igual que «apreciar», que sirve tanto para decir que sientes afecto como para decir que otorgas valor a algo o alguien.

La autoestima depende del autoconcepto porque este nos dice cuáles son las características que estimamos. Si tu autoconcepto es bueno, será fácil estimarte, pero si estás lleno de IH, ¿cómo te valoras a ti mismo? Un mal concepto de uno mismo, verse lleno de características que tienen mala valoración social, hace que tengamos mala autoestima. El autoconcepto incluye características como alto, bajo, delgado, pecas, gay, y mi cultura me dice si son apreciadas o despreciadas. A más apreciadas, mejor autoestima desarrollo. Por eso, crecer en un entorno homofóbico hace que los gais tengamos mala (o baja) autoestima.

Y, por último, la «autoafirmación», la asertividad, la forma en que te das a valer ante los otros. Si trabajas como comercial y crees que tienes un producto de calidad que ofrecer, te resultará muy fácil venderlo. Si estás convencido de que tus proyectos son buenos, los expondrás de maravilla en una reunión de trabajo. Si crees que tus ideas son beneficiosas para la sociedad, las defenderás con eficacia. Análogamente, cuanto más te valoras a ti mismo, más te das a valer ante los demás. Eso sí, la asertividad siempre es respetuosa (pues, de lo contrario, sería imposición) y considera que los demás también tienen valor y el derecho a defender sus ideas y posiciones. Y no suele manifestarse en quienes crecemos convencidos de que somos defectuosos. Resumiendo: alguien que ha vivido un escarnio continuo, crece lleno de vergüenza, tiene peor concepto de sí mismo y eso se traduce en una autoestima tan baja que le resulta difícil reivindicar su valía ante los demás.

Imagino vuestras objeciones: «Un momento, Gabriel. Si nuestra situación fuera así, no habría maricón en el mundo con la cabeza bien amueblada. Y vale, todos tenemos nuestra mochilita, pero nuestras experiencias no son tan terribles por lo general. ¿Qué pieza nos falta? ¿Por qué las cosas no son como predice ese modelo?».

En efecto, tenéis razón: tal y como he explicado el efecto de la homofobia sobre nuestra autoestima, parece que fué-

189

semos receptores pasivos de las opiniones y juicios ajenos. Y solo lo somos al principio, de pequeños, cuando no tenemos capacidad para contrargumentar, ni madurez ni criterio propio. Pero no es así para siempre. Por suerte para nosotros, más adelante en la vida aparece un cuarto «auto», el que nos conduce fuera de este merdeo.

El cuarto «auto» al rescate

Hablo de la «autonomía», y no me refiero ni a Castilla-León, ni a Andalucía ni a Cataluña, sino a quien tiene sus normas propias (ese es el significado etimológico del término). «Autónomo» es aquel que tiene criterio propio para valorarse a sí mismo y no sigue el dictado ajeno. Esta capacidad supone una madurez y una experiencia impropias de niños o adolescentes. Por eso es muy difícil que alguien joven supere con facilidad el impacto de la opinión ajena. Es necesario ser muy maduro mentalmente para enfrentarse a los prejuicios de los demás. Primero uno necesita cuestionarse lo que dicen sobre él, después informarse de manera rigurosa sobre aquello que le afean y comprender que no existen motivos objetivos para esas críticas. Finalmente, debe ser capaz de desafiar el peso de las opiniones ajenas dentro de su propia mente hasta sustituir las voces interiorizadas de los demás por una voz propia y sin prejuicios. Es un proceso que puede darse de manera natural, aunque requiere mucho tiempo, paciencia, confianza en uno mismo e inteligencia. Pero también es un proceso que puede darse en un periodo mucho más corto, de la mano de otro ser humano en el que confiemos y que nos transmita lo que sabe al respecto. A este otro proceso lo llamamos «terapia».

Si regresamos a nuestra terapia de esquemas, encontraremos otro patrón disfuncional que encaja con lo que estamos tratando ahora: el esquema de imperfección:

El sentimiento de que uno es defectuoso, malo, no deseado, inferior o inválido en aspectos importantes de su persona, de que uno no podría ser amado por otras personas importantes, puede implicar hipersensibilidad a la crítica, al rechazo y a la culpa; timidez, comparaciones e inseguridad ante los demás, o un sentimiento de vergüenza por los defectos propios. (Young, Klosko y Weishaar, 2003).

En relación a la vergüenza, el primer objetivo terapéutico que nos planteamos es el de repensar todo lo que creemos de nosotros mismos. Debemos imaginarnos a una Marie Kondo en miniatura, soltarla en nuestro autoconcepto y que se vuelva loca sacando todas las mierdas que encuentre por ahí, desechando nuestras creencias distorsionadas y conservando tan solo los juicios objetivos sobre nuestras personas. Conseguiremos este objetivo terapéutico analizando las creencias que tenemos acerca de nosotros mismos.

191

EJERCICIO.
Haz una lista con tus características. Anota los términos con los que habitualmente te refieres a ti mismo. Permítete unos días para elaborar la lista y que sea exhaustiva (no te asustes, nadie da para más de 20 o 25 adjetivos). Cuando la tengas, reléela varias veces por si estás empleando sinónimos y elimina los repetidos. Si has escrito «bueno» y «buena persona», deja solamente «bueno». Ahora debes interrogar a cada uno de esos términos con estas preguntas: «¿Cómo puedo demostrar que soy X?» o «¿Puedo demostrar que no soy lo contrario de X?». Hazte muchas preguntas, dale la vuelta a cada idea y a cada respuesta que se te ocurra. Cuestiónate si estás obligado a ser eso que supuestamente deberías ser y pregúntate si no estás viendo que tienes defectos cuando, en realidad, lo que sucede es

que has tenido relaciones con personas hipercríticas que han exagerado esas supuestas faltas tuyas. Imagina que has escrito que eres «aburrido» y hazte preguntas como:

«¿En qué me baso para decirlo?»

«¿No será que, más que aburrido, resulta que no soy dicharachero?»

«Y, aun así, ¿acaso se supone que estoy obligado a serlo?»

«Mis amigos se entretienen junto a mí tal como soy, no tengo la obligación de ser el *showman* de nadie, ¿por qué debería pensar de mí mismo que soy aburrido?

Con toda probabilidad, te darás cuenta de que la mala imagen que tienes de ti mismo no está justificada en absoluto. De que no tienes ni la mitad de los defectos que crees. De que no estás obligado a ser «brillante, maravilloso y estupendo» para merecer el respeto de los demás. Y de que no eres defectuoso, sino que fuiste criado por personas hipercríticas o en un entorno hipercrítico contigo (sí, decirte que eres un «maricón de mierda» se puede considerar hipercrítica).

A continuación, es importante que destaques tus características positivas y que escribas unas líneas sobre el valor que tienen para ti y para los que te quieren y conocen de verdad. Que si no fueras tan bueno oyendo a los demás, tu amiga Eva no se sentiría tan acompañada cada vez que te cuenta algo, ni se sentiría tan segura al hablar contigo. Pregúntales a tus amigos, organiza una Tarde de Gloria como la que te he explicado en el capítulo 5 y recibe sus halagos siendo consciente de que te los mereces. Haz carteles con tus puntos fuertes y pégalos por tu casa, haz fotos de los carteles y póntelas de fondo de pantalla en el móvil para verlas continuamente. Remarca, remarca y remarca todo aquello que no te enseñaron a ver de ti mismo cuando tocaba.

Enraizado con el anterior objetivo terapéutico está el de desechar las relaciones abusivas y fomentar relaciones con personas que te valoran. Muchos chicos me dicen: «Es que tengo imán para los cabrones». Y siempre les contesto: «No, cariño, es que estás tan acostumbrado a vivir entre cabrones que no sales huyendo cuando aparece otro». Entonces les explico que si uno crece rodeado de personas abusivas que lo ofenden y que sobrepasan con frecuencia los límites del respeto, uno se acostumbra a convivir con esas personas. Los que no están habituados, porque han tenido mejores infancias o adolescencias con más amor y respeto, cuando ven a un abusador, lo encuentran tan extraño que lo detectan rápido y huyen de él. Pero tú, que estás acostumbrado a ser insultado, que has crecido entre personas que te faltan al respeto, si alguien te lo vuelve a faltar, ¿qué? Uno más. Casi ni te das cuenta. Por eso es tan importante el siguiente ejercicio.

EJERCICIO. La voz de tu autoestima

Para reconocer a los que no te tratan adecuadamente, antes es importante que lo hagas tú contigo mismo. Para ello, vamos a entrenar la voz de tu autoestima; es muchísimo más fácil de lo que tú crees. Solo tienes que hablarte a ti mismo como le hablarías a tu amigo más querido o a un hijo. Nunca le dirías: «¡Qué inútil eres, ya la has cagado!», sino «Vale, nene, no has estado brillante esta vez. Pero es que tampoco está uno acertado siempre, no pasa nada por equivocarse. En otras ocasiones lo has hecho perfecto, seguro que la próxima te sale bien. Y si no, pues a la mierda, déjalo. A lo mejor no es lo tuyo y no tiene sentido que te mortifiques. Lo que tengas que hacer hazlo sin miedo». ¿Ves qué fácil? Pregúntate: «Si yo fuera un buen padre, ¿cómo le diría esto a mi hijo?», y dítelo a ti mismo. Te darás cuenta de que te resulta muy sencillo imaginarlo. Al principio será un poco raro decírtelo y un poquito más complicado ponerlo en práctica, pero, como diría la voz de tu autoestima: «Poquito a poco, guapo, tente paciencia».

Cuando tengas este ejercicio dominado, ya sabrás perfectamente cómo se habla a sí misma una persona que se estima, pero también cómo se le habla a una persona a la que se quiere, valora o respeta. Ahora pregúntate: «¿Me habla X como me hablaría alguien que me quiere?». Si la respuesta es no, ya sabes lo que te conviene hacer con esa persona. Así, si te ves a ti mismo como alguien que merece el respeto y el amor de los demás, y si eres alguien que se relaciona con los demás desde el respeto y el afecto, ¿me quieres decir dónde se queda la vergüenza? En el mismísimo carajo, que es donde debería haber estado desde el principio y adonde me alegra que la hayamos enviado por fin.[45]

El armario, la visibilidad y la vergüenza

Todo lo anterior nos resulta de enorme utilidad para hablar de la salida del armario y de la visibilidad en general. Partimos de que «salir del armario» es decir abiertamente que somos homosexuales y que nos sintamos bien por hacerlo. Para más detalles, te remito a *QMM*.

Cada cierto tiempo surgen (falsas) polémicas que solo interesan a quienes las incitan en Twitter y que ni siquiera son representativas de las preocupaciones de nuestro colectivo: que si por qué los gais hablamos en femenino o que por qué empleamos «armario» cuando es una expresión degradante.

45. Hey, hey, hey…, que ya sé que la teoría está bien, pero que ponerla en práctica es complicado. Tan solo recuerda el ejemplo de la Biblioteca Nacional, ten paciencia y recorre el camino. Al menos, ahora ya tienes el mapa del trayecto.

Las expresiones cambian y a menudo se resignifican en nuestro colectivo, como ha sucedido con la palabra «maricón» o con «coño» (que a menudo utilizamos para referirnos a un culo masculino realmente tragón). Este hecho también ha sucedido con otras palabras de nuestro idioma. «Aviones» también designa a los vencejos desde antes que existieran los aeroplanos, y «azafatas» eran las mujeres que cuidaban las pertenencias valiosas de la reina. La palabra «jamás» significaba «siempre» porque viene del latín *iam magis* ('ya más') y por eso la encontramos en español dentro de la construcción «por siempre jamás» (de cuyo aparente contrasentido, por cierto, nadie se queja en Twitter). Hasta el siglo xx, hacer «deporte» no consistía en otra cosa que tener un rato de ocio y, mira por donde, si te mando al «carajo», igual solo estoy pidiéndote que te subas a la canastilla de vigilancia que se sitúa en lo alto del palo mayor de un navío. La lengua es el uso que los hablantes hacemos de ella, y las imposiciones, por muy bienintencionadas que sean, no suelen funcionar. Lo que sí funcionan son las resignificaciones, que se basan en el uso y gracias a las cuales, «salir del armario» no es otra cosa que manifestar públicamente que somos homosexuales.

195

También cada cierto tiempo aparece el típico gay con IH que dice: «Los heterosexuales no salen del armario *(Lis hitirisixiilis ni silin dil irmirii)*», y hay que explicarle (otra vez) que ellos anuncian que lo son cada vez que afirman que les gusta tal chica o elogian las tetas de tal mujer (sí, podría haber dicho «las formas corporales», pero la corrección política me haría quedar tan poco realista como los programas electorales, que a veces parecen cartas a los Reyes Magos). Lo único que no hacen es cagarse de miedo ante la idea de que alguien los rechace o estigmatice cuando comunican que son heterosexuales. Pero comparten su intimidad con los demás, hablando de sus preferencias sexuales, sus deseos, sus afectos, flirteos y aventuras amorosas. Y lo hacen porque, para cualquier ser humano, la base de sus relaciones es la intimidad, y si no la compartimos con los demás, es imposible que tengamos unas relaciones auténticas y vinculadas con ellos. Y esto es lo que busca tu psicólogo cuando te dice que salgas del armario: que tus relaciones sean auténticas y forjadas sobre un vínculo íntimo. Si para poder decirle a tu amigo que te gusta Juan, antes necesitas decirle que eres gay, adelante. Pero a mí lo que me importa es que cuentes con alguien que te escuche, aconseje y apoye cuando tengas una preocupación (incluyendo las sentimentales). Porque el que no tiene amigos íntimos se siente muy solo, y la soledad es la antesala de la depresión (como veremos en el capítulo 11).

196

¿Por qué razón, conociendo sus beneficios, me resistiría yo a salir del armario? Por miedo a otras consecuencias. Pero ¿qué ocurre cuando sabes perfectamente que las consecuencias no serán en absoluto esa pesadilla que tu cabeza se monta y, aun así, te resistes a salir del armario? ¿Por qué os escucho tantas veces decir: «Yo sé que nadie me va a rechazar y que, si alguien lo hace, pasaré por encima... Soy yo el que no se atreve a salir del armario por...¡vergüenza!»? ¡Vergüenza! Nuestra antipática emoción.

Ya hemos visto que resulta comprensible que sientas vergüenza si tienes IH porque la homofobia dice que vales menos que los heterosexuales. Así comprendemos la vergüenza de salir del armario: de repente vas a colgarte una etiqueta que te sitúa por debajo. Y experimentas un sentimiento de inferioridad llamado vergüenza. Te resulta difícil salir del armario porque asumes públicamente una identidad que, según la homofobia de nuestra cultura, te señala como sospechoso de (entre otras) promiscuidad, enfermedad, inmadurez, histrionismo, sectarismo e inestabilidad, ¿verdad?

Pues no.

Que no, nene, que no. Que ese rollo está solo en tu cabeza. Que ya no vives en el siglo XIX, ni tus conciudadanos tampoco.

Que los maricones llevamos décadas entrando en todas las casas a través de los programas de televisión, radio y *streaming*. Que la gente sabe que existimos homosexuales de todo tipo. Que ya nadie piensa que, porque seas gay, vas a ser promiscuo, inmaduro o histriónico. Que si eres promiscuo, es porque tú eres promiscuo, no porque seas maricón. Que si eres inmaduro, es porque tú eres inmaduro, no porque seas maricón. Que si eres histriónico, es porque tú eres histriónico, no porque seas maricón. Y si lo piensa alguien, lo piensan tres personas: tu padre, tu hermano mayor y tú. Punto. Que te releas el capítulo anterior, que pongas límites a los homófobos de tu entorno y que dejes de juzgar a todo el mundo, que la gente no tiene la culpa de tus traumas ni de que te haya tocado un homófobo tan cerca. A la mayoría de los que te rodean lo único que les importa es pagar la hipoteca, tu vida se la suda por completo. No eres el protagonista de la vida de nadie. ¿Entendido?

Y si el anterior ejercicio de confrontación[46] no ha sido suficiente, voy a confrontarte con otro hecho más: tú no estás en el armario, mi amor, tú estás en la vitrina.[47] Esta expresión se emplea para referirse a un homosexual que, a pesar de que no se ha pronunciado explícitamente sobre su orientación sexoafectiva, tampoco la esconde y es evidente para todos. Así lo expresó

---

46. «Confrontación» es una técnica terapéutica que consiste en situar al paciente frente a sus contradicciones o a las informaciones que, sesgadamente, se resiste a admitir. La colección de hostias del párrafo anterior es «confrontación». Pero te las doy con cariño. Un beso.

47. Esta expresión es de Miquel Iceta, político catalán y (en el momento de la redacción de este libro) ministro de Política Territorial y Función Pública de España: «Declararse hoy homosexual es más fácil que hace unos años. Hoy me declaro públicamente gay, pese a que siempre lo he sido. No es que salga del armario, sino que he bajado de la vitrina y me comprometo a apoyar y liderar el movimiento gay». Era octubre de 1999 y fue la primera vez en la historia española que un político se declaraba homosexual públicamente. ¡Casi en el año 2000, se consideró una heroicidad! Esto nos dice dos cosas: que cualquier homosexual de más de veinte años se ha zampado una buena ración de homofobia en su infancia y adolescencia, y que nuestro país ha cambiado a una velocidad inimaginable en las dos últimas décadas. Disponible en https://elpais.com/diario/1999/10/13/espana/939765606_850215.html

Juan Gabriel: «Lo que se ve no se pregunta». En el presente, todos estamos en la vitrina mucho antes de salir del armario.

La visibilidad de nuestra comunidad ha tenido un efecto que está rompiendo incluso los armarios ajenos. Entra en You-Tube y busca cualquier videoclip de George Michael de su época en Wham. El de *Wake me up before you go-go* es una maravilla, pero el de *Club Tropicana* es una joya impagable desde el principio hasta el final, con ese barman bigotudo y de pezones peludos, nuestro George levantando la copa de la bandeja con esa pose tan de diva, ¡y esa forma de caerse a la piscina desde la colchoneta! Hasta hay una colección de chicas monas que están ahí solo para que el vídeo no parezca una peli de gladiadores. Pero ¿cómo coño las fans no se daban cuenta de la cantidad de mariconería que había en esas imágenes? Quizá porque en aquellos años ese matiz solo era evidente para ojos muy entrenados que sí podían detectar la pluma y el homoerotismo. Pero hoy casi todos los ojos están entrenados. Nuestra visibilidad ha permitido aprender que nuestra gestualidad difiere de la de los hombres heterosexuales. Ojalá algún día se nos quite toda la IH, seamos capaces de enorgullecernos de nuestra pluma y en lugar de decir: «No, todos no, que no. Que no todos tenemos pluma y me ofende que me describan solo por la pluma», digamos «Pues sí, mari, y al que no se le ve la pluma dale tres *gin-tonics*, que ya verás cómo le sale».

Si de verdad reivindicamos que «la pluma es nuestra raza»,[48] lo comprensible sería que la considerásemos uno de nuestros rasgos distintivos. Y si tú no lo admites, me importa una mierda y te lo digo desde el cariño. Porque aunque no quieras admitirlo ahora, cuando salgas del armario y todos te digan: «Ya, ya lo sabía…, algo había notado», te darás cuenta de que tu pluma no es solo cómo mueves los brazos. Tu plu-

---

48. Jose Luis Serrano, en https://www.huffingtonpost.es/jose-luis-serrano/la-pluma-es-nuestra-raza_b_3491410.html

ma también es la forma en que ríes o el tono de tu voz cuando estás realmente emocionado. Y cómo tus ojos escanean a otros hombres mientras tu cara apunta en otra dirección. Esa contradicción entre lo que quiere aparentar tu gesto y lo que revelan tus movimientos oculares tiene tanto significado…, ¡tanto! Tu pluma es tu postura al sentarte, la articulación de las falanges de tus dedos, los ángulos que forma tu cuerpo cuando estás en un grupo de hombres. Tu pluma está en tus gustos, en tu léxico y en tu sentido del humor. Es mucho más que los amaneramientos que ves en otros y que tú pretendes controlar. Tu pluma, querido, no se reduce a los gestos estereotipados. Va mucho más allá. Tu pluma es todo el conjunto de significados que tu organismo comunica cuando te relacionas con el mundo que te rodea. La rechazas porque los insultos homófobos la han convertido en algo aversivo para ti. Ojalá algún día superes el trauma de los menosprecios sobre tu pluma y abraces esa parte de ti mismo. Ojalá dejes de enfadarte con quien te recuerde que la pluma forma parte de ti y que los demás te reconocen gracias a ella. Porque entonces te darás cuenta de que te has estado negando a ti mismo.

Pues eso, que estás en la vitrina. Los demás ya saben que eres gay antes de que tú lo verbalices. Y no les importa. Saben que eres homosexual porque lo ven por ellos mismos y eso significa que tu homosexualidad nunca fue un problema para ellos, que ya te lo han demostrado con su trato y cariño. Te querían y valoraban tal y como eres desde mucho antes de que tú mismo fueses capaz de quererte y valorarte tal y como eres.

Serás feliz el día que te des cuenta de que tu miedo a salir del armario solo tiene que ver con tu IH, que la vergüenza que experimentas tiene que ver con lo que tú proyectas sobre los demás, pero no con lo que los demás piensan sobre ti. El día que te des cuenta de que eres mucho más evidente de lo que estabas dispuesto a admitir. El día que esa evidencia te reconforte serás feliz.

199

Una reflexión (más) sobre la plumofobia, la política y la empresa

No puedo cerrar el capítulo sin compartir con vosotros esta reflexión. Me preguntan a menudo sobre la plumofobia, especialmente de cara a reportajes y artículos periodísticos. Los/as periodistas casi siempre comienzan hablando de las redes sociales, las *apps* de sexo, etcétera, donde se buscan «chicos masculinos» o se advierte «no plumas». Me resisto a que solo entendamos la plumofobia como una desventaja para follar. Hay asuntos muchísimo más graves que el no poner cachondo a un tío. ¿A cuántos locutores con pluma has visto presentando noticieros? Y fíjate que pregunto presentadores de noticias, donde hay que dar una imagen seria y de credibilidad. No me refiero a los conductores de programas de corazón (a los cuales no critico, el entretenimiento me parece muy necesario, solo digo que el perfil es distinto). ¿Cuántos presidentes o altos directivos conoces con pluma? ¿Y a políticos? Alguno hay, casi anecdótico. ¿Cuántos hombres con pluma has visto en puestos a los que se les supone credibilidad y seriedad? No has visto ninguno. O un número ínfimo. Muchos de vosotros os autodescartáis a la hora de postularos para un puesto de responsabilidad. Muchos tenéis tan interiorizada la vergüenza por vuestra pluma, tan interiorizada que no os van a respetar a causa de ella, que ya ni lo intentáis.

— ¿Un maricón con pluma dirigiendo una obra? ¿Discutiendo con los albañiles y poniéndolos en su sitio? ¿Yo? ¿Con el plumazo que tengo? ¡Ni se me ocurre!

Hay un techo de cristal para los hombres gais con más pluma. La discriminación, por si no lo sabes, no se produce en Grindr. La discriminación, *sensu stricto,* se produce cuando nos impiden el ejercicio de un derecho. No existe el derecho a poner cachondo a un tío ni el derecho a follar, pero sí existe el derecho al desarrollo profesional,[49] ¡esta es la verdadera discriminación y no le estamos dando la relevancia que merece! Necesitamos aprender a superar la vergüenza emparejada a nuestra plumofobia, empoderarnos en lo que somos y poner por delante nuestra capacitación profesional sin permitir que ni nosotros mismos ni nadie dude de ella. No escondamos la pluma, presentémosla junto al resto de las características de nuestra personalidad. No permitamos que la plumofobia sea una barrera para nuestro desarrollo profesional. Y si hacemos una campañita (aunque sea informativa) con los/as empleadores/as, mucho mejor.

¿Y los niños? Pero ¿es que nadie va a pensar en los niños? Los niños gais que sufren acoso no son los niños gais a secas. Son los niños gais con pluma. Los que reciben agresiones, los que pierden el derecho a una infancia feliz y a la no discriminación[50] son los niños gais con pluma. ¿Te importaba mucho que al osazo de Grindr no le gustase tu pluma cuando te estaban abofeteando por maricón en el patio del colegio? No, seguro que entonces no pensabas en la rabia que te daban los «masc x masc», sino en la desesperación de saberte maltratado sin remedio. No seguir las convenciones de género, tener otro tipo de gestualidad o de voz se sigue castigando en las escuelas con los insultos y el rechazo social. Es la plumofobia, no la simple homofobia, la que todavía hoy se lo hace pasar peor a nuestros niños en los centros educativos. Y creo que esto sí merece una atención y un esfuerzo por parte de todos para solucionarlo. Lo dejo ahí para que lo reflexionemos porque sé la de melones que abro. Pero reflexionemos. Que no parezca que lo que más nos frustra es no poder follar con equis chulazo. Por favor.

49. Artículo 1.1 de la Declaración sobre el Derecho al Desarrollo, adoptada por la Asamblea General de las Naciones Unidas en su resolución 41/128, de 4 de diciembre de 1986.
50. Convención sobre los Derechos del Niño.

9

Amor incondicional, romántico, intimidad y aceptación

*P*ara sentirnos aceptados, es imprescindible que hayamos superado la vergüenza de mostrarnos tal como somos, darnos cuenta de que no tenemos ninguna tara de nacimiento y, sobre todo, que merecemos un amor sin condiciones, un amor que no venga a condición de que seamos heterosexuales. Superar la vergüenza, mostrarnos como lo que somos, ser aceptados y amados incondicionalmente, todo viene en la misma cadena.

¿Necesito ser aceptado?

Sí. Tú, yo, aquel y el otro de más allá. Todos necesitamos ser aceptados. Porque somos una especie social y la aceptación no es otra cosa que la inclusión. Al hablar de «aceptación» no me refiero a «aprobación», y aunque la diferencia pueda ser sutil, es importante. Aprobar significa evaluar a alguien conforme a un criterio para decidir si es adecuado o inadecuado. Aceptar es acoger, incluir sin condiciones.

Todos, queramos o no, tenemos criterios para valorar a los demás. La diferencia clave está en si esos criterios respetan su dignidad. Nos resultaría muy difícil aprobar a terroristas, asesinos, ladrones y violadores, pero aceptamos sin ambages su dignidad como humanos. Entendemos que, a pesar de que reprobemos sus actos, merecen un juicio justo, no pueden ser maltratados en prisión y el cumplimiento de su condena los liberará de seguir cargando con la culpa por sus delitos. Entendemos además que lo que reprobamos es el daño que han infligido a otros seres humanos, porque lo consideramos un hecho objetivo, y no juzgamos elementos subjetivos como sus ideas políticas o sus creencias. En resumen, da igual el verbo que empleemos («aprobar» o «aceptar»), pero acordamos que lo perverso es rechazar a alguien según un criterio que le despoja de su dignidad humana.

Y exactamente eso, despojarnos de nuestra dignidad, es lo que hacen los homófobos. Recuerda que la homofobia es: «el miedo y una aversión irracionales a la homosexualidad y hacia lesbianas, gais, bisexuales y transexuales (LGBT), basada en prejuicios y comparable al racismo, la xenofobia, el antisemitismo y el sexismo. [...] la homofobia se manifiesta en las esferas pública y privada de diferentes formas, como la incitación al odio y a la discriminación; el ridículo y la violencia verbal, psicológica o física; la persecución y el asesinato; la discriminación y la violación del principio de igualdad, y la injustificada e irrazonable limitación de derechos que, a menudo, se oculta detrás de justificaciones basadas en el orden público, la libertad religiosa y el derecho a la objeción de conciencia».[51]

En la homofobia no hay ningún elemento objetivo, no respeta la dignidad de las personas homosexuales ni reconoce sus derechos. Además, incita a la violencia contra ellas. Esa es la gran diferencia. Aunque a ti tampoco te caiga bien todo el mundo, no fomentas el odio contra quienes no te gustan.

203

---

51. Resolución del Parlamento Europeo sobre la homofobia en Europa; texto adoptado el 18 de enero de 2006 en Estrasburgo: *Homophobia in Europe*.

Es imposible que sientas afinidad con todo tipo de personas, pero no por ello fomentas bulos ni promueves leyes contra ellas. Ni te parece correcto que los demás las descalifiquen. O rechacen. Los homófobos nos desaprueban y, al ser gente totalitaria, consideran que todo el mundo debe desaprobarnos y que esa actitud debe traducirse en leyes discriminatorias. Muchas veces encuentras a personas que afirman no tener prejuicios y, sin embargo, sus ideas totalitaristas te hacen darte cuenta de que los tienen contra determinados grupos sociales. Desde luego, ellos nunca los admitirán, pero quedan claros cuando su discurso se resume en: «o piensas como yo o eres una mierda». Prejuicios, totalitarismo y desaprobación (o condenación) van de la manita.

En resumen: sentirnos aceptados es importante para nuestra salud mental, entendemos que es imposible que le gustes (y que te guste) todo el mundo, pero eso no se traduce en que niegues su dignidad como ser humano. Sin embargo y lamentablemente, existen personas (y grupos) totalitaristas que creen que la sociedad solo es buena si se ajusta a su «modelo de sociedad ideal». Estos grupos son más tendentes a justificar la discriminación contra personas que no cumplen sus criterios de corrección.

Nosotros hemos pasado tantos años sufriendo la desaprobación de los demás que llevamos fatal los verbos «aceptar», «valorar» y similares. Somos excesivamente susceptibles ante procesos que forman parte del repertorio conductual humano habitual y sano. Todos sopesamos a los demás, es imposible evitarlo. Sin darnos cuenta, pero lo hacemos. Por eso buscamos a nuestros amigos entre quienes son más afines a nosotros y mantenemos las distancias con quienes no lo son. Valoramos la similitud de los demás con nuestras ideas, principios, aficiones, etcétera. Es lo natural, y no es malo mientras no promovamos el odio ni la discriminación contra quienes no encajan en lo que pensamos. No puedes ser amigo de todo el mundo (ni sería lo natural). Serás amigo solo de personas afines a ti y respetuoso con los demás. En algún momento te enfadarás mucho con alguien por lo que haga o diga, y hasta puede que tengáis una bronca. Pero referida a ese evento concreto, no promovida por la animadversión hacia su persona.

A los gais nos jode mucho sentirnos evaluados después de tantos años de haber sido juzgados. Estamos hipersensibilizados contra la valoración a pesar de que esta, como te digo, es un elemento inevitable de la socialización. Por eso, a lo largo de nuestras vidas hemos desarrollado todo tipo de estrategias para afrontar la evaluación social llegando a extremos como el de aparentar ser lo que no somos para que los demás nos acepten. Desde bien pronto nos esforzamos por encajar con las expectativas. Recuerda que este tipo de situaciones se dan desde que somos muy pequeños y reaccionamos ante ellas con la inmadurez del niño pequeño que somos, y que la situación se vuelve mucho más problemática cuando perpetuamos esas estrategias inmaduras en nuestra etapa adulta.

205

A medida que maduramos aprendemos que no pasa nada por no gustarle a alguien, que eso no nos quita mérito. Nuestra autoestima depende cada vez menos de nuestra popularidad. Lo que resulta importante es sentir que nuestros seres queridos nos incluyen en sus planes, que nuestros allegados tienen en cuenta nuestras opiniones y consejos. Que nos quieren. Eso es la aceptación: saber que uno forma parte de una unidad compuesta por un grupo de personas que lo respetan y aprecian. No hay nada más importante para un primate.

Antes de nada, la intimidad

Para cualquier ser humano es importante sentirse aceptado hasta el punto que, a veces, recurrimos a maquillar nuestra personalidad con tal de hacerla más atractiva a los ojos ajenos. En ocasiones incluso, más que maquillar, lo que hacemos es aparentar algo que no somos. Y esta es una estrategia altamente inmadura e inútil, porque ¿cómo vas a sentirte aceptado si no te muestras tal como eres? ¿Cómo sabrás que los demás te quieren si lo que ven en ti no es más que un artificio? ¿Cómo te van a querer si detrás de tu maravilloso Instagram no hay sino un chico lleno de inseguridades y temores? ¿Cómo sentirte valorado después de un polvazo con tus maravillosos músculos si resulta que no tienes capacidad para mantener una conversación? ¿Cómo esperar que el otro quiera incluirte en tus planes si no eres capaz de hablar de otra cosa que no sea el monotema sobre el que has construido tu imagen social? ¿Te van a llevar de fiesta para que te pases la noche hablando de lo mismo? Sí, puede. Pero, dentro de ti, te sentirás solo y dejado de lado. Porque lo que ellos aceptan de brazos abiertos no es tu yo verdadero sino tu avatar: un personaje que has creado para que te sustituya en sociedad. Puede que valoren ese sustituto tuyo que les muestras y que lo traten con cariño. Pero lo has creado según lo que tú crees que los demás esperan de ti.

Con ello y sin darte cuenta, te instalas en una dualidad ambivalente. Por un lado, estás satisfecho de haber logrado crear un personaje que obtiene la validación social que deseabas. Por el otro, te sientes tristísimo porque quien recibe la valoración social no eres tú sino tu sustituto. Tú continúas sin sentirte valorado. De hecho, ni siquiera te gustan las personas que aceptan a tu sustituto porque no te identificas con ellas, ya que son tan monotemáticas como tu avatar. Sí, has conseguido que te incluyan en un grupo de Testigas del Crossfit,[52] o en el de las maripalcos que van al teatro Real a deleitarse con la temporada operística, o al de las maricultas que alternan estreno en la filmoteca con tertulia literaria. Pero ni te apasiona el *crossfit* ni te vuelven loco la ópera, ni el cine ni la literatura. Te gusta un poquito de cada cosa y

---

52 Ver *Sobrevivir al ambiente*, pp. 68-71.

según el momento. A lo mejor hasta eres de esos raritos que sacan las fuerzas para el arranque con cien kilos cuando, en tus auriculares, Canio clama «¡*Ridi, pagliaccio!*»,[53] pero ni eres tan extremo ni monolítico como muchos de tus amigos. Y, al final, no puedes sentir una verdadera conexión con ellos porque no te relacionas desde la autenticidad. Allan Downs lo explica con una analogía maravillosa:

> Si conduces el descapotable nuevo de tu vecino hasta las tiendas del centro y por el camino recibes muchos elogios por el coche, es probable que no te sientas tan validado, ya que realmente no es tu automóvil. La validación auténtica es la validación sincera de algo que realmente te importa a ti. (Downs, 2005).

Desde muy pequeños aprendimos a mostrar la cara que los demás esperaban de nosotros. Ese comportamiento se vio reforzado ya que conseguíamos el premio de la aceptación social. Pero también puso en marcha la cuenta atrás rumbo a una crisis de maduración. Porque más tarde o más temprano nos daríamos cuenta de que la aceptación la estaba recibiendo un avatar nuestro y no nuestro ser real. Para superar esa crisis necesitaremos aprender a socializar (*aka* «buscar aceptación») de otra forma. Y a hacerlo desde la autenticidad: superando la vergüenza y dejando de sobrecompensar,[54] mostrándonos tal y como somos, con nuestras luces y con nuestras sombras.

El amor romántico y la intimidad

En mis dos primeros libros te hablé del amor según la teoría triangular de Sternberg: este investigador encontró tres

---

53. Premio para el que capte esta referencia completa sin googlear.
54. Sobrecompensar es el intento de mejorar una pobre autoestima hipertrofiando artificialmente una característica personal que sí recibe aprobación social. Más detalles en *GS*, pp. 110-117.

grandes factores que definen los diferentes tipos de relaciones afectivas. Uno de ellos, la intimidad, es crucial. Sin la intimidad, la confianza, el conocimiento mutuo gracias a la comunicación, es imposible formar una relación profunda entre dos personas. Los requisitos de una intimidad auténtica son: superar la vergüenza, no tener secretos y el apoyo incondicional. Los tres forman el triángulo de la aceptación.[55]

La vergüenza, como ya hemos visto, impide que nos mostremos, de forma que los demás no pueden aceptarnos ni querernos tal como somos. Si tienes miedo a que conozcan tu verdadera naturaleza por miedo a decepcionarlos, nunca podrás sentirte aceptado y amado incondicionalmente, mucho menos crear una relación sentimental. De hecho, llamamos «amor fatuo» al que se siente hacia alguien a quien no se conoce de nada. Es el amor que sientes hacia una idealización, hacia alguien en torno al cual te has montado una película en tu cabeza. No amas a ese hombre sino a una proyección que tú has creado. Cuando no permites que los demás te conozcan, estás fomentando que sientan amor fatuo por ti, no amor auténtico y, bueno…, ¿en serio pretendes que el otro se enamore de una máscara?

Al no permitir que los demás nos conozcan tal como somos, estamos forzando una relación que, tal vez, no es para nosotros. Y en lo que se refiere a forzar, recuerda lo siguiente: a excepción de una polla, todo lo que no te entre en tres intentos, no es tu talla. Y esto vale para anillos, zapatos, pantalones y novios. Recuerdo a J., un paciente que me decía: «Yo he sido como Julia Roberts en *Novia a la fuga*. Si salía con un motero, ella se hacía motera. Si salía con un deportista, ella hacía deporte. Yo igual. Si conozco a un senderista, me convierto en el mayor senderista del mundo. Si conozco a uno al que le gusta el yoga, yo hago yoga cada día desde

55. *CAM*, pp. 161-162.

ese momento. Y al final me convierto en lo que no soy, voy acumulando tensión, termino explotando porque me siento desgraciado ya que nunca hacemos lo que me gusta a mí..., ¡pero es que la culpa es mía!». Hay muchos J. en el mundo. A todos se nos ha educado para agradar y complacer. Pero una cosa es caer bien o dejarse influir un poco por el otro y otra bien distinta es mimetizarnos con nuestras parejas. Como J., tenemos que aprender a mostrar nuestra naturaleza desde la primera cita, encontrar puntos comunes y respetar las diferencias. Entonces puede que pasemos del «quiero un novio, sea el que sea, ya me amoldo yo» al «quiero ser novio de Paco porque somos muy compatibles».

A menudo pensamos que debemos ser extraordinarios para merecer la atención de otro hombre. Eso es terrible, porque supone que un ser humano normal, con luces y sombras, no merece amor, pero también es terrible que no nos demos cuenta de que lo mejor para ese otro hombre es que seamos ordinarios, normales, asequibles, fáciles de conocer, cómodos. Que es primordial que el otro se encuentre a gusto a nuestro lado, sin la presión de estar a la altura de alguien que, a lo mejor, solo está impostando una personalidad-avatar. Ojalá aprendamos que lo que importa es que el otro pueda sentirse escuchado, comprendido. Y que él quiera escucharnos y comprendernos. Que nos hagamos la vida más confortable. Ojalá nos demos cuenta de que lo que importa es ser capaz de ver guapo al otro, tanto si viste su mejor ropa para ir de cena como si acaba de salir de la cama con la camiseta vieja que usa para dormir. Ojalá empecemos a entender que lo que importa no es ser una enciclopedia sexual con más currículum que una estrella porno, sino ser capaces de conectar con el otro y permitir que la química surja en cada encuentro sexual. Que no juzguemos ninguno de sus morbos, sino que los potenciemos con toda nuestra complicidad. Ojalá algún día entendamos que no debemos deslumbrarlo

209

con la cantidad de *gente importante* que conocemos, sino con la importancia que damos a sus amigos. Que entendamos que mostrar nuestros defectos lo tranquiliza a él y lo anima a mostrar los suyos.

Si entendemos que tener pareja no es un concurso-oposición en el que debemos aportar la justificación de nuestros méritos, sino una experiencia que surge cuando dos personas compatibles se conocen, quizá entonces asumamos que no debemos aparentar ser alguien diferente de quienes somos. Que lo que importan no son nuestras cualidades sino la confortabilidad de nuestra compañía. Y que no serás más confortable ni por parecerte más a él ni a ningún otro modelo. Ni podrás mantener el teatro mucho tiempo.

EJERCICIO.

Haz un comentario de texto sobre las páginas anteriores. Anota ejemplos de cada vez que tú (o alguien que conozcas) no hiciste lo que se aconseja. Apunta las consecuencias que tuvo. Y haz lo mismo con lo que sí has hecho. Analiza lo que significaría en tu vida si te rigieras por este modo de entender las relaciones y qué necesitas para cambiarlo. Trabájalo hasta que lo interiorices, háblalo con tus amigos, discútelo. Hasta que forme parte de ti y ya no sientas la presión de convertirte en alguien diferente para merecer su aceptación. Hasta que no te dé vergüenza mostrarte ante ningún hombre con tus luces y tus sombras.

Amor incondicional

Fíjate hasta qué punto será importante el amor incondicional que muchas sectas se valen de él para captar miembros.

Uno de los mecanismos iniciales de fidelización de los adeptos consiste en ofrecerles el amor incondicional que no encuentran fuera de la secta. Luego llega el lavado de cerebro y demás, pero el atractivo inicial es sentirse amados, comprendidos, no juzgados. Es una necesidad humana y muchos sacan provecho de ella. En grupos como los exgais, este es uno de los elementos que también influyen. De repente, el confort, acompañamiento y comprensión que proporciona el grupo se convierte en un estímulo muy poderoso para que los chicos vulnerables caigan en este tipo de organizaciones.

El amor y la aceptación incondicional son elementos importantísimos de la terapia, tanto de la individual como de la de grupos. Si un psicólogo te juzga de manera habitual, huye de él; por desgracia también hay psicólogos mojigatos con prejuicios contra la sexualidad gay cuyos consejos es preferible meter en una botella y lanzarla al mar. Cierto que, en algún momento, tu terapeuta tendrá que confrontarte con tus disfunciones porque, si eres perfecto y estupendo, ¿qué coño haces yendo al psicólogo? Pero lo hará explicándote dónde te perjudica y ofreciéndote alternativas funcionales y más beneficiosas. En terapia es fundamental hacer que alguien se sienta comprendido y aceptado. Por muy conductista o cognitivo que pueda ser uno, a la hora de trabajar con pacientes, el enfoque humanista de Carl Rogers, con toda su calidez, empatía y aceptación incondicional debe hacerse presente, aunque solo sea en el tono de la relación terapéutica.

¿Y en los grupos? La regla de cualquier terapia de grupo es no juzgar a los demás, aprender de ellos, vernos reflejados en ellos, entender que somos como ellos y ellos como nosotros, que todos somos humanos en lo bueno y en lo malo. En algunos grupos como Alcohólicos Anónimos, el hecho más terapéutico es el de poder hablar con total franqueza, sentirse respetado, comprendido, aceptado y querido incondicionalmente.[56] Por eso mismo nos molesta tanto estar a expensas de la aprobación de los demás: porque se relaciona claramente con el amor condicional. Nos aman a condición de que encajemos en sus criterios. Nos desaprueban (o condenan) si no entramos en esos criterios, tal y como hacen los homófobos con nosotros.

Para que un prejuicio consiga mantenerse a través de las épocas, necesita recurrir a mecanismos eficaces. Y uno de esos mecanismos eficaces de control social es la coacción. Si la penalización social va avisando de las graves consecuencias que una salida del armario puede tener para quien la intente, el número de personas que se atreverá a llevarla a cabo será mucho menor y, con ello, se dará la sensación de que los homosexuales son solamente unos pocos desviados. Por eso los cambios legislativos parecen tener un efecto explosivo, como si surgieran homosexuales de todas partes. Incluso hombres que aparentemente habían estado felizmente casados ahora «se vuelven gais» con 45 años. La realidad es que si no hubiese existido la coacción, nadie habría estado ni escondido ni confundido. No salimos de la nada, siempre estuvimos ahí. Pero escondidos en un armario para protegernos. Cuando la necesidad de protección y supervivencia no es tan acuciante, podemos permitirnos abrir la puerta de ese armario y sentir la aceptación incondicional de los demás. Por eso, salir del armario, a pesar de las posibles pérdidas, tiene un efecto tan beneficioso sobre nuestra salud emocional. Gracias a ello podemos sentir que los que nos quieren, nos quieren de verdad. Y saberse querido sin condiciones no tiene precio. No hay nada mejor en la vida que experimentar el amor incondicional.

212

---

56. La serie *Mom*, con toda su comedia (y su drama), muestra muy bien este aspecto de la aceptación incondicional.

EJERCICIO. Saca a los homófobos de su armario

Si los homófobos no respetan nuestra dignidad porque promueven que se nos desprecie, a pesar de que nosotros no hacemos daño a nadie, ¿podría un homófobo considerarse a sí mismo «buena persona»? Yo creo que no. Y este es el ejercicio que propongo cada vez que alguien tiene que salir del armario en un entorno homofóbico. Es un ejercicio cañero y solo lo recomiendo cuando están siendo muy cabrones con mi paciente. Como ya me has leído en *QMM* y en el capítulo anterior, soy tremendamente conciliador, pero este ejercicio a veces es necesario para empoderarnos y poner las cartas sobre la mesa: el problema no es que yo sea maricón, el problema es que tú eres un homófobo de mierda.

Redacta un texto para el que puedes utilizar como base la carta que te ofrezco a continuación:

213

Querida familia (o empresa, o pandilla):

Mientras los homosexuales estamos dentro del armario, los homófobos pueden vivir como si fuesen seres humanos respetables porque nadie sabe lo malas personas que son. A los homófobos les pone muy nerviosos que los homosexuales salgamos del armario porque, a partir de ese momento, su homofobia se hace patente, queda a la vista de todos: en su rechazo, en sus burlas, en sus desprecios y en sus comentarios agresivos. Los demás empiezan a darse cuenta de que no son buenas personas. Cuando los descubren, ya no pueden ir por la vida luciendo su careta de tolerantes y respetuosos. Ahora todos ven que son unos homófobos de mierda y que, como tales, apestan. Por eso he decidido salir del armario, para que todos en esta familia (o empresa o pandilla) tengamos la oportunidad de conocer nuestras verdaderas caras. Vosotros conoceréis mi verdadera cara de hombre homosexual, yo veré vuestra verdadera cara de familia (o empresa o pandilla) que me ama incondicionalmente y todos veremos las verdaderas caras de los homófobos.

Desde este momento en que yo dejo de aparentar lo que no soy, nadie más podrá seguir aparentando ser lo que no es. Seguro que nos divertimos.

Os quiere,

Que no se te olvide jamás, ten el control sobre la situación y en lugar de temer tú su rechazo, que sean los homófobos los que teman que tú los dejes en evidencia. Pero, sobre todo y por encima de todo, disfruta de saber que, los que te quieren, te quieren incondicionalmente.

10

Ira, rechazo, estigma, discriminación
y *schadenfreude*

¡*C*ómo jode ser rechazado! Discriminado, condenado, apartado, desaprobado… La lista de sinónimos es amplia y, aunque cada término tenga su matiz, todos vienen a señalar que, por una razón u otra, los demás no nos consideran adecuados y eso nos enfurece. En capítulos anteriores hemos hablado de la vergüenza como resultado del rechazo, pero este también produce ira. Como todas las emociones, la ira tiene una función primaria: destruir el obstáculo que nos impide lograr nuestro objetivo. Aquí trataremos la ira vinculada al rechazo y al estigma social, que nos impiden ser aceptados incondicionalmente.

Tengamos presente que la ira puede convertirse en una herramienta de ataque si no somos habilidosos en el manejo de nuestras emociones. Al no contar con buenas instrucciones culturales sobre su manejo, es muy fácil que este extra de energía para luchar contra las injusticias llegue a convertirse en un problema para nosotros y para la gente que nos rodea.

¿Qué es el estigma?

Su efecto va mucho más allá de los momentos en los que estás sufriendo una agresión. No necesitas que te lo explique porque lo has vivido tú mismo: miedo, soledad, rabia, frustración. Si quieres ponerles nombres «psicológicos»: trastornos de ansiedad generalizada, fobia social, depresión, indefensión aprendida. Los efectos del estigma interiorizado son terribles. La mayoría de personas que viven con alguna característica que los demás podrían estigmatizar suelen ocultarla para protegerse. Esta estrategia de ocultamiento es común en personas VIH+ (Fuster, 2011) y en personas con problemas de salud mental (Muñoz, Pérez-Santos, Crespo y Guillén, 2009). El estigma está presente en los problemas de inserción laboral de personas discapacitadas (Romero y Moya, 2007) e incluso se sabe que es uno de los elementos que perpetúa la adicción (Matthews, Dwyer y Snoek, 2017; Ritson, 1999).

El estigma interiorizado impide que las personas pidan ayuda para superar sus problemas y, al no poder contar con apoyo social, a menudo siguen sin poder superarlos durante largos periodos de tiempo en los que refuerzan en su mente la idea de que sus problemas son producto de alguna tara suya. El consumidor de drogas que se avergüenza de hacerlo y no pide ayuda permanece largo tiempo sin gestionar los problemas que lo llevan a consumir. Cuanto más tarda en solucionarlos, más afianza la idea de que no es más que un «drogadicto vicioso». El VIH+ que tiene miedo a ser rechazado nunca establece una relación íntima con otro porque se vería obligado a hablar sobre su seroestatus. Y huyendo de esa intimidad, va de relación superficial en relación superficial, de modo que acaba reforzando la idea prejuiciosa de que «tiene lo que tiene porque no busca más que follar con unos y con otros». Esta profecía autocumplida es el mecanismo mediante el cual el estigma perpetúa nuestra idea errónea de que somos inherentemente defectuosos. Y, con ello, la vergüenza. Y la baja autoestima…, y todo lo que ya hemos visto en capítulos anteriores.

Según Muñoz, Pérez-Santos, Crespo y Guillén, una vez se identifica a una persona con una característica estigmatizada, se vuelcan sobre ella todos los estereotipos asociados. Y luego, con estos estereotipos, se justifica la discriminación contra esa persona: que si el gitano roba, que si el MENA viola, que si el maricón es un sidoso. Tela, telita, tela.

Solemos pensar que los seres humanos somos racionales, pero no podría haber suposición más equivocada. Los pueblos en la Antigüedad se masacraban sin misericordia ni apelación a unos derechos humanos que no cabían en la mentalidad de la época. Todo muy lejano a eso que hemos denominado el «buen salvaje».[57] En algunos pueblos existían leyes que garantizaban un cierto grado de justicia, pero siempre que fueses un hombre libre. Olvídate de la justicia si eras una mujer, un esclavo (presentes en todas las épocas) o si pertenecías a otro pueblo o nación. Hasta hace bien poco, nuestra especie no ha razonado que todos los seres humanos sin distinción merecemos el mismo trato y dignidad.

El estigma es un fenómeno tan antiguo como la humanidad. Miembros de minorías étnicas, sexuales, raciales, religiosas han sido estigmatizados. Y también las personas con lo que nosotros llamamos diversidad funcional o intelectual, ¿en qué pueblo no se reían del «tonto del ídem»? Hoy tenemos leyes que penalizan a quienes lo hacen. Antes todos estábamos indefensos ante el estigma. Incluso a menudo eran las propias leyes las que justificaban el estigma: la expulsión de los judíos bajo acusaciones de todo tipo (desde que causaban la peste hasta que crucificaban a niños), la Gran Redada de 1749 contra los gitanos acusados de vagabundos y ladrones, o las leyes contra la sodomía promulgadas a lo largo de la historia. Y esto sin salir de España; vayamos al país que vayamos, encontraremos ejemplos similares porque esta es la historia de la humanidad: un esfuerzo por desprendernos de nuestra propia brutalidad.

57. Muy popularizado por los escritos de Rousseau, pero también presente en las utopías que defienden que la solución de los problemas humanos pasa por el regreso a los orígenes comunitarios y, supuestamente, más sencillos.

La brutalidad de marcar a los demás con un sello que justifique nuestra maldad contra ellos. Porque eso es el estigma, al fin y al cabo: la excusa para ejercer nuestra maldad.

Hace falta mucha introspección y mucha honestidad para darse cuenta de que uno necesita chivos expiatorios sobre los que descargar su mala leche. Y más inteligencia emocional para aprender a librarnos de esa mala leche sin hacer daño a otro. No, queridos, no somos buenos salvajes. Tampoco lobos contra nosotros mismos.[58] Porque, de ser lobos, nunca habríamos creado el Derecho. La lucha entre nuestros lados oscuros y luminosos nos acompaña desde nuestros orígenes, y aunque va ganando la justicia, quizá nunca gane del todo. Por eso persisten el estigma, los estigmatizadores y las personas estigmatizadas. Donde antes hubo estigma contra la sexualidad, hoy lo hay contra los VIH+. Donde hubo estigma contra la homosexualidad, hoy lo hay contra la pluma.

218 Pero la culpa del estigma no es de «la sociedad». Cuando la culpa la tiene «la sociedad», al final no la tiene nadie. Las sociedades, como algo ajeno a sus miembros, no existen. Son sus miembros y cambian cuando lo hacen ellos. Los estigmatizadores no son un grupo alienígena ni ninguna abstracción, sino tú, yo, nosotros, todos. Quiero subrayarlo: mientras todos y cada uno de nosotros sigamos sin entender nuestra responsabilidad en la ira, el odio y el estigma, no cambiaremos «la sociedad».

Una parte de nuestra naturaleza, la solidaria y empática, es maravillosa. Pero hay otra, la del odio contra el que no consideramos «de los nuestros», que es terrible. Somos fabulosos con los nuestros, pero liberamos toda nuestra rabia contra los extraños. En palabras de Allen Buchanan: «El grupo está en nuestros genes. Siempre tenderemos a dividir el mundo en nosotros y ellos, y a pensar que somos superiores. Solo si cons-

---

58. Lo de que «el hombre es un lobo para el hombre» lo popularizó Hobbes, pero la cita original es de la gran comedia romana *Asinaria*, escrita por Plauto. Hace siglos que venimos dando muestras de que no somos santos.

truimos un entorno social adecuado, podremos evitar el tribalismo en sus formas más extremas y dañinas».[59]

Debemos reconocer nuestro lado oscuro y cómo lo justificamos culpando al otro. Reconocer que somos nosotros los que estamos buscando excusas para ser malas personas, ¡y esto cuesta! A menudo, en terapia de pareja escucho: «Sí, yo le hice eso, pero porque él me hizo lo otro». Y suelo explicar que esa excusa significa: «Yo soy malo y dejé salir mi maldad con la excusa de que él me había hecho tal cosa». Si realmente fuéramos personas éticas, nuestra respuesta habría sido: «Lo siento, pero por mucho daño que tú me hagas, yo no soy de esa clase de personas que hace mal a otra. No quiero una relación en la que sufra abusos. Mi estilo no es devolverlos y tengo principios. Mi estilo es no admitirlos y prefiero no seguir contigo».

El estigma (la victimización secundaria, si recuerdas el capítulo 3) es la excusa que se dan algunos para soltar su ira contra personas a las que etiquetan como «merecedoras» del odio y la discriminación. A veces los humanos nos comportamos como chusma. Y cuando la chusma se reúne, puede ser muy peligrosa. Y no creas que estoy hablando solamente de *señoros* con gorro de búfalo asaltando el Capitolio,[60] ni de *sans-culottes* con cabezas de nobles ensartadas en sus picas (que también). Hablo de esas turbas silenciosas (o no tanto si miramos Twitter) que justifican que un maricón merezca ser apaleado porque es «un pervertido peligroso para los niños indefensos del pueblo, a ver si así se va lejos». Hacemos ahora en redes lo que antes hacíamos en las plazas de los pueblos. Chusma también es quien dice que no te conviene hacerte novio de ese chico porque «tiene VIH y vete a saber qué habrá hecho para pillarlo, no te conviene un tipo tan guarro y tan irresponsable», ni ser amigo de tal otro chaval porque «con esa

219

---

59. Disponible en el libro que incluyo al final en «Referencias» y en https://thereader.mitpress.mit.edu/our-moral-fate-allen-buchanan-on-escaping-tribalism/
60. Washington, 6 de enero de 2021.

pluma que tiene va llamando la atención y es normal que os insulten o que os peguen». La chusma marca a los demás con el estigma para justificar la ira que vomita contra ellos. Chusma que, por cierto, se extiende a lo largo de todo el arco político. En cualquiera de los casos, no es necesario ser doña Florinda para aconsejaros que no os juntéis con esta chusma.[61]

Las personas buscamos chivos expiatorios contra los que descargar nuestra ira, y los gais hemos sido históricamente uno de esos chivos. Pero haber sido víctimas no nos convierte en ángeles y nosotros también volcamos nuestra ira contra otros. La serofobia, la plumofobia, el clasismo (y otros -ismos) de muchos homosexuales muestran que también nosotros tenemos el potencial de comportarnos como chusma. Algo tendremos que hacer al respecto, ¿no? Quizá comenzar por admitir que estamos buscando excusas para liberar nuestra ira. A continuación, comprometernos con un comportamiento ético. Finalmente, aprender formas de liberar la ira que no perjudiquen a nadie.

La lucha individual y social contra la discriminación

Dada la relación entre estigma y estereotipos, y dado también que los estereotipos son un contenido social, es necesario un esfuerzo también social contra la desinformación. Por eso, en muchas ocasiones, las campañas para luchar contra el estigma incluyen información sobre los estereotipos con el fin de desmontarlos. Y también por eso en mis libros siempre encuentras referencias científicas que desmontan los estereotipos contra la homosexualidad. Pero no solo para que desmontemos los prejuicios de los homófobos sino también sobre los que está construido nuestro estigma interiorizado y los que tenemos contra los demás gais. Nosotros también tenemos prejuicios

---

61 .Con cariño para mis lectores mexicanos: «¡Chusma, chusma, prrrzz!». Vosotros (y otros fans internacionales de El chavo del 8) habéis entendido la broma.

contra otros homosexuales, y quizá deberíamos dar a los demás la comprensión que pedimos para nosotros.

El activismo y la lucha social tienen numerosos efectos positivos sobre el individuo. Cuando alguien se acerca a un grupo activista, a cualquier asociación, comienza a experimentar dos efectos importantes: apoyo y empoderamiento. El activismo promueve el cambio social y eso, como vimos en el capítulo 5 al hablar de la estrategia de «modificar la situación», también es una forma de regular nuestras emociones. De ahí su efecto positivo doble.

La comunidad LGBT se ha estado organizando desde finales del siglo XIX y no es mala idea que te documentes sobre nuestra historia. A lo largo de los años, hemos conseguido despenalizar la homosexualidad en numerosos países del mundo y hemos avanzado en la igualdad de derechos. Lamentablemente, la situación aún exige que sigamos activos en la lucha por los derechos para proteger la igualdad en la vida cotidiana, pero también —y especialmente— porque dentro de la comunidad LGBTIQ+ aún existen grupos cuyos derechos no solo no están garantizados, sino que se hallan en riesgo de sufrir involuciones. Por cada ocasión en la que se promueve un cambio legislativo contra la discriminación, nos vemos obligados a asistir a un nuevo cuestionamiento de nuestras necesidades. Eso tiene la parte dolorosa de hacernos sentir incomprendidos, rechazados o atacados. Aunque también nos confronta con el hecho de que en sociedades grandes resulta imposible que todos los individuos estén al tanto de las discriminaciones, prejuicios y estereotipos que pueblan sus propias ideas. Por tanto, es humano que se pregunten «¿qué es lo que falta?».

A excepción de grupos totalitarios minoritarios que se autodefinen a partir de la oposición a nuestra comunidad, la mayoría ni siquiera sabe que existen esos problemas. Los humanos nos preocupamos de lo que nos afecta y nos desentendemos de lo que no tiene nada que ver con nosotros. ¿Quieres un ejemplo?

221

¿Qué sabes tú de glaucoma? Con suerte, sabrás qué significa la palabra, pero nada más. Sobre el glaucoma sabe quien lo sufre, quien tiene un amigo o familiar diagnosticado o quien trabaja con personas que lo tienen. El resto del mundo nos preocupamos de nuestros asuntos, que ya tenemos bastante.

Muchas campañas de sensibilización se basan en la información y muestran una actitud amable no porque se cacen más moscas con miel que con puñetazos, sino porque sus autores están convencidos de que el común de los mortales simplemente está desinformado y esa desinformación le hace recurrir a estereotipos para cubrir el vacío informativo de su mente. Por esa misma razón, la visibilidad es tan poderosa: permite que las personas se formen sus propias opiniones sin estereotipos gracias a la información que reciben directamente de sus conocidos LGBT o a partir de los referentes. Gracias a la visibilidad de nuestro colectivo, la mayoría cuenta con suficiente información como para saber que hay hombres homosexuales de todo tipo: buenos, malos, listos, tontos, guapos, feos, de izquierdas, de derechas, a los que invitarían a cenar y otros con los que nunca querrían compartir mesa.

Pero incluso con tanta visibilidad e información, sigue habiendo homófobos. ¿Cómo es posible? Por la misma razón por la que existen negacionistas y conspiranoicos: el cerebro humano no es perfecto y puede tergiversar cualquier información. Además, se necesita voluntad para aprender y cambiar, ¡pero estas personas no tienen la menor intención de cambiar! Quienes se definen como «anti-» construyen su identidad personal oponiéndose a determinados grupos. Si aprenden sobre esos grupos y dejan de oponerse a ellos, ¿dónde carajo se queda su identidad? Efectivamente: se pierde. Y muchos no están dispuestos a ello. Enfrentarnos a personas que basan su identidad en estar en nuestra contra no solo no sirve de nada, sino que los refuerza su fantasía de que somos un «peligro que los ataca». Con personas «antiloquesea», lo único que podemos hacer es explicar al resto del mundo que alguien que se define en oposición a otros estará siempre dispuesto a inventar cualquier barbaridad sobre esos grupos para justificar su identidad, pero no son más que inventos.

Adonde iba antes de dar este rodeo: el activismo cambia las sociedades gracias a la pedagogía y la visibilidad, pero también tiene un efecto poderosísimo sobre quienes actúan dentro el activismo. Como ya he mencionado, implicarse en algún tipo de activismo te empodera y te aporta apoyo social. Te empodera porque, de verte como un «ser extraño, que carga sobre sí una tara que lo hace menos valioso que los demás», pasas a considerarte «alguien tan normal como todas estas otras personas». Comienzas a darte cuenta de que los equivocados eran quienes te atribuían algo enfermizo o disfuncional. A partir del encuentro con iguales y gracias a compartir con ellos el dolor que te causan los prejuicios, surgen conversaciones que te aportan perspectivas nuevas. Si tú antes pensabas que habías sido un estúpido que no siempre folló con condón, escuchas del encargado de la prueba del VIH en la asociación: «Cada día le hago la prueba a un montón de chicos que vienen asustados porque han follado a pelo. Muchos salen negativos porque han tenido suerte. Pero tú no has hecho nada peor que lo que han hecho esos otros que han tenido más suerte que tú». Y aprendes que en un mundo perfecto todos serían sistemáticos en el uso de las medidas de prevención, pero que los humanos no somos perfectos, que muchos experimentan «fatiga del condón»,[62] y que, desde luego y por encima de todo, tú no has hecho nada peor ni más torpe que lo que hace la mayoría. Así que nada justifica que te castigues con continuos reproches sobre tu supuesta torpeza o falta de cuidado. Eres humano con todas las imperfecciones que eso significa. Poner las cosas en

---

62. Sobre la prevención del VIH y otras ITS, te ruego encarecidamente que te leas el capítulo 16 de *GS* para comprender mi perspectiva.

perspectiva ayuda a mejorar la autoestima porque nos aporta nuevos criterios para valorarnos mejor. El grupo activista te ayuda a redefinir tu situación, a poner tu vida en perspectiva, te presta apoyo emocional y te enseña soluciones.

Sin embargo y por desgracia, en algunos casos más extremos, no resulta tan sencillo porque el estigma es tan profundo y está tan interiorizado que, en lugar de arropado por un grupo de personas maravillosas que acaba de conocer, ese hombre se siente rodeado de una «coalición de perdedores que se apoyan unos a otros porque nadie los quiere». A menudo me he encontrado con hombres recién diagnosticados que tenían unos prejuicios tan profundos contra el VIH que les resultaba inaceptable haberse convertido en «uno de esos». Y algo parecido ocurre con los prejuicios contra los que tienen mucho sexo o los que tienen pluma. El prejuicio es tan potente que los esfuerzos por que lo elimine suelen ser vistos como intentos de persuadirlo para convertirse en algo que no quiere ser.

Con ellos, la terapia es muy desafiante porque su personalidad trata de protegerse y no admite las explicaciones sobre lo prejuiciosos que están siendo. En ocasiones se necesita una crisis bien gorda para ver la clase de bicho malo que uno ha podido ser hasta ese momento. A nadie le resulta fácil admitir que ha sido prejuicioso y creído, y que los demás teníamos aviesas intenciones en su contra. Cuesta ver que a los demás les importan sus vidas, no las nuestras, que con nuestra suspicacia solo estamos proyectando sobre ellos nuestra propia maldad. Cuesta ver que la maldad existe y que no es una abstracción ajena a nosotros. Todos tenemos un lado turbio. Negar la maldad solo sirve para esconderla bajo la alfombra del buenrollismo. Pero no la soluciona.

Schadenfreude, *el lado oscuro de la envidia*

Existe un término tristemente popular en el estudio de la psicología de las emociones y de la psicología social: *scha-*

denfreude (Leach *et al.*, 2003; Smith, *et al.*, 2009). Es una palabra alemana compuesta por los sustantivos «schaden» y «freude» ('dolor' y 'alegría'). *Schadenfreude* es la alegría que experimentamos cuando sufre otra persona, generalmente un enemigo o un rival. Animalistas alegrándose de la cogida de un torero, ultraderechistas alegrándose de que le saquen un ojo con una bala de goma a un manifestante de izquierdas, antifascistas celebrando que le abran la cabeza a un facha. Ejemplos no nos faltan.

¿Qué nos dice la *schadenfreude*? Que si el que sufre es un enemigo o un rival político, voy a justificar su sufrimiento y hasta celebrarlo. Ya he mencionado que las personas, bajo determinadas condiciones tenemos un comportamiento de «chusma», y eso incluye alegrarnos del sufrimiento ajeno, si la víctima es uno «de los otros» y no «de los míos» (parece que algunos no han salido de la tribu, ¿verdad, queridos?). Esta alegría de ver sufrir a otros se entiende como un acto de resarcimiento si se los culpa del sufrimiento propio. Por eso, si caigo en el victimismo, es muy probable que justifique la violencia contra aquellos que percibo como mis enemigos.

Esto es terrible y, lamentablemente, existe mucha evidencia de que este fenómeno se produce. Cikara, Botvinick y Fiske demostraron que la desconfianza hacia otros grupos se relaciona con la ira y la agresividad. Una de las autoras, Mina Cikara, en declaraciones a Thomas B. Edsall, explicaba: «Cuando un grupo se pone a la defensiva y se siente amenazado, comienza a creer que cualquier cosa, incluida la violencia, está justificada».

Sobre estas personas que justifican la violencia solemos pensar que están faltos de fundamentos éticos, pero nada más lejos de la realidad: los actos violentos pueden estar motivados por fuertes convicciones morales (Skitka y Morgan, 2014) y por pensar que existen situaciones, como la de ser víctimas, que justifican la violencia (Fiske y Rai, 2015). Hay un lado muy oscuro en la victimización: la justificación de la violencia.

225

Cuando William Ryan acuñó en 1970 el término «culpar a la víctima», argumentó que los estudios sobre la relación entre pobreza y delincuencia estigmatizan a las poblaciones pobres (y con mayores tasas de delitos) al considerar que tal relación se basa en unas fallas inherentes a dichas poblaciones, mientras que se ignoran las fuerzas sociales y económicas que crean y perpetúan la pobreza. En palabras de Alyson M. Cole, profesora de estudios sobre la mujer en el Queens College:

> Culpar a la víctima proporciona un ingenioso compromiso: el liberal de clase media puede dejar intacto el sistema que lo beneficia, y seguir aparentando que se preocupa por aquellos a los que victimiza […] Aunque es una expresión de uso común que rara vez requiere explicación, la frase de Ryan sigue siendo algo desconcertante. ¿Es «culpar a la víctima» una ideología, como escribe Ryan, o se refiere a una actividad ordinaria —la práctica de culpar— como sugieren la mayoría de sus ejemplos? (Cole, 2011).

226

O lo que es lo mismo, ¿debemos entender «culpar a la víctima» como una ideología o como una condición humana? La diferencia es importante, ya que si se trata de una ideología, solo caerán en ella los que comulguen con esa ideología, pero si es una condición humana, entonces de ese pecado no se libra ni dios. Yo soy más de creer lo segundo y cada día presencio ejemplos en los que algunas personas acusan a determinadas ideologías de cometer errores que ellos mismos también cometen.

Por cierto, me ha hecho muchísima gracia encontrar el término «jeremiada» al investigar sobre el victimismo. Es un texto en el que un autor se lamenta amargamente del declive moral de la sociedad y predice el desastre social «si no rectificamos». Proviene del profeta Jeremías, que ya en siglo VII a. C. lloraba por la ruina moral en la que, según él, se encontraba el pueblo de Israel. Y resulta que en el pueblo de mis padres era frecuente escuchar «Llora más que Jeremías» para referirse a una persona victimista que se quejaba continuamente de su situación, pero sin hacer nada por remediarla.[63]

Volviendo al tema, creo que los seres humanos en general (y no solo los que sostienen posiciones de privilegio) caemos en el error de culpar a las víctimas. Pero también creo que, en general, somos muy tendentes a caer en el victimismo y en la *schadenfreude*. Necesitamos una buena reflexión sobre estos temas, necesitamos salir de nosotros mismos y de nuestro entorno para analizar nuestro comportamiento grupal e individual con objetividad. Sé que no será nada sencillo porque, al fin y al cabo, como dijo Albert Einstein: «Pocas personas son capaces de expresar con ecuanimidad opiniones que difieran de los prejuicios de su entorno social».

Si no sabemos manejar la ira, puede convertirse en furia, odio o venganza; en una animadversión contra todo y todos, en una fuente de conflictos y, finalmente, en la razón por la que los demás te abandonan. Muchas personas recurren al insulto anónimo en redes como forma de gestionar su ira. Que alguien me explique por qué los demás tenemos que soportarlo. Por desgracia, estas figuras se han popularizado. Ahora las redes están llenas de troles: troles-personas y troles-*bots*. En el debate político también se ha colado la figura de los *bots* maliciosos,[64] que se emplean para engrandecer a un candidato electoral o para denostar a sus oponentes. Pueden identificarse porque emplean frases más cortas, menos sinónimos y utilizan registros más formales, mientras que los mensajes de personas reales son más parecidos al lenguaje hablado (Lundberg y Laitinen 2020). Estos troles-*bots* funcionan

63. Aclaro que en el pueblo de mis padres eran todos obreros o campesinos y estaban jodidos todos por igual.

64. Un *bot* es un *software* capaz de realizar tareas *online*. Los «buenos» moderan chats o atienden al cliente. Con troles-*bots* me refiero a los maliciosos capaces de simular la conversación humana y que interactúan en redes para crear malestar y difundir bulos.

como redes y se mueven por intereses políticos y económicos (Llewellyn *et al.*, 2018). Mi «lado Sheldon», por cierto, no puede dejar pasar la oportunidad de compartir con vosotros este par de datos curiosos:

- La principal iniciativa de troles mundial es la Agencia de Investigación de Internet rusa (IRA, por sus siglas en ruso) que se inmiscuye para polarizar debates y desestabilizar políticamente otros países (Stewart, Arif y Starbird, 2018; Zannettou *et al.*, 2019).
- Un trabajo muy interesante (Linvill y Warren, 2020) ha identificado cinco categorías de troles: de derechas, de izquierdas, *news feeders* (difusores de noticias), *hashtag gamers*[65] y *fearmongers*.[66] Su función es, básicamente, desestabilizar y polarizar. Twitter necesita una buena limpieza.

228

Por otro lado, los «troles-personas» vomitan su mierda sobre los demás, amparados en el anonimato de las redes sociales. Son personas que recurren a tocar las narices (o a ofender gravemente) porque no soportan su propio malestar. Te diría que les podemos regalar un libro sobre inteligencia emocional, pero si estas criaturas fuesen capaces de darse cuenta de que tienen un problema y que deben solucionarlo, habrían entrado antes en la consulta de un psicólogo que en su cuenta de Twitter. No se lo van a leer. Y no hay mucho que puedas hacer por ellos. Lamentablemente, no cambia quien no quiere cambiar. Así que solo nos queda aislarlos. Que en-

65. No son (solamente) *hashtags* sobre juegos sino *hashtags* con los que puedes jugar en Twitter tipo «#OfendeATodosConSolo4Palabras» con los que se incita a participar a cualquier tuitero/a. Sirven tanto como cortina de humo como para generar Big Data.

66. Distribuyen bulos sobre crisis sanitarias. En la época del COVID-19 se han hecho muy populares con mentiras sobre los efectos secundarios de la vacuna, los «planes ocultos del gobierno mundial en las sombras», etcétera.

tren en crisis, que se cuestionen sus valores y sus comportamientos. Y la única forma para lograr esto es rompiéndose. Mientras su ira vomitada en redes les siga proporcionando el objetivo de ver sufrir a otros, el troleo estará cumpliendo su función y su comportamiento se verá reforzado. Solo cuando trolear no les sirva de nada y se den cuenta de que actuando así nadie los querrá cerca, entrarán en crisis y, quizá entonces, buscarán soluciones para su horrible comportamiento. Espero haber sonado tan contundente y claro como requiere este tipo de personajes. Porque este es solo un ejemplo de otras muchas problemáticas de las que las personas no se plantean salir hasta que se ven abandonadas y en apuros.

Otras personas no llegan a este nivel de odio hacia los demás, pero sí están llenas de rencor. Un rencor que se les escapa apenas alguien las contradice. No trolean, pero se sienten atacadas a la mínima, hasta el punto que dejan de estar a la defensiva y dan un paso ofensivo, amparándose más de una vez en el ¿activismo?

No hace mucho comentaba esa tendencia al odio con un compañero profesor universitario: «Son grupos que están enfadados con el mundo y que han encontrado en estas ideologías las excusas para soltar su mierda. Pero no quieren arreglar nada, solo quieren pelear». Alguno hasta se siente legitimado para ser violento. Y yo les pregunto: «Ok, ¿y por qué no eres agresivo contra quien te hizo el daño y nos dejas en paz a los que no tenemos nada que ver? Ni siquiera sabíamos que existías». El suyo es un activismo con el que solo pretenden liberar su rabia. ¿Vamos a acabar con el odio y la violencia soltando odio violentamente? ¿En qué cabeza cabe semejante despropósito? Les pediría que saldasen cuentas con su mundo y nos dejasen tranquilos a los demás, que no merecemos salir salpicados por sus mierdas. Al respecto, no hace mucho leí un párrafo sobre los asaltantes del Capitolio a los que me referí antes y que me pareció una forma maravillosa de explicar este comportamiento de quienes se amparan en su sufrimiento para joder a los demás:[67]

> Existen autores que se refieren a ellos como *white trash* (basura blanca) y convierten esta expresión, *a priori* despectiva, en una llamada de atención sobre la falta de oportunidades en la América rural. Allí escasean el futuro y el capital, y abundan los tipos tozudos y desesperados, como los que describe Faulkner o aparecen en *Tiger King*, un documental sobre la vida de un excéntrico domador de tigres. Tipos que no son responsables de las injusticias que padecen, aunque sí de sus comportamientos brutales.

Y esto es aplicable a cualquier activismo que quiera justificar su comportamiento violento. No eres responsable del daño que te hicieron, pero sí del que haces a los demás. Hay que diferenciar entre la rabia que nos produce ser víctimas de una injusticia y la tentación de volcar esa rabia sobre personas inocentes o instituciones que nos representan a todos. Quienes lo hacen confunden su mundo con el mundo, sus luchas con nuestras luchas y cuando rascas en sus historias ves más problemas que resiliencia. Estas masas son azuzadas inteligentemente por dirigentes que se aprovechan, que saben perfectamente que «gentes normales y corrientes» pueden convertirse en chusma si se las asusta lo suficiente y se sienten bastante arropadas por una masa que las anonimizará. Gente hábil empleando para su propio beneficio a gente ciega. Os van a azuzar, tenedlo muy claro. Para que les deis poder en forma de votos o en forma de influencia. Ahí os lo dejo. Por si le queréis dar una *pensadita*.

Por si te lo estás preguntando, el activismo que quiere arreglar algo elabora manifiestos, realiza propuestas concretas de cambios legislativos, fomenta iniciativas legislativas populares,

---

67. Enrique Rey, «Los disparatados habitantes de Internet», *El Mundo*, 13 de enero de 2021, disponible en https://www.elmundo.es/opinion/columnistas/2021/01/13/5ffdb63bfc6c83d6718b4678.html

lleva a cabo campañas informativas, promueve mesas de diálogo y negociación y se reúne con representantes políticos para encontrar una solución. Stonewall fue nuestro mito fundacional pero, como todos los mitos, ha incorporado buena parte de leyenda. Ni las revueltas fueron como nos cuentan (Baumann, 2019; Duberman, 1993), ni hubieran tenido éxito sin el concienzudo activismo social, político y civil de las décadas anteriores y posteriores. Sin la organización previa, las movilizaciones posteriores a Stonewall no hubieran sido posibles ni hubiesen sido tan masivas. Las gentes que llenaban aquel bar en la noche del 28 de junio de 1969 no eran suficientes para llenar las calles en fechas posteriores. Los disturbios de aquella noche catalizaron y visibilizaron una movilización que llevaba años fraguándose en Nueva York y en otras muchas ciudades de Estados Unidos y del resto del mundo. Es esta organización previa tan estructurada la que explica que un evento local diera lugar a un movimiento universal. Hasta entonces habían realizado una incidencia muy discreta, pero Stonewall los sacó a la calle. Las organizaciones LGBT del planeta dijeron «Hey, en Nueva York se están ya manifestando después de los disturbios, vamos a organizar nosotros otra manifestación en nuestra ciudad». Hemos convertido Stonewall en nuestra Batalla de Covadonga y, con ello, hemos perdido información muy relevante por el camino.

La ira tiene como función original darnos fuerza para luchar contra los obstáculos y enemigos. Pero se necesita inteligencia para dirigirla. Sin reflexión, la ira es un vehículo potente, pero sin conductor. Necesitamos alguien al volante que detecte los obstáculos reales. ¿Son los que yo veo o quizá estoy viendo enemigos y obstáculos donde no los hay? ¿Puedo dejarme llevar ciegamente por lo que digan otros? ¿No estaré perpetuando el odio? ¿A quién estoy metiendo en mis propias mierdas? Recuerda que en el capítulo 7 te decía que haber recibido sistemáticamente abusos e insultos hace que interioricemos una representación mental del mundo donde los demás siempre estarán tratando de herirte.

A partir de ahí y ya de adulto, te pasarás la vida sintiéndote ofendido, en guardia contra los ataques de los demás, con ansiedad? Pues ahora añado: Te pasarás la vida lleno de ira.

Necesitas cambiar tu visión del mundo, la representación mental que has interiorizado y que te hace percibir lo que te rodea como una afrenta continua. El mundo real no es tu campo de batalla. Saca tu resiliencia o busca ayuda para desarrollarla y dejar de sentirte víctima. Quizá la primera batalla que debes librar está en tu interior para darte cuenta de que no existe un complot mundial contra ti, que estás malinterpretando algunas actuaciones de los demás. Quizá así gastes menos energía en todos esos berrinches y dramas que te montas por ver ataques donde no los hay. Quizá, si lo logras, los demás dejen de temer tus explosiones de furia. Quizá entonces se te acerquen más y tú te sientas más acompañado. Quizá seas el primero que debe creer en que las cosas se pueden hacer de forma diferente. Quizá todo lo que queda por solucionar en este mundo no necesita que recurramos a los mismos métodos violentos del pasado. Quizá.

232

EJERCICIO.

Manejar la ira es fundamental para que ni nos envenene ni nos lleve a cometer acciones de las que luego nos arrepintamos. Puede ser muy complejo y precisa de una intervención múltiple que dependerá de la gravedad del problema. No requiere el mismo tratamiento alguien iracundo con ataques de furia frecuentes que alguien que pierde los papeles de vez en cuando. Las recomendaciones más habituales son:

- Para que la activación emocional sea menor, se recomienda descargar la ira con el ejercicio físico frecuente, practicar algo que nos relaje (yoga, meditación) y no sobrecargarnos por culpa de bebidas energéticas ni con sobrestimulación ambiental. En casos muy graves puede ser recomendable tratamiento farmacológico.

- Para que la comunicación sea más eficaz, se aconseja aprender técnicas de asertividad y de resolución de conflictos.
- A nivel cognitivo, es útil comprender y, en su caso, modificar los errores que podamos cometer en el procesamiento e interpretación de la información. Errores que hacen que reaccionemos a cualquier fricción como si fuera un ataque.

Un apunte sobre la envidia

Cuando Ignacio Morgado habla sobre la envidia en su libro *Emociones corrosivas*, comienza el capítulo con una cita de *El Quijote* que contiene una explicación tan precisa de lo que ocurre con esta emoción que no me resisto a la tentación de reproducirla:

«Todos los vicios, Sancho, traen un no sé qué de deleite consigo; pero el de la envidia no trae sino disgusto, rencores y rabia».

Morgado nos recuerda que nuestra cultura suele distinguir dos tipos de envidias: la sana y la maligna. Todos experimentamos envidia sana en algún momento de nuestras vidas. Todos deseamos lo que tienen otras personas, y mientras este sentimiento se mantenga dentro de la sana aspiración a disfrutar de los mismos placeres y beneficios que ellas, no tiene por qué ser ningún problema. Sin embargo, la otra envidia, la que de verdad nos corroe por dentro, no solo no se conforma con aspirar a lo que tienen otros, sino que uno sufre porque no tiene lo que otros poseen. Y sufre de una manera destructiva porque lo llena de odio hacia la persona a la que envidia. Un odio del que, por cierto, solo podemos liberarnos cuando el otro sufre

233

o cuando le vemos perder aquello que nosotros envidiamos. Y que uno solo deje de sufrir cuando ha causado o presenciado el dolor de otro es cualquier cosa excepto constructivo.

La envidia tiene un punto de obsesión porque somos incapaces de mirar para otro lado. No nos fijamos en aquellos aspectos de nuestra vida que son también dignos de admiración, sino que pensamos una y otra vez (y otra vez de nuevo) en aquello que el otro tiene, pero nosotros no. La envidia secuestra nuestra atención y la dirige única y exclusivamente hacia lo envidiado. Y, bueno, acabamos de ver lo que ocurre cuando alguien cree que su odio está justificado: que aprueba la violencia contra los demás.

Desde el punto de vista psicológico, resulta muy interesante que nos sintamos tan incómodos al reconocer nuestra envidia; darnos cuenta de que si la reconocemos, en realidad estamos reconociendo nuestro sentimiento de inferioridad. No te imaginas la cantidad de hombres que me dicen que envidian los viajes de fulanito, las fiestas de menganito, los amigos de zutanito, etcétera, y cómo sufren porque, inmediatamente, reconocen que se sienten inferiores a ellos.

La envidia sana nos invita a aspirar a aquello que otros disfrutan, y en esta aspiración, está implícito el reconocimiento de nuestra capacidad para conseguirlo por nuestros propios medios. También el reconocimiento de que no todos tenemos las mismas experiencias, ni posesiones, ni características.

Y no nos equivoquemos pensando que la envidia es característica de personas que tienen pocos recursos, ya que, como nos recuerda Morgado: «Menos claro resulta que la carencia de medios materiales o éxitos personales inciten siempre a la envidia, pues muchas veces los que más tienen, es decir los ricos y poderosos, son las personas más envidiosas». La envidia guarda mucha más relación con la autoestima que con cualquier otro factor personal. Cuanta peor autoestima, mayor envidia, mientras que una autoestima inflada puede conducir a un exceso de vanidad.

234

En cuanto a las hipótesis explicativas de la envidia, los psicólogos creemos que hunde su raíz en un sentimiento innato de justicia de una especie social como la nuestra. Otros primates (y son famosos los experimentos con macacos)[68] muestran indignación cuando ven que un congénere está siendo tratado de una forma injustamente ventajosa. Asimismo se aduce que la envidia puede ser un mecanismo compensatorio de la doble moral, tan característica también de nuestra especie. Tendemos a juzgar mucho peor a los demás que a nosotros mismos, calificamos sus actos como mucho más inmorales que los nuestros aunque hayamos realizado idénticas acciones. La envidia, por tanto, sería una forma primitiva de compensar nuestra tendencia a pensar siempre peor de los demás que de nosotros mismos.

En cualquier caso, el problema fundamental de la envidia maligna es que termina distorsionando nuestra percepción. Nuestros sentimientos de agravio e injusticia podrían no ser realistas. Lo grave es que no se trata de una subjetividad neutra sino de una que justifica la violencia, el descrédito y la animadversión contra otros. Salir de la envidia requiere una carga de objetividad muy difícil de conseguir. Quizá por esto no resulte nada sencillo liberarnos de esta maldita emoción. Por eso te doy una pista: si todo el mundo tiene cosas que no se merece, si a ti nunca te reconocen lo que vales, si las vivencias o posesiones de los demás siempre son mejores que las tuyas, entonces seguro que estás distorsionando la interpretación de lo que ocurre. Porque «todo, nunca y siempre» en la misma persona son estadísticamente imposibles.

---

68. El primatólogo Frans de Waal lo explica en el vídeo «Two monkeys were paid unequally. Excerpt from Frans de Waal's TED Talk», disponible en https://www.youtube.com/watch?v=meiU6TxysCg&ab_channel=TEDBlogVideo)

11

Tristeza, soledad y dependencias emocionales

La tristeza como llamada de auxilio

¿*R*ecuerdas que «los humanos tienen un monitor emocional en uno de los extremos de su cuerpo de forma que están continuamente informando de sus estados emocionales a sus congéneres, así como siendo conscientes de los estados emocionales de los demás»? La tristeza es, probablemente, el mejor ejemplo.

Si te cruzas por la calle con alguien con un rostro compungido, sentirás deseos de acercarte, preguntarle qué le pasa y saber si puedes ayudarlo en algo. Si tu pudor te impide preguntarle qué le ocurre, te quedarás intranquilo por no haber respondido a esa llamada que es la tristeza. Interpretamos la tristeza de los demás como una interpelación, como si algo nos pidiera que nos preocupásemos por esa persona y la debiéramos ayudar. Recíprocamente, estar tristes es la forma que tenemos de enviar la señal de que necesitamos que nos ayuden. Probablemente esa es una de las razones por las que nos sentimos tan solos, cuando a pesar de nuestra manifiesta tristeza, nadie acude en nuestro auxilio. La soledad me hace estar triste, pero a la vez estar triste me hace más vulnerable a la soledad.

¿Qué nos entristece? Según Anabel González, en su libro *Lo bueno de tener un mal día*:

- Alejarnos o perder cosas o relaciones a las que nos sentimos apegados.
- Fracasar en algo que nos importaba conseguir.
- Sentirnos defraudados por alguien.
- Vernos indefensos, sin poder hacer nada ante lo impredecible.
- Cuando baja la tensión tras una situación muy estresante, es muy frecuente sentir un bajonazo de tristeza.
- La falta de estímulos y de compañía.
- El dolor físico crónico.

¿La autora de este libro nos espía y ha hecho una lista a partir de nuestras biografías? Cualquier maricón ha experimentado repetidamente al menos cinco de esas siete situaciones:

- Hemos perdido más de una relación importante, nos han rechazado: amigos en el colegio o en el instituto, puede que alguno de nuestros padres o ambos. Si conservamos los amigos heterosexuales, apenas comienzan a tener hijos ya no tenemos con quien salir y perdemos la red social.
- Hemos vivido la sensación de fracaso por no convertirnos en lo que esperaban de nosotros. Bueno, y como nos dé por revisar nuestro currículum sentimental, también encontraremos otro puñadito de fracasos, comenzando por todos esos amores imposibles hacia heterosexuales.
- ¿Quién no se ha sentido defraudado por el trato que le han dado algunas personas? Familiares, amigos, profesores, la sociedad en general, ¿cuántas veces nos han defraudado con su falta de empatía?

- Y si hablamos de agresiones u ofensas, ¿quién de nosotros no ha sentido que más tarde o más temprano volverán a ofendernos? Y si de adultos la situación cambió, ¿cuántos años estuvimos conviviendo con la indefensión de saber que, inevitablemente y sin que lo pudiéramos predecir, volveríamos a ser atacados?
- Falta de compañía. La soledad del maricón de pueblo. La soledad del maricón del instituto. La soledad del maricón del barrio. Hasta que crecimos y encontramos a otros gais, ¿cuántas veces nos sentimos el único maricón de algún sitio?

La tristeza nos ha estado acompañando durante años y años de nuestra vida. Nadie acudía en nuestro auxilio. Porque nadie quería acercarse al maricón, pero también porque, en más de una ocasión, el maricón ponía buena cara. A veces la poníamos por dignidad, para no darles el gusto de saber que nos habían herido. Otras lo hacíamos por vergüenza, para no reconocer en casa que nos insultaban por maricones. Y todas las veces nos sentíamos solos, solos, profundamente solos. Tristeza y soledad, dándose de comer la una a la otra. Nos sumergíamos en nuestra tristeza como en una poza de agua turbia. Huir de esa tristeza era como tratar de ponernos de puntillas para poder sacar la cabeza del agua. Nuevos desengaños nos hacían perder el equilibrio, y nos sumergíamos otra vez en la pena. Desde el fondo se oían los ecos de las risas de los demás. Unas veces nos dolía que fuesen risas a nuestra costa. Otras veces eran risas inocentes, y entonces nos dolía no poder compartirlas. Queríamos regresar a la superficie, ver el sol y reír un poco. Hacíamos un esfuerzo por sacar nuestra mejor cara del agua. Y respirar. Y aguantar otro poco sin tristeza. Hasta que el siguiente dolor nos sumergía de nuevo. Sin saber cómo nadar entre tanta soledad. Sin nadie que nos sacara de esa poza. Durante años.

Por no reconocer el daño que nos causaban, tratábamos de poner buena cara. Al poner buena cara, nuestro dolor pasaba desapercibido ante los demás. Y en esa inadvertencia suya nos hacían sentir más solos cada día. ¿Mantener la dignidad o pedir auxilio? Algunos nunca resuelven esta duda.

La tristeza es una emoción que nos invita a pedir ayuda, a reconocer que no podemos salir de una situación por nuestros propios medios. Nos conecta con nuestra vulnerabilidad e impotencia, nos recuerda que somos débiles. Eso no es malo. Nadie es invulnerable, nadie es omnipotente, nadie es fuerte en todo momento. La tristeza nos conecta, por tanto, con nuestra humanidad.

Los psicólogos, cuando alguien se entristece por tener problemas, solemos decir: «Bueno, has hecho algo importante, has reconocido que tienes un problema y has buscado ayuda para solucionarlo». En diecisiete palabras resumimos que hace falta ser muy inteligente para reconocer que las personas no tenemos la capacidad de resolver todos nuestros problemas por nosotros mismos y que necesitamos la colaboración de los demás. Que nos hemos dado cuenta de que los humanos somos vulnerables, que no podemos con todo y que necesitamos regresar al grupo para pedir ayuda. Que hemos entendido que uno de los mitos de nuestra cultura es el de pensar que podemos afrontarlo todo por nosotros mismos. Que hay un montón de creencias perniciosas sobre la debilidad, ideas que nos hacen sentir avergonzados por tener dificultades. Es un error creer que estamos obligados a solucionarlo todo sin pedir ayuda a los demás. Si de verdad entendiéramos que todos somos vulnerables, ni nos daría vergüenza pedir ayuda ni dudaríamos en brindársela a los demás. Cuando aceptamos nuestra vulnerabilidad y comprendemos que no estamos obligados a heroicidades, entonces comenzamos a mejorar.

Sin embargo, pedir ayuda no es tan fácil, aunque tengamos la voluntad de hacerlo. La historia nos conduce a desarrollar

239

vidas solitarias no solo a los gais, sino a toda la humanidad. Nuestras redes sociales son más virtuales que presenciales (y en época de la covid-19, ni hablemos). Hemos abandonado los pueblos y vivimos en grandes ciudades en las que, a menudo, ni siquiera conocemos a nuestros vecinos. El éxodo rural tuvo mucho que ver con las mejores condiciones de vida urbanas: calles asfaltadas, espectáculos, supermercados, transportes públicos y oportunidades laborales. Jamás sospechamos que nos sentiríamos tan solos. Hasta que comenzamos a sufrir las consecuencias. Ante esto, la autora de uno de los ensayos más lúcidos sobre la soledad en nuestro siglo, nos dice claramente:

> La sociedad no es algo que «se nos hace», sino que nosotros «hacemos» la sociedad, participamos en ella y le damos forma. Así, si queremos detener el rumbo destructivo de la soledad y restaurar el sentimiento de comunidad y cohesión, necesitamos reconocer que hay pasos que debemos dar, así como compensaciones que tendremos que llevar a cabo. (Hertz, 2020).

En lo referente a la soledad, nos toca comprender sus orígenes y revertirlas. Abandonar el papel de víctimas pasivas y recordar que somos agentes del cambio. Que si bien mucho de lo que necesitaríamos hacer queda fuera de nuestro alcance, existe un pequeño trocito de mundo, aquel que queda justo hasta donde llegan nuestras manos, donde sí podemos cambiar cosas. Que podemos hacer amigos y ser amigos de otros que también nos necesitan. Confío en que leer este capítulo te sensibilice sobre la necesidad de esforzarte por conectar con los demás.

Una pérdida tras otra

La primera pérdida que sufrimos fue la de la inocencia. La perdimos prematuramente. Otros niños aún crecían en un mundo feliz la primera vez que nosotros escuchamos el grito de «maricón» y las consiguientes carcajadas a nuestra costa. Ese día supimos que el mundo no era un lugar seguro y que no estaba formado solo por buenas personas. Más tarde o más temprano todos perdemos la candidez, pero a nosotros nos la arrancaron mucho antes que a los demás niños, cuando aún nos merecíamos haberla disfrutado algunos años más. Todavía nos duele recordar cómo, con apenas seis añitos, nos vimos obligados a soportar un rechazo que ni siquiera un adulto formado sabe llevar bien.

Junto a la inocencia, perdimos la sensación de normalidad. Nunca más volvimos a ver como cualquier otro niño, porque otros se esforzaban en subrayar que nosotros no éramos «como los demás». Y aprendimos que esta anormalidad no era de las buenas, como la anormalidad del que sobresalía por guapo, deportista o inteligente. Nosotros destacábamos por ser algo de lo que los demás se reían y que, por tanto, debía ser algo risible. Mientras a los guapos, fuertes o listos los aupaban por encima de las cabezas de los «normales», a nosotros nos enviaban, patada mediante, al foso de los marginados.

Al ser arrojados a ese foso, perdimos a los amigos. Perdimos a los niños que vendrían a nuestros cumpleaños, a los que nos invitarían a los suyos, a los compañeros de juegos, a los del equipo en clase de deporte y a los del grupo para hacer el trabajo de Literatura. Aprendimos a ser los últimos en ser elegidos para cada partido y los que no recibían respuesta en el grupo de WhatsApp de la clase. Con suerte, en el foso de los marginados había otros niños que, en su soledad, se hacían nuestros amigos. A veces podíamos olvidar que nos hicimos amigos para apoyarnos en ese ostracismo compartido. A veces no podíamos olvidar que ellos también eran unos marginales y nos disgustaba tener que conformarnos con esas amistades. ¿Dónde crees que aprendiste a ver a los grupos estigmatizados como una coalición de perdedores?

Llegó la adolescencia y perdimos las oportunidades. La oportunidad de aprender a flirtear, enamorarnos y follar. La oportunidad de divertirnos. La oportunidad de socializar. La adolescencia es la época en la que los humanos nos desarrollamos sexualmente y en la que aprendemos a manejar nuestra sexualidad.[69] Nos invaden emociones poderosas, como la pasión sexual o el enamoramiento. Aprendemos a coquetear, a seducir, a dejarnos seducir, exploramos nuestros cuerpos y sus zonas erógenas, aprendemos la mecánica y la química del deseo. Bueno, aprenden. Porque mientras los demás practicaban, muchos de nosotros estábamos peleándonos con aceptar que nuestro deseo sexual nos lo encendiera otro chico. Y aunque lo hubiéramos aceptado pronto, ¿con qué otro chico podríamos practicar? Y aunque hubiera otro gay aceptado y visible en nuestro instituto, ¿nos gustaba? No teníamos apenas donde elegir. Muchos tuvimos unas primeras experiencias un tanto sórdidas, mitad curiosidad, mitad miedo. O mitad curiosidad y mitad disgusto, porque él no era un «él» con el que hubiésemos soñado sino un «él» bastante más mayor o bastante menos atractivo. Pero era lo que había si queríamos conocer nuestra sexualidad. Perdimos la oportunidad de que nuestra primera vez fuera mínimamente romántica. También perdimos la de aprender a divertirnos como los demás adolescentes. Muchas veces no teníamos con quién salir, así que, junto con la oportunidad de socializar como todos, también nos perdimos las primeras fiestas, las primeras copas. O, si teníamos amigos con los que salir a la discoteca, debíamos soportar a los machirulos riéndose de cómo bailábamos. Por eso nos alegramos infinitamente de que los adolescentes de hoy tengan un presente que no se parece en nada a nuestro pasado. Pero nosotros vivimos lo que vivimos.

Perdimos la posibilidad de una familia. A veces se nos rompían las nuestras porque nuestros padres no nos aceptaban. O nuestros abuelos (que también los hay muy homófobos).

242

---

69. Seguramente lo haríamos mejor si tuviéramos una buena educación sexual, pero ese ya es otro tema.

O, aunque ellos nos aceptasen incondicionalmente, la familia que de verdad se nos rompía era la propia. La que ya no podríamos crear porque no podríamos casarnos. Y en los países en los que sí podemos, no podremos tener hijos. La adopción es difícil, y la subrogación, controvertida (y muy cara). No podríamos formar una familia cuando todos los demás lo tenían tan fácil que hasta se casaban de penalti.

Hay otra gran pérdida, la del estatus. Excepto en los países donde la igualdad es total, ser homosexual en el resto del mundo supone perder derechos. Incluso donde la igualdad es completa, suele serlo más a nivel legislativo que en la realidad, compuesta de familias, jefes y vecinos que no siempre son *gayfriendly*. Por esta razón, muchos viven la salida del armario como otra pérdida, la de la tranquilidad, ya que les supone tener que enfrentase a la homofobia de los demás tanto si es dura (como la de los integristas religiosos)[70] como si es la sutil de las bromitas o la de no tomarte en serio a pesar de tu valía (recuerda lo que te decía en el capítulo 8 sobre la plumofobia y los techos de cristal en las empresas).

El miedo al VIH supuso una pérdida de calidad en nuestras relaciones sexuales. Vivimos cada encuentro sexual como una yincana para evitar infectarnos de ese virus o de cualquier otra ITS. Toda la información que recibimos sobre nuestras prácticas sexuales está salpicada de advertencias sobre lo peligrosas que pueden ser. Y eso ha provocado un colapso en la sexualidad de miles de hombres gais. Hemos perdido la capacidad de disfrutar alegremente del sexo.[71]

Excepto los maricones de grandes ciudades que tenemos una comunidad grande y visible, el resto de hombres homosexuales no pueden relacionarse con la misma naturalidad que los heterosexuales de sus pueblos. Se ven obligados a recurrir

243

---

70. He tenido pacientes con familias del Opus Dei, de los Testigos de Jehová…, ¿os cuento lo que han sido sus vidas?

71. En el cap. 16 de *GS* te lo explico con detalle.

a aplicaciones para conocer al maricón más cercano. Y ya sabéis cómo es Grindr en los pueblos: un bosque talado, todo son troncos sin cabeza. E igual de desolado.

Somos la primera generación de hombres gais fuera del armario y estamos empezando a hablar de las pérdidas que nos sobrevienen con la vejez y que no sabemos cómo afrontar: salud, calidad de vida, vínculos sociales, movilidad. Sí, los heterosexuales también envejecen, pero nosotros tenemos mucha menos red social y familia, nuestras vejeces son más solitarias.

Nuestra vida es una pérdida tras otra hasta el punto que uno no puede evitar concluir:

—¡Maricón, demasiado bien estamos de la cabeza!

Si las pérdidas provocan tristeza, uno se pregunta si es posible ser homosexual sin estar triste perennemente. O, siguiendo la línea de mi exclamación, ¿cómo tiene que ser de buena y entrenada nuestra resiliencia para soportar todo lo anterior y mantener unos niveles más que aceptables de funcionalidad? ¡Prima, somos la leche! ¿Qué coño la leche? ¡Somos la hostia!

Sí, me he regodeado en la suma de pérdidas que vamos sufriendo a lo largo de nuestras vidas, pero tanto tú como yo sabemos que no he exagerado ni inventado nada. Lo he hecho para poder llegar a la exclamación final, mirarte a los ojos y preguntarte: ¿Te das cuenta de todo lo que has sido capaz de soportar? Si la tristeza es una llamada de ayuda, tú has sabido desenvolverte de puta madre sin apenas ayuda. Quizá nunca antes te habías parado a reflexionar sobre lo mucho que has sido capaz de superar por ti mismo. Dale la lista anterior a un hetero *random* y verás cómo se le descompone la barriguilla solo de pensar en tener que pasar por la mitad de lo que tú has pasado.

Y esta es una de nuestras paradojas: los hombres homosexuales hemos soportado unas pérdidas tremendas, sin ayuda, y apenas estamos orgullosos de haber sobrevivido en semejantes circunstancias. Durante años hemos apretado los puños, nos hemos sorbido los mocos y las lágrimas y hemos tirado para adelante, confiando en que mañana volvería a salir el sol también para nosotros. Y aquí estamos. Sin habernos roto demasiado. Madre mía, madre mía, madre mía. Y tú, como si no hubieras hecho nada de importancia. Mari, hay vidas en las que solo sobrevivir ya es una heroicidad. Ya sabes qué tienes que celebrar el próximo 28 de junio.

Aun así, si sentirte orgulloso de lo que has superado no es suficiente y te hacen falta herramientas para dejar atrás la tristeza, Anabel González nos dice:

«La tristeza, aunque parezca que no, es una emoción fácil; es como un río que, si se deja a su curso natural, siempre llega al mar».

La tristeza, si se expresa, desaparece. Pero en muchas ocasiones ponemos diques al río y no le permitimos fluir. Alguno de estos obstáculos son la vergüenza de expresar tristeza en público, el miedo a desmoronarnos una vez comencemos a hablar de las emociones, la autosuficiencia extrema e incluso la desconfianza hacia los otros. Por eso es tan importante que aprendamos a superarlas para compartir nuestras tristezas. Pero si quieres una técnica específica para resolver las pérdidas, te aconsejo la siguiente.

245

> ### EJERCICIO. Tu propia distopía
>
> Una distopía es una ficción que imagina un presente donde algún suceso relevante del pasado no hubiera ocurrido tal como sucedió. Por ejemplo, la serie *The man in the high castle* imagina un mundo donde los nazis hubieran ganado la Segunda Guerra Mundial y Estados Unidos estuviera dividido entre la zona dominada por los alemanes y la dominada por los japoneses (que no sufrieron bombardeos atómicos).
>
> Quiero que imagines lo que hubiera sido tu vida si la persona responsable de la pérdida que lloras nunca

hubiera existido. Vamos al caso más extremo: tu madre es homófoba y te rechaza por completo. ¿Qué habría sucedido si ella hubiera muerto al nacer tú o te hubiese abandonado? ¿Acaso no habrías salido adelante? ¿No habrías crecido? ¿No habrías encontrado algún trabajo? ¿No habrías tenido amigos? ¿No te habrías enamorado? ¿Los huérfanos no tienen vida? Se puede hacer una vida sin madre. Por supuesto que sé que suena duro. Aunque no tanto como que una madre sea incapaz de querer a su propio hijo.

Esta técnica es buena para darnos cuenta que no es cierto eso de «No puedo vivir sin…». Puedes emplearla con cualquier pérdida: ¿qué habría sido de tu vida si nunca hubieses conocido al hombre que te ha abandonado? ¿Acaso no habrías encontrado otro? La excepción a este ejercicio son las tragedias tremendas, como quedarse viudo, perder a un hijo o a un familiar amado. Una cosa es imaginarnos nuestra vida sin la presencia de alguien que ha demostrado que ni nos quiere ni nos merece, y otra bien distinta es que la vida nos arrebate a una persona cuyo amor era auténtico e incondicional. En el segundo caso el duelo debe elaborarse de una forma distinta y no se basará en saber que podemos hacer una vida sin ellos, sino honrando su memoria al recordar su presencia en nuestras vidas. En el primero queremos dejar atrás a alguien. En el segundo queremos que su recuerdo nos acompañe siempre, pero sin derrumbarnos.

El ejercicio anterior nos enseña a diferenciar entre una pérdida y una tragedia, pero también entre sufrir una pérdida y montar un drama. Una pérdida es algo puntual que nos sucede y con lo que tenemos que aprender a convivir porque la vida está llena de situaciones parecidas: ¿cuántos homosexuales, lamentablemente, han tenido problemas con sus padres?, ¿cuántas personas han visto su relación de pareja romperse?, ¿cuántas de ellas han dejado de hablar con un amigo?, ¿o perdido un trabajo? No quiero que te conformes, sino que comprendas que tú eres el principal perjudicado si magnificas las dimensiones de las pérdidas o las interpretas como tragedias.

Mirar a los demás te ayuda a tomar perspectiva y darle una dimensión distinta a lo que te ocurre. Y también te da ánimo porque ¿qué tienen los demás que no tengas tú? ¿Por qué no ibas a poder superarlo igual que hicieron otros? Con tiempo, trabajo y cariño hacia ti mismo. Pero dejando de arrastrar esa roca que te impide avanzar hacia una vida más satisfactoria. Recuerda que conviene que las reacciones emocionales sean pertinentes, proporcionales y a-dap-ta-ti-vas. No es adaptativo arrastrar semana tras semana, mes tras mes, la ruptura con tu ex. Hay un periodo habitual de duelo, cuya duración depende de varios factores, pero si te excedes en el peso que le das a esa pérdida, igual debes aprender a gestionarla un poquito mejor.

Soledad, tristeza y dependencias emocionales

Cause I don't care when I'm with my baby, yeah.
All the bad things disappear
and you're making me feel like maybe I am somebody.
I can deal with the bad nights
when I'm with my baby, yeah.
Ooh, ooh, ooh, ooh, ooh, ooh.

I don't care
ED SHEERAN Y JUSTIN BIEBER

Algunas canciones de amor vienen a decir: «Mientras mi amor esté junto a mí, no habrá penas en el mundo que empañen mi alegría». Ea, ya sabes por qué la tristeza nos vulnerabiliza a las dependencias sentimentales: te necesito porque, sin ti, no soy nada, sin ti no hay clemencia en mi dolor, sin ti no puedo vivir, sin ti estoy perdido…,[72] y otros muchos ejemplos en letras de canciones.

Con relativa frecuencia aparecen polémicas sobre cancelaciones de canciones y artistas porque, supuestamente, encierran mensajes que promueven el machismo, el odio, blablablá. A mí muchos de estos análisis me recuerdan al test de Rorschach, ese de las manchas de colores donde no aparece ninguna figura y en el que cada persona ve algo distinto. Es una prueba proyectiva y sirve para ver qué hay en las mentes de quienes interpretan las láminas. Cada análisis de canción, desde mi punto de vista, solo refleja lo que el autor/a del análisis ve en ella y, de seguro, está más influido por sus propios pensamientos y convicciones que por lo que el artista haya querido expresar. Recuerdo cuando Coque Malla explicó, sobre su canción *No puedo vivir sin ti*, que media España pensaba que se trataba de una canción dedicada a la cocaína cuando la verdadera inspiración del tema fue la vejación que sufrió una pareja gay amiga suya. El arte es un inmenso test de Rorschach donde cada uno ve reflejado lo que lleva en su propio interior. Y si el artista expresa algo terrible en una obra, recordemos que el arte también debe expresar y reflejar la monstruosidad del ser humano, ¿o acaso Goya hacía apología del guerracivilismo en su *Duelo a garrotazos*? Por otro lado, ¿están afirmando que las audiencias son imbéciles, incapaces de pensar que lo que ha dicho tal cantante es una gilipollez? ¿De verdad somos todos tan infantiles y tan sin criterio propio? Por no hablar de la cantidad de ocasiones donde ver «delito de odio» o «libertad de expresión» depende de si coincido (o no) con la ideología del artista. Las leyes no son calzoncillos que te puedas cambiar según la ocasión.

248

---

72 *Sin ti no soy nada*, Amaral, 2002. *Sin ti*, Los Panchos, 1949. *Without you*, Mariah Carey, 1993. *Without you*, David Guetta, 2011.

Las letras de las anteriores canciones son un ejemplo artístico de cómo las relaciones de pareja a menudo funcionan como un termostato emocional, pues nuestros novios o maridos, con frecuencia, son capaces de modificar nuestros estados emocionales gracias a sus atenciones y cariño. Por esa misma razón, seremos vulnerables a la dependencia sentimental si nosotros mismos no tenemos una buena inteligencia emocional y ponemos la gestión de nuestras emociones en las manos de nuestras parejas.

¿Recuerdas que somos capaces de gestionar emociones de la rama simpática (miedo) gracias a la activación de emociones de la rama parasimpática? Pues algo muy parecido estamos haciendo cuando el subidón del amor nos sirve para gestionar la ansiedad o la tristeza. Aunque en este caso, el efecto probablemente tenga más que ver con la química cerebral. El estado de enamoramiento se caracteriza por la liberación de dopamina, norepinefrina y feniletilamina en las fases iniciales, seguidas de oxitocina y serotonina cuando la relación se afianza.

La dopamina nos motiva a lograr nuestros propósitos (por eso se dice que el enamoramiento no es una emoción sino una motivación), la norepinefrina nos da, literalmente, un chute de adrenalina (son sustancias homólogas) y la feniletilamina[73] hace que todo lo que sintamos sea más intenso que de costumbre. La oxitocina es una hormona implicada en la formación de vínculos, y la serotonina, ya sabes, es la conocida como «molécula de la felicidad». Tal como canta Mónica Naranjo, *El amor coloca*. Cierto que hay personas que son más vulnerables a engancharse a algo y otras que pueden probarlo recreativamente sin quedarse colgadas. Y hay situaciones que son más vulnerabilizadoras y otras que actúan como protectoras frente a esas

---

73. Esta es la sustancia que va en el chocolate y de la que se dice que convierte este alimento en sustitutivo del sexo. En realidad, la FEA se metaboliza tan rápidamente que no llega en cantidades significativas al cerebro... ¡El azúcar que lleva el chocolate sí que es droga dura!

dependencias. Total, que si estás blandito, si lo has pasado mal en tu vida, si te sientes desvalido y tu cerebro es una *mijita* yonqui,[74] puedes terminar enganchado al amor como el que se engancha a la *tina*[75]. Y en ambos casos terminas con la misma cara de muerta en vida.

Tener novio te pone las hormonas y los neurotransmisores a bailar reguetón y, además, te rellena los huecos: los del cuerpo y los ratos muertos en los que te dedicabas a mirar el techo, tumbado en el sofá con Ru Paul de fondo, interrogándote sobre el sinsentido de la existencia humana, cucharada tras cucharada de helado a los tres chocolates. Con novio estás entretenido, bien follado (con suerte, que tampoco está garantizado), acompañado y contento. Ya pueden venir todos los problemas que sea, tú te sientes seguro de superarlos.

De ese asunto ya hablamos en *CAM*, en el apartado «Novios como termostato emocional». Si estando con Fran, estás tan contento que te sientes capaz de enfrentarte a los problemas, te enfrentas y los superas, eso significa que ya tenías la capacidad de hacerlo, pero no el ánimo necesario. Tenías las herramientas de solución de problemas, pero no las herramientas de gestión emocional. Podías hablar con tu jefe para que te mejorase las condiciones laborales; conocías tus derechos y eras capaz de mantener una conversación asertiva sobre el tema. Fran es tu motivación, le prometiste que lo harías y, para no defraudarlo, venciste tu miedo y le pediste esa reunión al jefe. Fran es la razón por la que te las apañas para que tu ansiedad no te bloquee. Ahora imagínate que el día de la reunión te hubieses mirado al espejo y te hubieras dicho: «Lo hago por ti, guapo, a ti es a quien no quiero defraudar jamás». ¿Te das cuenta? Tú no eres tu motivación principal, lo es otra persona. Pero si necesitas a

---

74. Lectores americanos: «mijita» significa 'poquito' y viene de «migaja - miaja - miajita - mijita». Mientras, «yonqui» es la adaptación al español de España de *junkie*. Así que «una mijita yonqui» es 'un poco adicto'.
75. Nombre coloquial de la metanfetamina.

Fran para afrontar tus conflictos porque tú solo eres incapaz, tú problema es mucho más grave que una dependencia emocional. Pista: es conveniente madurar y convertirse en un ser autónomo capaz de hacerse la cama y cuidar de sí mismo.

Otro ejemplo: estás frecuentemente triste, tu vida no tiene mucho sentido, no sabes qué hacer los fines de semana y no tienes con quién ir de vacaciones. Tu vida está desierta hasta que aparece Josema en Tinder. Él te alegra, te propone actividades los fines de semana, por las tardes salís a pasear, planeáis viajes y excursiones. Eso es genial. Pero si tu vida social pasa de cero a cien cuando cambias de estar soltero a emparejado, queda claro que tu red social es un desastre y que no tienes vida. Antes de Josema, tu vida era un desierto. Y como te dije en *CAM:* «¿Cómo quieres compartir tu vida con alguien si no tienes una vida propia que compartir?». Claro que es genial estar enamorado y en pareja, pero nunca puede ser una cuestión de todo o nada. Lo ideal es que, cuando estés soltero, estés bien, y que cuando estés en pareja, también. No puede ser que la soltería te suponga estar fatal y que necesites un novio para estar bien. Un novio que, por cierto, no te durará, porque ¿cómo va a aguantar con alguien que siempre está fatal y es tan dependiente?

Las dependencias aparecen cuando el otro nos aporta una gestión emocional que no somos capaces de realizar por nuestros medios. ¿Te imaginas qué sucedería si le diéramos el mando del aire acondicionado a nuestro vecino? ¿Qué haríamos si necesitásemos subir la temperatura y el vecino no estuviera en casa? Admitir que uno necesita de otro ser humano mucho más allá de lo que sería sano y recomendable es el primer paso para solucionarlo. Estar enamorado y ser correspondido es precioso, pero tener novio no debe ser el único pilar de nuestra regulación emocional. Que mi novio sea mi amor y no el remedio a mi tristeza.

El miedo a la soledad, tan presente entre nosotros, es otro enorme vulnerabilizador para las dependencias. Si interioriza-

251

mos una imagen del mundo en la que nadie nos querrá jamás y, de forma inesperada y milagrosa aparece el amor, ¿cómo coño lo vamos a dejar escapar? Así, otro de los aspectos de las dependencias emocionales tiene que ver con la creencia implícita de que vamos a estar solos siempre. De nuevo recurriremos a la terapia de esquemas y al esquema disfuncional de «aislamiento social» (Young, Klosko y Weishaar, 2003). Los autores ponen como ejemplo a la comunidad gay por las dificultades que a veces tenemos para encajar en nuestros lugares de origen: «Hay un sector social en el que el paciente probablemente nunca encajará —como un paciente gay en un grupo fundamentalista religioso—, pero siempre habrá otros lugares en los que sí podrá encajar». Contra la soledad, aconsejan buscar a iguales. Por eso, para cualquier gay es tan terapéutico incluirse en un grupo LGBT, sea ese grupo de la naturaleza que sea: política, deportiva, cultural o de entretenimiento. A pesar de que las circunstancias de partida nos hagan sentir solos, afortunadamente la soledad no es un destino del que uno no pueda escapar.

Un apunte sobre la desesperanza y la falta de motivación

La tristeza no es lo mismo que la depresión. Esta incluye sentimientos de profunda tristeza, pero también se caracteriza por otros síntomas como la falta de interés, la pérdida del placer en las actividades cotidianas, variaciones en el peso corporal, el insomnio, la capacidad para concentrarse o la ideación suicida (APA, 2013). Una depresión es algo mucho más serio que estar triste y confío en que no las confundamos.

Muy similar a la depresión es otro estado psicológico conocido como «indefensión aprendida» (Seligman, 1972), descrita como un bloqueo y pasividad ante la vida, a veces acompañado de tristeza (a veces de ansiedad), mucha falta de motivación y con frecuentes pensamientos de derrota. Suele aparecer tras una larga serie de eventos dolorosos no previsibles y frente a los que no se puede hacer nada. Como supondrás, tras una vida llena de pérdidas y contratiempos de los que no podemos defendernos, es comprensible que muchos de nosotros desarrollemos esta indefensión que, a menudo, confundimos con estar deprimidos.

Ligada a la anterior, hay otra condición que se conoce como «desesperanza». Muchos autores las consideran equivalentes (Henkel *et al.*, 2002; Atherley, 1988) aunque otros diferencian entre el elemento conductual propio de la indefensión («no puedo hacer nada») y el elemento actitudinal de la desesperanza («no espero nada»). La desesperanza afecta también a muchos hombres gais y es una explicación de su falta de ilusión y de motivación.

Ya no esperamos nada. No queremos ilusionarnos con ese chico que acabamos de conocer, ¿para qué? ¿Un proyecto nuevo? ¿Para qué? ¿Apuntarme a una asociación? ¿Para qué? ¿Cambiar algo en mi rutina? ¿Para qué? Si, total, no va a pasarme nada bueno. No espero más que sobrevivir a esta vida que no me lleva a ninguna parte. La desesperanza se cuela en nuestras mentes poquito a poquito, disgusto tras disgusto. Nos roba la ilusión y se termina convirtiendo en un obstáculo que nos impide intentar hacer algo para cambiar nuestras condiciones (Camuñas, Mavrou y Tobal, 2019).

Para dejar atrás la indefensión necesitamos exponernos a la vida, pero, sobre todo, revisar el modo en que estamos evaluando nuestro afrontamiento. Lo primero es evaluar los problemas que tenemos por delante y ser conscientes de que habrá situaciones que no se pueden cambiar pero que, aun así, en muchas de ellas podemos modificar nuestra respuesta (empleando las estrategias emocionales y cognitivas del capítulo 5). En algunos casos nos sorprenderá que podemos enfrentarnos a los problemas. En esas otras ocasiones, será bueno perfeccionar nuestras herramientas de afrontamiento. La terapia centrada en soluciones (Watzlawick y Nardone, 2000) suele ofrecer buenos resultados en estos casos en los que necesitamos y podemos actuar.

Con la desesperanza haremos algo similar, aunque nos enfocaremos más en el componente cognitivo: nuestras expectativas y la evaluación que hacemos de nuestros resultados. ¿De verdad nuestros intentos han sido tan infructuosos? ¿Nuestras expectativas son realistas? Quizá esperamos imposibles, o quizá, a causa de la indefensión, no hemos intentado afrontar los problemas de la mejor manera posible. Por sentirnos indefensos no intentamos solucionar nada. Por no intentarlo, no arreglamos nuestros problemas. Al no arreglar nada, perdemos la esperanza de que algo mejore. A menudo hablar con otras personas (amigos, terapia de grupo, tu psico, etcétera) ayuda a tener esa otra perspectiva que nos aporta objetividad. Ya sabes: cuatro ojos ven más que dos. El siguiente ejercicio también te ayudará.

254

EJERCICIO. Mis logros

Cuando perdemos la motivación, viene bien repensar nuestros logros y fracasos. No hay ser humano en el mundo que no haya hecho algo positivo en su vida. Estoy seguro de que has desarrollado con éxito más de una y más de dos tareas o actividades. Decir que uno es «un completo desastre» no puede ser objetivo, aunque nos sintamos así de tristes y derrotados en este momento.

Este es un ejercicio de conexión con tu vida y puedes contabilizar desde logros muy básicos («Soy capaz de mantener mi higiene») hasta otros más extraordinarios («Creé una empresa» o «Terminé un doctorado»). Se trata de hacer una lista, lo más exhaustiva posible, de todo lo que has hecho en tu vida. En un primer momento entenderás que no eres tan inútil y has sido capaz de llevar adelante varios de tus proyectos. Posteriormente te darás cuenta de que, más que no haber hecho nada, lo que ocurre es que muchos de tus planes no han salido bien («Tengo un doctorado en algo de lo que nunca podré trabajar»). Comprobarás que, más que tristeza, tus sentimientos son de frustración y de fracaso. Y no es lo mismo sentirse triste que fracasado.

En el último caso, es importante que recuerdes que tú no controlabas todas las variables y, por tanto, por muy bueno que fueras, nada te garantizaba el éxito. Las cosas no salieron mal por un error tuyo, sino por unas circunstancias que no dominabas. Quizá debas aprender a planificar mejor. O quizá se trata de que aceptes que en la vida hay veces en que no conseguirás tus propósitos. Seguramente podrás reformular tus objetivos gracias a la madurez y amplitud de miras que te proporcionan esas experiencias fallidas. Con todo este análisis, verás puntos de mejora e invitaciones a nuevas acciones que, de seguro, te motivarán a continuar adelante. Aunque sea haciendo algo totalmente distinto. Pero sabiendo que sí puedes.

12

Culpa, sexofobia, nosofobia y las familias rotas

Esperando un castigo

¿*A*lguna vez has dejado solo en casa a un cachorrillo de perro? ¿Y alguna vez, al regresar a tu domicilio, has abierto la puerta, te lo has encontrado en mitad del pasillo y has visto cómo agacha la cabeza, acercando su cuerpecito al suelo y entrecerrando los ojos en plan «Me vas a echar la bronca»? ¿Y acaso no has pensado en ese momento «¡La que debe haber liado!»? Tu cachorro expresa su sentimiento de culpa mediante su lenguaje corporal. Quizá se ha comido medio calcetín tuyo. Él sabe que vas a descubrir el calcetín cuando entres en tu dormitorio, así que prevé una bronca. Ha hecho algo por lo que ya ha sido castigado antes y teme la correspondiente reprimenda. La culpa es la conciencia de haber hecho algo malo e incluye la expectativa de que uno va a recibir un castigo como consecuencia de sus actos. Como dice el refranero: «Quien algo teme, algo debe».

La mayoría de culturas han generado formas de mitigar la culpa mediante algún tipo de rito purgatorio. Al purgar, al sufrir, al sacrificarse, uno se libera de la culpa. Como si, con el daño que uno ha recibido, se requilibrase una «balanza cósmica» desequilibrada por el daño que uno ha causado. El catolicismo admite el perdón de los pecados con el sacramento de la confesión y su correspondiente penitencia. Algo similar ocurre con el ayuno de Yom Kipur en el judaísmo, o con la oración, la ablución y la peregrinación en el islam. El budismo habla de las «cuatro fuerzas» de la purificación y aunque entiende la expiación de forma diferente, incluye herramientas para alejar los sentimientos de culpa asociados a nuestros errores del pasado. En algunas corrientes, como la tibetana, existen rituales llamados «pujas», que además de meditar sobre una deidad, ayudan a «limpiar el mal karma» que uno ha creado con sus actos erróneos. En el hinduismo también hay rituales para librarse de los daños cometidos, siendo la inmersión en el Ganges uno de los que más conocemos. Las religiones de otros tiempos también incluían sacrificios para congraciarse con los dioses, de forma que en todas las épocas y en todos los lugares, cada cultura ha ofrecido fórmulas para liberarse de la culpa y gestionar otras emociones perturbadoras (Albertsen, O'Connor y Berry, 2006; Ano y Vasconcelles, 2005; Tong y Teo, 2018).

La culpa es otra de las emociones sociales, aquellas que solo pueden experimentarse en un contexto social. Puedo tener miedo ante un rayo o sentir tristeza por haber perdido una posesión, pero solo puedo sentir culpa si daño a otro ser. La culpa es distinta del miedo al castigo. Incluso si sé que mis actos no tendrán repercusiones negativas sobre mí, no podré evitar remordimiento por haber perjudicado a otros. En este supuesto, incluso puede que, lejos de temer el castigo, prefiera recibirlo para sentirme en paz con los perjudicados y conmigo mismo. Un par de ejemplos más serían la penitencia autoimpuesta con el propósito de poder tranquilizar nuestras conciencias o la confesión pública de la falta cometida, de forma que el perdón de los demás pueda, por fin, tranquilizarnos y liberarnos del remordimiento. La culpa implica empatía. Sin empatía no nos importaría en absoluto hacer daño a otros. Precisamente una de las características del sociópata es la ausencia de culpa, pues sufre un trastorno antisocial de personalidad que le permite hacer daño sin remordimiento. Todos los demás (con la excepción de los que se regodean en su *schadenfreunde*) experimentamos malestar si hacemos daño a otros. Un malestar que solo podemos superar mediante el perdón de aquel a quien hemos dañado.

Sin embargo, las cosas nunca son tan sencillas. Por ejemplo, ¿cómo le pido perdón a alguien cuya pista perdí hace años? En estos casos, los rituales simbólicos como la penitencia pueden ayudarnos a gestionar la culpa generada por los errores cometidos con personas a las que ya no podemos pedir perdón, porque ni sabemos dónde se encuentran. Otras técnicas menos *religiosas* incluyen actos como ayudar a personas que hayan recibido el mismo daño que uno ha causado a otras. Hay quienes se sienten mejor cuando comparten con sus amigos detalles de sus errores pasados. Y algunos escriben largas cartas que luego destruyen.

Por otra parte, también podemos sentirnos culpables aunque no hayamos causado daño. Por mucho que «ojos que no ven corazón que no siente», uno no puede evitar sentirse culpable si hace algo que otros desaprobarían, a pesar de que no lo vayan a saber jamás. En estos casos, la interiorización o presencia de otras personas en nuestras mentes hace que nos sintamos culpables incluso si ellas viven completamente ajenas a lo que hemos hecho. Te sientes culpable después de haberte tragado un buen lefazo en una zona de *cruising* porque si tu padre te llega a ver a cuatro patas mamando la polla de un desconocido, seguramente se habría llevado un buen disgusto. Algunos hemos aprendido que lo *malo* no solo es dañar a otro ser humano sino también follar con desconocidos. Biografías distintas establecen diferencias en nuestros sentimientos de culpabilidad. Muchos de los que se sienten culpables por haberse saltado alguna norma suelen dar más importancia a los demás que a sí mismos. Para ellos, las reglas ajenas son más importantes que las propias, y lo mismo podemos decir de las necesidades y de las preferencias. La forma de comenzar a vencer esa culpabilidad es entendiendo que las reglas, necesidades y preferencias propias son tan importantes como las ajenas y, en algunos casos, más importantes aún.

En resumen, cada ser humano experimenta culpabilidad de forma idiosincrásica. Encontramos a quienes sobrerreaccionan y se sienten culpables hasta de lo que no han hecho, a quienes se sienten culpables en su justa medida y a quienes no se sienten culpables más que si los pillan. Ya tenemos el marco general de referencia para entender mejor cómo la culpa puede afectarnos en tres aspectos muy concretos: en la relación que tenemos con el sexo, en la nosofobia y en la gestión de la salida del armario con la familia (especialmente si hemos estado casados con una mujer).

Sexofobia

259

Se relaciona con dos emociones sociales: culpa y vergüenza. Mientras que la nosofobia se asocia fundamentalmente a la culpa. Ambas (sexofobia y nosofobia) coinciden en implicar tanto a la sexualidad como a la culpa, así que he preferido abordarlas en este capítulo y no en el de la vergüenza. Y como habrás observado, en ambos términos el sufijo «-fobia» hace referencia a una reacción de ansiedad, así que tenemos una tercera emoción en este cuadro (ya sabes: a menudo aparecen reacciones emocionales mixtas). La vergüenza nos hace esconder lo que hacemos, la culpa nos hace temer un castigo y la ansiedad nos alarma. Y entre las tres consiguen que nuestra sexualidad corra el riesgo de convertirse en una mierda pinchada en un palo.

En lo tocante al sexo, culpa y vergüenza nos vulnerabilizan a:

– Tener mal concepto de nuestra propia sexualidad.
– Caer en mitos del amor romántico.

– Escindir amor y deseo sexual.
– Considerarnos malos amantes.
– Sentirnos pervertidos.

¿Te parece excesivo? Pues te doy algunos ejemplos cotidianos de mi consulta. La sexofobia no es algo exclusivamente homosexual, hay muchos heteros con problemas para sentirse cómodos con sus deseos sexuales y su puesta en práctica. El elemento diferencial en nuestro caso ha sido siempre la pátina de «antinaturalidad» con la que han vestido nuestros deseos y prácticas sexuales. Sigue habiendo quienes nos educan para creer que la sexualidad gay es enfermiza, desviada, promiscua o abusiva. Y por «quienes nos educan» no me refiero solo a nuestros padres, sino a medios de comunicación que reparten titulares amarillistas sobre la sexualidad gay, a los religiosos que lanzan sermones atronadores contra nuestros deseos, a algunas campañas de prevención de ITS que nos hacen creer que nos merecemos lo que nos ocurre «por no hacer las cosas bien» y a los que describen las aplicaciones, saunas o *sexclubs* como selvas de vicio y abuso. Vamos, que aquí todos hemos puesto nuestro granito de arena para que un porcentaje enorme de hombres homosexuales se sientan equivocados, viciosos, adictos o humillados después de follar. Y que haya tantos que se arrepienten del sexo que tienen y traten de huir de él. Por supuesto, no me refiero solo a aquellos que no se aceptan y después del *cruising* vuelven arrepentidos con sus novias prometiéndose a sí mismos que «nunca más», sino también a esos otros maricas asumidos que caen en todos y cada uno de los mitos del amor romántico.

¿Dónde está la sexofobia de estos últimos?, ¿acaso no se puede ser romántico? Al contrario, os lo ruego: ¡sed románticos! Pero imagina que le dices a alguien que tú eres un *gourmet* y que rehúsas comer *fastfood* para, acto seguido, anunciar que aspiras a alimentarte del «prana cósmico». No, no eres *gourmet*, eres un magufo por creer que puedes alimentarte de una supuesta energía cósmica. ¿Dónde está la magufada al decir que lo que tú quieres es «hacer el amor y no follar»? En que no conoces a un hombre (y, por lo tanto, no te puedes enamorar de él) hasta que habéis tenido suficientes citas. A lo largo de esas citas iniciales no haréis el amor, follaréis. Con cariño y ternura, pero no estarás haciendo el amor porque no os conocéis todavía y, por eso, no os amáis aún. Otra posibilidad es que tú denomines «hacer el amor» a follar con cariño y ternura. En ese caso, lo siento, pero tampoco estás haciendo el amor sino follando porque el sentimiento que hay entre vosotros en las primeras citas sigue sin ser amor, así que no «hacéis un sentimiento de amor», tenéis sexo. Folláis al estilo vainilla con caricias e intensidad suave. Pero folláis. En cualquier caso, y dado que «hacer el amor» no es más que un eufemismo, entiendo todos estos equívocos. Y si crees que a la segunda cita ya lo amas, puede que (muy a tu pesar), estés proyectando sobre él tus anhelos románticos. Probablemente te habrás *enamorado* de lo que tú quieres ver en él, no de lo que él es en realidad. Eso se llama «amor fatuo», y ya hemos hablado de ello. Y no, no argumentemos que queremos comprometernos seriamente en la relación desde la primera cita. Uno se compromete en un proyecto en el que puede sentirse implicado, pero es imposible que lo haga en algo que desconoce, a no ser que uno esté tan desesperado por sentirse implicado en algo que se mete en lo primero que le pase por delante. El resumen es que si no fueras tan sexofóbico, permitirías al sexo puro y duro hacer acto de presencia en los momentos de tu vida en los que toca. No necesitarás disfrazarlo de romance, te sentirías en paz al follar y no te apresurarías en convertir en novio a un hombre solo porque te pone cachondo. Y también enviarías a la mierda a todos esos *amigos* que van por la vida dando lecciones de moral.

Por otro lado, ¿sabes cuántos hombres vienen a terapia con la frase «Tengo un problema, no soy capaz de mantener rela-

261

ciones sexuales con los hombres de los que me enamoro»? Yo, que me conozco la película, empiezo a hacer preguntas con mi diálogo socrático a todo tren hasta que, efectivamente, me encuentro con los dos escenarios posibles en esta situación: que no es un problema suyo sino de pareja, porque no han trabajado su sexualidad lo suficiente como para evitar que se vuelva monótona y repetitiva, o que nunca estuvo enamorado de ese chico que era tan buena persona y con el que quiso intentar una relación porque era «el hombre que me convenía». Es este último caso el que tiene que ver con la culpa. Nunca deseó sexualmente a ese chico, pero le tiene mucho cariño, hasta el punto de llamarlo «amor». Uno también le tiene cariño a su gato y no se lo folla (porque si se defiende, te deja la cara como un cristo). Pero el amor incluye sexo (al menos en sus etapas iniciales). La falta de deseo convierte sus relaciones sexuales en un fracaso: mi paciente se siente fatal por no responder sexualmente y el otro se siente fatal por no sentirse deseado. Mi paciente está tratando de dar amor a un hombre por el que solo siente cariño. Venía a consulta con la aseveración: «Yo soy malo, mi sexo está desviado hacia los desconocidos, yo soy incapaz de relacionarme sexualmente con los hombres a los que quiero». Venía con la etiqueta «sexo gay = enfermo» grabada en la frente. Si no cargara con esa etiqueta, seguro que ni habría pasado por consulta porque se habría dado cuenta por sí mismo de que su único problema era querer forzar sus sentimientos. Que uno no ama a quien le conviene sino a quien le nace.

Ahí está la culpa: si algo no funciona bien en la sexualidad de un maricón…, ¡la culpa es del maricón! Tendemos a culparnos por nuestros deseos, por nuestras preferencias, por nuestras prácticas y por el mal funcionamiento de nuestras relaciones. Nuestro sentimiento de culpa primigenio se extiende y se inmiscuye en las demás áreas de nuestra vida. Sea lo que sea que suceda, ¡seguro que es por mi culpa! Pensamos que somos pervertidos, que no sabemos implicarnos, que somos incapaces de querer…, ¡en lugar de pensar que ni el amor ni el deseo pueden forzarse! Nos excedemos en la autoinculpación y perdemos la objetividad al analizar las causas de, como este caso, nuestras disfunciones sexuales. Y si nos equivocamos de causa y apuntamos en la dirección equivocada, ¿cómo pretendemos solucionar nada? Pues eso. Echarte la culpa de todo tapa la auténtica causa de lo que sea que te esté ocurriendo y nunca podrás solucionarlo de manera definitiva.

Hay otro tipo de sexofobia, relacionada con los roles sexuales y el machismo, que se mezcla fuertemente con la vergüenza. Recuerdo una vez, al comienzo de mi carrera en la psicología afirmativa gay, que viví la anécdota que me serviría de ejemplo para siempre jamás. Él no era un paciente, lo conocí en el mundo asociativo. Quiso hablar conmigo un rato a solas. Su vida era un caos porque su cabeza era un caos: falta de aceptación, mentiras, doble vida, alcohol, mala leche, serofobia interiorizada. Evidentemente, acabó fatal. La cosa es que una tarde se sentó delante de mí y me dijo: «Soy un pasivo en el cuerpo de un activo». «¿Cuerpo de un activo?», pensé. Creo que quiso hacer el paralelismo con esa explicación rancia sobre las mujeres trans que decía aquello de «Soy una mujer en el cuerpo de un hombre», pero le quedó un poquito cómico porque el tipo medía en torno al metro sesenta y no debía pesar más de 58 kilos. Era, digámoslo así, lo más alejado al estereotipo de «cuerpo de activazo» que se fabrica. Pero bueno, cada uno se expresa con las palabras que conoce y se explica a sí mismo como buenamente entiende. La cuestión es que siempre había querido hacer de pasivo, anhelaba «cabalgar sobre una polla como una perra y saber lo que se siente cuando te folla un macho de verdad (sic)», pero su vergüenza le impedía permitirse llevar a cabo esos deseos. Se masturbaba compulsivamente imaginando escenas en las que era rellenado por pollones de calibre 20-plus. Iba de sauna en sauna y de cuarto oscuro en cuarto oscuro buscando al activazo que le sacase la «zorra que llevaba

263

dentro». Para regresar después a su vida habitual con su marido pasivo, al que follaba sin mucho entusiasmo ni frecuencia, y a las bravuconadas públicas sobre lo que él era capaz de hacer con los culitos que se le ponían a tiro. Dos semanas más tarde, estalló un escandalazo en la asociación, este hombre desapareció y nunca más volví a saber de él.

Este caso es el ejemplo paradigmático de sexofobia en relación al rol sexual. Él y otros miles de hombres como él son incapaces de gestionar la vergüenza de que alguien pudiera ni siquiera sospechar que le gusta ser follado. Son hombres que sueñan con estar a cuatro patas sobre una cama mientras un tiarraco peludo los sujeta con sus manazas por las caderas y les hace balancearse al mismo ritmo con el que su polla les masajea la próstata culo arriba, culo abajo. Quisieran estar ahí, chorreando babas y líquido preseminal mientras sienten la deliciosa cadencia de unos huevos llenos de leche golpeando contra sus nalgas. Pero no lo pueden aceptar. No sueñan con un culito hospitalario, húmedo y ardiente, que se abra para recibir cada centímetro de sus pollas y que luego se apriete, una vez todo el rabo esté dentro, como si lo estuvieran abrazando y lamiendo simultáneamente. No quieren ser activos, quieren ser pasivos. Pero la vergüenza de dejarse follar por otro hombre los supera.

Los prejuicios contra el pasivo son muy antiguos, como ya sabes,[76] y muchos hombres, por más que sus fantasías eróticas, masturbaciones o el porno que miran tengan que ver con ser penetrados, son incapaces de ponerlo en práctica si no están muy borrachos o colocados. Nunca lo admitirán y vivirán siempre dos vidas: la visible, en la que mantendrán relaciones de cartón piedra (como decorados cutres de una vida que para él no es más que un gran teatro), y la oculta, en la que se permitirán ser ellos mismos y conectar con sus placeres. El problema es que en su gran teatro hay otras personas que se

---

76. Recuerda que para comprender mejor (y superar) la sexofobia, tienes *GS*.

toman muy en serio la realidad, que ponen el corazón y la carne en llevar adelante esa vida compartida, que están siendo engañadas y utilizadas por el actor. Y el drama también es que la vida de los placeres deseados suele tener lugar en la sordidez de lo oculto y, muy a menudo, con una buena dosis de droga o alcohol de por medio. Pero que nunca se vive con la plenitud de los cinco sentidos. Ambas son vidas a medias y, en este caso, la aritmética no funciona: dos medias vidas nunca suman una vida completa. Suman una tragedia total.

Nosofobia

Es el pánico a contraer una enfermedad, especialmente una ITS. Y no se justifica por la información que posee quien la padece, ya que a menudo sabe que la práctica sexual que ha mantenido no es de riesgo. Sin embargo, una distorsión cognitiva le hace exagerar la mínima probabilidad de infectarse que pudiera existir. Esa distorsión es producto de los niveles anormalmente altos de emociones como la ansiedad y la culpa. El temor a estar infectado se alimenta de «casos únicos», «probabilidades ínfimas» y otros bulos sobre la transmisión que pueblan Internet. Se trata de un problema fundamentalmente emocional porque la nosofobia desaparece a medida que la persona gestiona mejor (y reduce) sus niveles de ansiedad y de culpa. Y porque, a menudo, afirma: «Sé que es imposible que me infecte, pero es que no puedo dejar de preocuparme».

Como el ejemplo del cachorrillo con el que iniciábamos este capítulo, la nosofobia aparece en aquellos que esperan («anticipan», en términos psicológicos) un castigo. Te ruego que regreses a GS, releas el capítulo 16 y tengas presente lo que explico allí. O que te vayas a mi canal, veas todos los vídeos sobre VIH e ITS y puedas contar con la información que necesitas para no malinterpretar mis palabras cuando explico que tantas décadas de mensajes equiparando la salud sexual con «hacer las cosas bien» están en la raíz de vuestros problemas de nosofobia. La equivalencia entre «hacer las cosas bien» y la «salud sexual» entendida como «ausencia de ITS» es falsa. Tan falsa como era la sensación de seguridad del que se hacía una prueba de anticuerpos de la covid-19 y, si le salía negativa, se iba de fiesta (todos sabemos lo mal que acababa esa historia). Puedes follar siguiendo escrupulosamente las indicaciones de las guías de salud sexual de tu ONG más cercana, e incluso así, podías infectarte de alguna ITS. Cierto que si tomas PrEP, la probabilidad de infectarte de VIH es nula. Y si usas sistemáticamente el condón, la probabilidad de una transmisión es mínima. Pero la nosofobia no es un problema meramente cognitivo sino fundamentalmente emocional. Por eso, aunque tengas muy clara la teoría y tus prácticas sean totalmente seguras, seguirás acojonándote vivo después de cada follada (o mamada).

Además, la nosofobia no se relaciona solo con el VIH: la posibilidad de infectarte de sífilis, clamidea o gonorrea es igualmente problemática para un nosofóbico. En cuanto tengas sexo, el fantasma de la culpa comenzará a asustarte: «Has hecho algo malo, ¡buuuuh!, y eso supondrá terribles consecuencias para ti, ¡buuuuuh!». La nosofobia es muy frecuente en hombres que sienten culpa porque comienzan a experimentar con su homosexualidad y en aquellos que están teniendo relaciones fuera de una pareja (supuestamente) cerrada. Y también está muy presente en aquellos que son obsesivos en general. No os podéis imaginar la cantidad de *emails* que recibo de hombres heterosexuales que han tenido sexo con prostitutas y que me preguntan sobre los riesgos de haber contraído una ITS (no, no les contesto, no soy un servicio de información y, además, me dedico exclusivamente a la comunidad gay). Tampoco os podéis imaginar la cantidad de hombres gais que están recontracorroídos por la culpa de haber tenido una aventura sexual con un desconocido a espaldas de sus novios, y que se vuelven locos haciéndose pruebas de VIH antes de volver a tocar a sus chicos.

Dado que el componente obsesivo está siempre presente, alguien con pensamiento obsesivo tiende a sobrepensar acerca de casi cualquier cosa. Los chicos con TOC tienden a obsesionarse especialmente con ideas como que una salpicadura de semen podría infectarlos de algo. En general todos, al pensar en sus prácticas sexuales, repiten continuamente aquello de «y si...».

- ¿Y si el semen me entró en el ojo, que es una mucosa, y por ahí me infecté?
- ¿Y si él tenía VIH con mucha carga viral y con el líquido preseminal me infecté al chupársela?
- ¿Y si cuando se corrió sobre mi pecho, yo tenía alguna microherida por donde entró el virus?

Todas estas vías de transmisión del VIH han sido refutadas, no hay casos registrados y los pocos que lo afirman son sospechosos de mentir. Yo también tengo amigos que se han infectado «con el líquido preseminal en una mamada». Amigos que no saben que teníamos amantes comunes, de los cuales alguno me había dicho: «Ese chico tendrá un problema cualquier día porque a mí me pide siempre que lo preñe. Como se siga confiando, un día se llevará un susto». Cuando pasa el tiempo y tu amigo te cuenta que ha dado positivo, no le riñes, le das un abrazo. Y si él te dice que ha sido de una mamada, pues ha sido de una mamada y punto. No vas a ponerte a discutir con él sobre que sabes la verdad de lo que hizo, ni le vas a sonsacar si le avergüenza reconocer que él, como tantos otros, ha tenido una práctica de riesgo cuando se ha sentido en confianza. Ni siquiera para confortarlo recordándole que simplemente ha tenido peor suerte que otros muchos que han hecho exactamente lo mismo, pero que no han pillado nada. Lo que quieres es que tu amigo esté bien, que sepa que te tiene a su lado incondicionalmente y se acabó la discusión. Si su vergüenza lo lleva a ocultar la verdad, se lo pasas. El único problema es cuando deja de ser una mentirijilla que disculpas en un amigo y se convierten en testimonios que hombres avergonzados van dejando por Internet y a los que se aferra vuestra nosofobia para asustaros, obviando todos los informes científicos que os pueda presentar un profesional. El miedo y la culpa son así de hijos de puta.

Parte de la persistencia de la nosofobia la tienen los mensajes de fuentes supuestamente responsables e informadas que siguen dando información sobre salud sexual totalmente obsoleta o sesgada ideológicamente. Desde los conservadores que penalizan cualquier conducta sexual y magnifican sus posibles riesgos, a los antifarmacéuticas que nunca admitirán que una persona indetectable es intransmisible o que la PrEP es fantástica porque ambos son éxitos de esas empresas (cuando, en realidad, son éxitos de la comunidad científica que se ha dejado los sesos buscando soluciones). Para todos estos *infoxicadores*, lo que importa es su ideología, y maquillarán los datos siempre en función de ella. Lo de preocuparse por el bienestar de las personas ya, si eso, lo dejamos para otro año. En Internet vas a encontrarte con varias ONG de lucha contra el sida que te dicen que debes mamar pollas con condón o que el periodo ventana de la prueba «muy muy muy raramente (pero a veces) dura hasta seis meses». Lo que digan las guías internacionales[77] y lo de tranquilizar al que se hace la prueba, ya si eso, también lo dejamos para otro año. La nosofobia se aferrará a esta información y desechará todos los demás informes. Tu nosofobia te hace pensar: «Algunos dicen que no pasa nada, pero otros dicen que sí pasa, no puedo quedarme tranquilo», en lugar de: «Los informes serios y mayoritarios, que provienen de fuentes contrastadas y reputadas, dicen que no pasa nada mientras que unas pocas webs, que no ofrecen ni siquiera las fuentes en las que se basan, insisten en que sí podría ocurrir una infección. No sé, pero todo indica que las erróneas son estas últimas y no me-

---

77. https://www.cdc.gov/hiv/basics/hiv-testing/test-types.html

recen que les haga caso». Es como si ahora concluyeras que no puedes saber con seguridad que la Tierra es un esferoide puesto que también hay personas que dicen que es plana.

El cerebro suele caer en la «falacia del punto medio»: si hay dos visones sobre un asunto, la verdad debe estar en algún punto intermedio entre ambas. Pero la verdad sobre la forma de la Tierra no es un punto medio entre ser plana o ser un esferoide. La verdad es que nuestro planeta tiene forma redondeada y no te cuesta nada enviar a los terraplanistas a la mierda.

¿Por qué no haces lo mismo con los *iteeseplanistas*? En tu caso, la culpa y la ansiedad que experimentas te hacen desconfiar de las explicaciones tranquilizadoras. Cargas un guion mental que dice que vas a ser castigado. Y que el castigo por haber hecho las cosas mal es pillar una ITS. Es tu guion mental el que da veracidad a las hipótesis más locas sobre tu salud sexual. La culpa pone en marcha el guion de una peli en la que el protagonista (tú) recibe un castigo por sus malos actos. Si para mantener ese guion debes obviar los datos científicos que afirman que es imposible que te hayas infectado, los obvias y punto. Bueno, más bien los sustituyes por datos *iteeseplanistas* que sí encajan con el guion de tu película de terror. Una película en la que sufres las consecuencias de follar con unos y con otros sin tener pareja. O de comerte la primera polla que te enseñan en el bosque. Por puta. ¿Lo ves?

269

EJERCICIO.

Mari, te lo digo con cariño, léete el *Gay Sex* y ponte en serio a trabajar una mejor relación con tu sexualidad, que para eso te lo escribí. Y si te lo has leído, ha sido una lectura superficial y no lo has puesto en práctica. No puedes seguir por la vida creyendo que es malo follar mucho, que hace falta estar en pareja para tener sexo y todas esas mandangas. No puedes pasarte la vida pensando que estás haciendo algo terriblemente malo cada vez que follas o tragas semen. Tienes que quitarte la culpa de encima, y para eso, necesitas reconciliarte con tu deseo y despojarlo de cualquier condicionalidad para ponerlo en práctica. No puedes follar tranquilo a condición de estar en pareja o a condición de que sea un polvo vainilla haciendo el misionero. Debes follar tranquilo porque se debe follar tranquilo.

EJERCICIO 2.

Recopila todas las informaciones basadas en la evidencia sobre la transmisión de las ITS. A la fecha de publicación de este libro, llevo trece años trabajando exclusivamente con hombres homosexuales y nunca jamás nos hemos llevado un susto relacionado con la salud sexual cuando hemos trabajado la nosofobia. Nos basamos en información científica contrastada que puedes encontrar en todos mis anteriores libros y en mis vídeos del canal de YouTube. En *QMM* tienes un ejercicio sobre las aproximaciones sucesivas y habituación para superar la parte fóbica de la nosofobia.

Familias rotas

Recuerdo a un hombre en mi consulta que estaba a punto de divorciarse de su mujer tras haber aceptado su homosexualidad. Me preguntó si debía buscarse un abogado.

—¡Por supuesto! —le contesté—. Pero no porque el hecho de que seas gay vaya a complicar el divorcio, sino para tener alguien objetivo que te impida perjudicarte a causa de tu sentimiento de culpa.

He visto a docenas de hombres que se sentían tan culpables con sus esposas, que se arrastraban ante ellas en unos divorcios desastrosos. Renunciaban a su mitad de la casa, al coche y a todo el dinero que les pedían. En algunos casos soportaban sin rechistar que la exmujer determinase con quién sí y con quién no podían salir del armario. Algunos incluso aceptaban que su exmujer les prohibiese hablar con sus hijos sobre su homosexualidad «para no traumatizarlos». Por eso les aconsejo un abogado, para que la culpa no les haga despojarse hasta de lo que legalmente les pertenece. Y también les aconsejo terapia, para superar esa culpa que los ahoga y les hace consentir abusos como esos.

La culpa les hacía sentirse responsables del sufrimiento de sus esposas. Pero también del sufrimiento de sus hijos, de sus padres, de sus suegros y del resto de familiares. Para sentirse en paz, necesitaban purgarla sufriendo por los demás.

Con ellos tenemos que trabajar esa culpa comprendiendo que a veces uno daña a los demás sin ser una mala persona. Que muchísimos matrimonios se rompen porque el divorcio es una probabilidad real cuando uno se casa. Claro que me consta que hay hombres que deliberadamente buscan a una mujer que les sirva de tapadera social. Hombres que, una vez cubiertas las apariencias, hacen su doble vida yendo de *cruising*. Suelen ser muy conservadores, tanto de clases sociales altas como de comunidades rurales (en lo referente a la homosexualidad, el ámbito rural también es muy conservador). Pero no son representativos de la mayoría de homosexuales que se casaron con mujeres. La mayoría lo hizo creyendo que estaban enamorados de ellas, convencidos de que quizá no eran homosexuales sino bisexuales o que su homosexualidad fue «algo de la adolescencia». La mayoría tuvo hijos convencidos de que era lo que querían, no había mentiras en sus intenciones. Deseaban que aquella relación funcionase porque, en aquella época de su vida, lo único que querían era huir de su homosexualidad aferrándose a ese matrimonio. No tenían la menor intención de mentir ni de engañar a nadie. Y si alguien no tiene la intención de herir, ¿puede sentirse culpable de un daño que no deseaba causar? Este es un punto importante para gestionar la culpa: a pesar de que haya habido perjudicados, nunca hubo la intención de dañar a nadie.

Acto seguido conviene recordar que las parejas se rompen por múltiples causas. ¿Realmente es tan diferente que te divorcies porque por fin aceptas que eres gay a que te divorcies porque te has desenamorado? Lo digo en serio: ¿acaso crees que los que piden el divorcio a sus parejas porque ya no las aman no se sienten culpables? Ellos también piensan que debieron haberlo meditado mejor antes de casarse. O que debieron haberse esforzado más para mantener vivos los sentimientos. O que no han sabido preparar la situación para que la noticia sea menos dolorosa. Todos imaginamos escenarios ideales en los que no infringimos daño a ninguna persona implicada, pero todos son escenarios falsos. Porque si se rompe una relación, a no ser que la otra persona esté deseando separarse también, la ruptura será inevitablemente dolorosa.

Lo que hace cualquiera de nosotros siempre afecta a los que tiene alrededor. El interés de uno a veces supone perjuicio para otro, de modo que el conflicto es inevitable. En los hombres gais casados heterosexualmente, el conflicto siempre ha estado presente, aunque solo latente. Al principio nuestra homosexualidad no era más que algo que nos pasaba por la cabeza de vez en cuando y a lo que no queríamos prestar demasiada atención. Pero a medida que pasó el tiempo, nuestros verdaderos sentimientos fueron haciéndose más y más claros. Tuvimos una crisis de crecimiento: cuanto más diáfana era la conciencia de nuestra homosexualidad, más claro se hacía que esta no encajaría en la vida que habíamos construido. En ese momento, crisis y conflicto se convierten en las caras de nuestra moneda. Por dentro estoy en crisis porque no puedo seguir ocultando mis verdaderos sentimientos. Y apenas esa crisis se exteriorice, se convertirá en un conflicto con mi entorno.

Muchos describimos nuestros pasados *heterosexuales* como una gran mentira, pero nos convendría ser más rigurosos: no es lo mismo mentir deliberadamente que no poder dejar salir la verdad, o ni siquiera saber cuál es la verdad. Nuestras vidas *heterosexuales* fueron, en realidad, una gran ausencia de verdad. Hasta que no supimos fehacientemente cuáles eran nuestros auténticos sentimientos, no podíamos considerarnos mentirosos. En todo caso, hasta ese momento habíamos sido ignorantes o, como mucho, hombres llenos de dudas.

Si entraste en crisis porque no podías seguir ocultando la verdad, se debió a que tu conciencia no te dejaba vivir tranquilo. Solo pueden sostener dobles vidas alegremente quienes no sienten remordimientos. Esto es importantísimo: si vas a hacer daño a alguien saliendo del armario, se debe a que eres un hombre moral que no se perdonaría seguir faltando a la verdad con aquellos a los que quiere. Prefieres ser honesto y soportar las consecuencias antes que seguir escondiendo tu verdadera naturaleza. Quizá haya muchos que no lo entiendan así, pero yo creo que tú debes sentirte muy orgulloso por ser alguien que da tanto valor a la honestidad y que prefiere pasarlo mal antes que refugiarse en la cómoda mentira de una doble vida. También pienso que debes sentirte muy orgulloso de tu autoestima porque, por primera vez, estás dando a tus sentimientos el respeto que merecen, mientras que hasta ese momento los habías mantenido en el último lugar de tu lista de prioridades. La vas a liar parda, pero lo haces porque has reunido la suficiente autoestima como para respetar tus sentimientos y porque eres un hombre lo suficientemente honesto como para preferir el conflicto antes que la ocultación. Bien por ti.

Para ayudarte a afrontar el consiguiente conflicto, te aconsejo recapacitar sobre lo siguiente. En primer lugar, reconoce que la evitación solo ha servido para que te hundas más y más,

273

y no quieres continuar hundiéndote, ¿verdad? En segundo lugar, ponte en el lugar de tu mujer no para protegerla de un divorcio, sino para darle la oportunidad de ser feliz. ¿Tiene a su lado un hombre que la ama y la desea? No, te tiene a ti. La quieres de un modo fraternal, no como la amaría un hombre heterosexual. ¿Acaso ella no merece que la amen como la amaría ese hombre? Tras divorciarnos, cuando pasa el tiempo y nosotros nos enamoramos de un hombre, entendemos que nunca hemos amado tanto a nadie como a él. Que a nuestras exmujeres las quisimos, pero con unos sentimientos mucho más tibios, que en nada se parecen a los que experimentamos ahora. ¿Acaso ella no se hubiera merecido desde el principio que alguien la amase como amas tú ahora a tu novio? Sí, el divorcio le dolerá, se sentirá defraudada y hasta puede que traicionada. Pero la ruptura será el primer paso para que algún día encuentre a alguien que la quiera de verdad.

274   Por otra parte, ¿no te das cuenta de que ella también está viviendo su propio conflicto? Muchas mujeres se preguntan durante años qué falla en sus matrimonios porque no encuentran ni pasión ni entrega por ninguna parte. Muchas presionan a sus maridos para acudir juntos a terapia de pareja y averiguar qué cojones está fallando exactamente. Muchas, cuando escuchan a sus maridos decir: «Es que soy homosexual», hasta respiran aliviadas. El matrimonio no funciona porque es imposible, no porque no sepan hacerlo funcionar. No hay un problema que solucionar sino una realidad que asumir. Y eso es un alivio si somos capaces de entenderlo. Claro que vivirá una pérdida y le apetecerá muy poco iniciar un proceso de divorcio, separar las residencias, organizarse con las custodias de los niños y todo lo que viene a continuación, incluyendo tener que explicar a sus familiares y amistades cómo es que ella nunca sospechó nada (sí, es la primera pregunta que les hacen, las cosas son así).

    Por eso es tan útil la técnica de «concentrarse en el futuro» y poner encima de la mesa los beneficios de pasar por ese divorcio:

algún día ella estará en condiciones de mantener una relación con alguien que la ame hasta la médula y que vea en ella a esa mujer deseable que nosotros nunca vimos. Así, la idea principal que debes transmitirle es: «Soy homosexual, y esa es la razón por la que da igual cuánto lo intente, nunca podré hacerte verdaderamente feliz. Y tú te mereces alguien que sí pueda». O lo que es lo mismo: si tu culpa te hacía evitar decir la verdad, dale la vuelta y que sea tu altruismo el que te conduzca a verbalizarla. Tenéis un marrón por delante, pero si lo resolvéis, os daréis la oportunidad de que el futuro sea mucho mejor. El divorcio es una inversión en verdad y bienestar. ¿Culpa? ¿Qué culpa?

¿Y tus hijos? En *QMM* puedes leer consejos para salir del armario con ellos. Aquí hablaremos de cómo manejar la culpa. Con ellos te aconsejo que des a la culpa la misma vuelta que con tu mujer. La culpa te hacía creer que los perjudicarías gravemente si salías del armario, pero ya los estabas perjudicando con esa crisis en tu interior y tu falta de aceptación personal. No estabas siendo el padre que podrías ser si te liberas de ese malestar que cargas. Encuentra las ventajas que ellos disfrutarán gracias a tu *cambio*. Por ejemplo: en lugar de ese padre en crisis e infeliz, sé para ellos el modelo de persona que se enfrenta a sus miedos y lucha para defender su verdad. Que encuentren un referente en ti. Tus hijos tienen hoy un padre desgraciado, un hombre que no está pleno, ¿eso es lo que quieres que tus hijos vean en ti? No estás siendo el ejemplo de honestidad que podrías ser cuando salgas del armario. Tus hijos se merecen saber quién es su padre, y tú te mereces que tus hijos te quieran tal y como eres. Esa es la puerta a que tengáis una relación de afecto y confianza en el futuro. Quiérelos, dales tu amor incondicional y todos tus besos y abrazos. A ellos les importa sentirse queridos por su padre y poco más. Te prometo que muchísimos hombres han mejorado la relación con sus hijos tras la salida del armario. Se transforma en una relación de confianza y aceptación.

Siguiendo con la familia, también podemos transformar la situación con tus padres. En lugar de ver a tu madre como una paleta que «seguro que no lo entiende», date la oportunidad de verla como una mujer sensata capaz de cambiar su punto de vista. Y si tu padre se avergonzaba de tener un hijo homosexual, dale la oportunidad de demostrar que se ha convertido en una mejor persona y que no te pone condiciones para su cariño. Diles: «Papá, mamá, siempre he tenido miedo de vuestra respuesta, pero no quiero seguir viéndoos como dos tiranos capaces de obligarme a ser un desgraciado para siempre, quiero daros la oportunidad de hacerme entender que me queréis incondicionalmente». La pelota está en su tejado y la mayoría de los padres la devuelven con cariño. Al final, ¿sabes? Es cierto que uno no puede evitar algunos conflictos que desencadena en su vida, pero sí puede evitar prolongarlos.

276

EJERCICIO.

A lo largo de este apartado hemos llevado a cabo un ejercicio de redefinición de la situación que podría denominarse «elige la peor culpa». La lógica es la siguiente: no resuelves un conflicto por miedo a causar daños cuando, sin embargo, el no resolverlo ya está produciendo daños (e impidiendo otros bienes). Para encontrar la motivación que nos ayude a superar la culpa, debemos concentrarnos en los males que evitaremos y los bienes que favoreceremos. Simplemente sigue las pautas que ya has visto a lo largo de las páginas anteriores.

BLOQUE FINAL

El afrontamiento emocional

13

Afrontamiento emocional

Recuerda: pertinentes, proporcionales y adaptativas

$\mathcal{A}$ la hora dar una respuesta adecuada a nuestras emociones, es importante que sepamos encajarlas dentro del marco general de nuestra conducta. Las emociones son uno de los resultados de la interacción con nuestro entorno, pero no el único, y conviene entender los elementos que aparecen asociados a ellas. Elementos como los pensamientos que las acompañan, las acciones que ejecutamos al sentirlas, las funciones básicas que tienen esas emociones y los propósitos que pretendemos conseguir. Todo forma parte de una unidad. Además, estos elementos tienen lugar dentro de una estructura compleja de relaciones interpersonales y de interpretaciones culturales: nos influyen las emociones, verbalizaciones y acciones de los demás, y nosotros influimos en ellos. Aún más, los que interactúan directamente con nosotros son a su vez influidos por las interacciones que mantienen con terceras personas, de forma que, mediante esta influencia sobre nuestros interlocutores, los terceros también nos influyen a nosotros. Las relaciones humanas son un tejido inmenso de lazos e influencias mutuas. En esta realidad compleja, las reacciones son siempre debidas a múltiples causas. Por eso confío en tu inteligencia para entender que la realidad de cada ser humano es mucho más compleja de lo que pueda explicarse en un libro o informe científico, y que te toca a ti (quizá con ayuda de tu terapeuta) encontrar la aplicabilidad en tu vida de todo cuanto leerás a continuación, comenzando por recordar aquello de pertinentes, proporcionales y adaptativas del quinto capítulo.

1. Pertinentes. ¿Lo estoy interpretando bien?

Lo primero que nos interesa analizar a la hora de evaluar la respuesta emocional es su coherencia con el suceso que la dispara: ¿mis reacciones son pertinentes y proporcionales a ese suceso?

Siento ansiedad porque mi mente interpreta que estoy en peligro. Siento culpa porque mi mente interpreta que he dañado a otro. Como hemos ido viendo, la tristeza tiene que ver con las pérdidas, la vergüenza con creerse defectuoso y la rabia con sentirte atacado. Para comprobar la pertinencia de tu reacción deberemos preguntarnos: ¿corresponde mi reacción a la situación? La respuesta será «sí» en el caso de experimentar tristeza tras haber sufrido una pérdida, y «no» si experimentas ansiedad ante la noticia de que te premian con un ascenso. Cuando la respuesta es «no», lo más probable es que tu mente haya interpretado la situación en un sentido acorde a la emoción que has experimentado. O dicho más claramente: tus reacciones emocionales traslucen la interpretación que has realizado de la situación y esa interpretación puede ser correcta… o no. La pertinencia es un indicador de lo que significa la situación para ti. En el caso del ascenso, que tú hayas reaccionado con ansiedad en lugar de con alegría nos dice que, para ti, el nuevo puesto significa un desafío ante el que no te sientes preparado.

Otro ejemplo: mi novio me regala una chaqueta con toda su buena fe y yo me enfurezco: «Coño, que estoy en paro,

280

parece mentira. No tengo dinero para regalarle nada, me pone en un compromiso». Este caso concreto, donde un regalo no provoca ni sorpresa ni alegría sino enfado, muestra claramente que hay unas variables mediadoras, los pensamientos, que intervienen entre el evento desencadenante y mis reacciones emocionales. Y donde digo «pensamientos» digo también «creencias implícitas» y «razonamientos».[78] Este ejemplo está lleno de creencias implícitas. En primer lugar, la de que forzosamente tengo que devolverle el detalle haciéndole otro regalo. También la de que el regalo debe ser algo material y que me debe costar dinero. Y, en último lugar, pero más importante, la creencia implícita de que mi novio lo ha hecho a mala leche para ponerme en un compromiso. Tienes una reacción emocional impertinente (nunca mejor dicho) causada por unas presuposiciones y malas interpretaciones que vamos a analizar. Puedo comprender la de que «un regalo debe corresponderse», ya que forma parte de nuestra cultura. Lo que en absoluto se da por sentado en nuestra cultura es que tú creas que tu novio te recriminará que no le correspondas a pesar de que vayas corto de dinero. Una interpretación alternativa podría ser que tu chico no espera nada a cambio y solo te ha regalado esa chaqueta que te gustaba para darte una alegría en estos momentos en los que lo estás pasando mal.

Si te resulta difícil desentrañar tus presuposiciones, fíjate en tu reacción, ya que tu respuesta emocional no pertinente también es muy informativa. Si sientes vergüenza, quizá creas que es deshonroso estar sin trabajo ni dinero. Si sientes frustración, quizá sea porque te encantaría corresponder a su regalo y no puedes (y él te hubiera dicho que no es necesario pero que, si te sientes mejor haciendo algo por él, por qué no le

---

78 Un psicólogo cognitivo me mordería (con razón) al leer esta frase, pues «pensamiento» no es sinónimo de todo lo demás. Pero en la cultura popular entendemos «pensamiento» como «contenido mental», y en este sentido lo estoy empleando aquí.

regalas un masajito prostático de esos que tú saber hacer). Tu reacción fue de ira, y que te enfades con él significa que algo en tu mente está interpretando la situación como un ataque. En tu cabeza interpretas que tu novio quiere humillarte, hacerte sentir mal. ¿Es eso cierto? ¿De verdad tu novio es tan mala persona? ¿No será una mala interpretación por tu parte? Y si de verdad resulta que tu novio disfruta humillándote en público al demostrar que gana mucho más dinero que tú, ¿qué coño haces con alguien así? Fíjate en lo informativa que resulta tu reacción y cómo nos da pistas sobre los mejores pasos a seguir.

Otro ejemplo interesante es el de experimentar culpa cuando le pedimos a alguien que nos respete. En tal situación deberíamos experimentar pundonor («sentimiento de orgullo o amor propio que anima a mantener una actitud y apariencia dignas y respetables, nunca inferiores a las de los demás») porque está bien respetarse a uno mismo y eso implica hacerse respetar por los que nos rodean. Sin embargo, muchos de vosotros experimentáis culpa porque el otro se ha molestado. Lo único que pedís es que se os respete, el otro debería ser empático, entender que se ha equivocado y pedir disculpas. De todos los elementos a valorar, estáis dando más relevancia a su reacción emocional que a las normas de educación, según las cuales él debería respetarte. ¡Como si fuese más importante su enfado que el trato que tú mereces! Como si tu mente interpretara «algo debo haber hecho mal si él se enfada», antes que «si se enfada, que se enfade, solo faltaba que yo no pudiera pedir que me traten con respeto». Muchos hombres que han estado sometidos al chantaje emocional durante años (¡hay cada madre!) acaban siendo vulnerables a este tipo de interacciones donde todo se supedita a que el otro no se moleste, aunque no tenga razón alguna para molestarse y nosotros seamos los auténticos perjudicados. Al fijarte más en la reacción emocional del otro que en su comportamiento previo, hay más riesgo de que malinterpretes la situación.

Puedes tomarte la emoción como si te estuviese dando información complementaria. En el ejemplo del caso del ascenso, tu ansiedad deja claro que te sientes retado (y asustado) ante una promoción y que te convendrá ponerte las pilas durante unas semanas hasta que tomes el control de la situación. Tu ansiedad te dice: «No estás preparado del todo, sé cuidadoso».

Sin embargo, si una evaluación objetiva de la situación (puedes pedir opinión a tus jefes o compañeros) determina que sí estás suficientemente preparado, entonces puedes considerar tu ansiedad como una consecuencia de esquemas mentales obsoletos. Tal vez sigues viéndote a ti mismo como alguien defectuoso e incapaz. En este último caso, la forma más adaptativa de actuar sería no hacer caso a la emoción, tomar conciencia de que tu miedo tiene que ver con una antigua falta de confianza en ti mismo, revisar que estás totalmente preparado y confiar en que te han ascendido porque los jefes saben que eres el mejor para el puesto. Relájate, disfruta del reconocimiento y afronta tu nueva etapa con confianza (y con un poquito de trabajo interior).

2. Proporcionales. ¿Es para tanto?

Hay personas que se emocionan con una vehemencia apabullante y no solo debido a una impronta cultural. Hay culturas, como las mediterráneas, en las que somos muy expresivos y dejamos salir sonoramente nuestros enfados, penas y alegrías. En contraposición, otras como la nipona o las nórdicas son mucho más contenidas y apenas expresan emociones y sentimientos. También hay variabilidad dentro de cada una. Existen familias más chillonas y familias más silenciosas. Por eso, el contexto es importante para evaluar la proporcionalidad de nuestras reacciones.

Siempre nos referiremos a un contexto cultural concreto y evaluaremos a partir de los parámetros que esa cultura considera adecuados. No hablamos de un lapón reaccionando a un entierro en Ghana,[79] sino de un madrileño reaccionando en Madrid ante otros madrileños (o un bogotano en Bogotá con otros bogotanos, etcétera). Valoramos las reacciones emocionales de los demás conforme a los promedios que hemos ido interiorizando, de forma que, más o menos, estimamos cuánto por encima o por debajo de una reacción habitual está siendo la de esa persona. Así, si está muy por debajo, diremos que «pareció que ni le había importado», y si está muy por encima, que «se lo tomó fatal». Si esta reacción tan por debajo, lejos de ser anecdótica, se repite en el tiempo, diremos que tal persona «pasa de todo» o que «es muy fría». Si la que se repite es la de alta intensidad, diremos que nuestra amiga es «muy intensa» o, directamente, una *dramaqueen*. Solo cuando la reacción se repite consistentemente, la consideramos característica de esa persona. Mientras algo sea anecdótico, entendemos que todos tenemos mejores y peores días y no siempre nos tomamos las cosas de la misma manera. ¿Qué podemos deducir de una persona que reacciona sistemáticamente muy por encima o muy por debajo de lo esperable? ¿Qué información nos da su desproporcionalidad? Que podría estar bloqueada, que puede que haya adquirido a lo largo de su vida un modelo de frialdad o de dramatismo, que puede que su sistema emocional hiperreaccione (o hiporreaccione) o puede que lleve demasiadas emociones acumuladas porque no ha podido (o no ha sabido) expresarlas previamente. ¿Vemos algunos ejemplos?

Quedarse bloqueado es un clásico, ¿quién no se ha quedado en *shock* al recibir un impacto emocional fuerte? Todos hemos oído hablar de la negación y ya os he aclarado que puede ser el tiempo que uno necesita para darse cuenta de que algo ha

---

79. Curiosidad: un paciente al que su empresa envió a trabajar a Ghana me contaba hace años lo primero que le impresionó de aquel país: «Allí montan unas fiestas tremendas en los entierros, bailan cargando el ataúd». Luego se hicieron virales «los negros del ataúd».

ocurrido realmente. A menudo cuesta procesar algunas informaciones y, mientras eso sucede, es comprensible que no reaccionemos. En la cultura popular, expresiones como «me pinchan y no sangro» o «*pa* mear y no echar gota» se refieren a esa reacción emocional tan intensa que, simplemente, nos apagamos. Como los fusibles que, cortando el suministro de electricidad, impiden que una subida de tensión perjudique componentes delicados del electrodoméstico. Es preferible bloquearse que quemarse. Si lo vemos así, entendemos que, en realidad, estamos respondiendo óptimamente: «Esto es tan fuerte que necesito asumirlo poco a poco».

Sin embargo, otros pueden quedarse bloqueados por situaciones bastante nimias, que no justificarían la necesidad de procesar la información gradualmente. A estas personas les conviene darse cuenta de que hay determinadas situaciones que las bloquean, de que deben identificarlas claramente e ir exponiéndose gradualmente a ellas para dejar de reaccionar así. Si te bloqueas cuando alguien te lleva la contraria, puedes pedirle a un amigo que discuta contigo para que te acostumbres a defender tus opiniones. Luego ser capaz de participar en algún debate (o de un salseo en Twitter, tienes docenas cada día, puedes elegir), hasta que vayas siendo más y más capaz de reaccionar sin bloquearte. Lo importante es que hagas una aproximación paulatina, que tu entrenamiento en afrontamiento sea gradual. Ni se te ocurra aventurarte a una terapia de choque porque sería totalmente contraproducente: te volverías a bloquear y te sentirías más fracasado aún.

Por otra parte, existen personas cuyos sistemas emocionales hiperreaccionan. Es característico de alguien con TEPT mostrar muchísima ansiedad ante eventos que son poco o nada amenazadores en realidad. Cualquier grito puede ponerte el corazón en la boca. O una película con escenas violentas. Una ficción o un estímulo menor pueden desencadenar una respuesta muy intensa por tu parte. Por otro lado, el sistema

285

de alarma a veces reacciona sin necesidad de desencadenantes. Quien haya tenido un ataque de ansiedad conocerá bien esta situación: comienzas a respirar de forma agitada, sudas, el corazón se te acelera, tiemblas…, estás sintiendo pánico de buenas a primeras, sin que haya ocurrido nada que lo explique. Lo que ha ocurrido es que tu sistema de alarma se ha puesto en marcha por su propia cuenta. Si tú, en un intento de entender lo que te ocurre, comienzas a catastrofizar («¡Tengo un infarto!»), esos pensamientos cebarán tu ansiedad y aún será peor. Ante situaciones así, lo único que podemos hacer es aprender a modificarla mediante técnicas fisiológicas (capítulo 5).

Además de estos dos ejemplos de bloqueo e hiperreacción, una persona podría tener una reacción emocional sobredimensionada debido a otras razones. Algunos han crecido con modelos de expresión emocional disfuncional. Lo típico de «Mi padre era un burro, cuando se enfadaba la emprendía a gritos y golpes contra todos», o «Mi madre era una histérica, a la menor contrariedad montaba un circo y se tenía que meter en cama». Seguramente tu abuelo era otro burro del que aprendió tu padre, y quizá tu madre no tenía otra forma de afrontar unos problemas para los que se sentía inútil. Pero que tuvieran justificación no los convierte en mejores ejemplos y lo que te transmitieron fue un modelo disfuncional de reacción emocional que, ahora, necesitas remediar. En consulta, al hablar de las familias, siempre me gusta precisar: «No estoy buscando culpables sino causas», con la única finalidad de que entiendas que esto que te ocurre fue un aprendizaje y que, como tal, puedes desaprenderlo y asumir otro distinto. Te llevará tiempo y paciencia, pero lo conseguirás. En breve repasaremos las técnicas de afrontamiento emocional para que elijas las que mejor se adaptan a tu personalidad.

Finalmente, algo similar podemos decir de quienes terminan explotando en ira o en llanto porque han acumulado demasiada tensión emocional en lugar de haberla liberado poco a poco. Como siempre, recuerda que solo se consideraría un problema cuando va mucho más allá de una reacción puntual. Todos hemos tenido momentos en los que hemos ido acumulando emociones porque era imposible desahogarnos. Un ejemplo sería cuando un familiar está enfermo sin remedio y nos comemos la pena para que, en sus últimos días, solo vea caras sonrientes y el amor de su familia. Tras el fallecimiento, todos nos desmoronamos y lloramos su pérdida con el desconsuelo de todas las lágrimas acumuladas. Pero esta es una circunstancia justificada. Lo que no está justificado es que calles sistemáticamente, aguantes, pongas cara de conformidad mientras rabias por dentro y, al final, por la circunstancia más nimia, explotes y montes una bronca que ríete tú de Wanda Maximoff. No puedes pasar de ser Piolín al Demonio de Tasmania en 0,5 segundos. Seguramente si hubieses expresado tu disconformidad el primer día, lo habrías hecho calmada y razonablemente. Habrías llegado a una solución y tu mala hostia no habría escalado hasta el punto de que se oigan tus gritos desde la calle. Como ves, hay que aprender a canalizar las emociones, aunque sean desagradables. Es preferible expresar una disconformidad o una decepción que tener un ataque de furia en la oficina, ¿no crees? Venga, aprendamos a expresar y gestionar nuestras emociones de una forma constructiva.

287

3. Adaptativas. ¿Para qué me sirve?

Con los dos apartados anteriores comprendemos la importancia de que nuestras emociones sean adaptativas: deben ayudarnos a tener mejores relaciones con los demás, favorecer nuestra motivación, procurarnos más bienestar y resolver conflictos a largo plazo. Es natural que sientas mucha ansiedad si te hacen *mobbing*, pero la solución no se puede limitar a gestionarla, sino que debe ir más allá y denunciar a tu empresa. Igualmente, por más justificado que resulte que te enfades mucho cada vez que tu novio te pone los cuernos, la solución no es que canalices esa ira de forma constructiva, sino que la tomes como el impulso que te ayude a romper con alguien manifiestamente desleal.

Las emociones son más adaptativas cuanto mejor aprovechamos su extra de energía para desarrollar las acciones que solucionan el problema que las ha provocado. Que la culpa me sirva para pedir perdón a los que he perjudicado, que la vergüenza me sirva para ser mejor persona, que la ira me sirva para enfrentarme a quienes me dañan, que el asco saque de mi vida a las personas tóxicas, que la tristeza me sirva para pedir ayuda, que el orgullo me recuerde lo valioso que soy, que la alegría me sirva para hacer felices a los que tengo cerca y que el amor me sirva para recordarles lo importantes que son en mi vida.

Un programa de cuidado emocional

Imagino que ya hemos entendido que nos conviene incorporar en nuestras vidas el hábito del cuidado emocional. De la misma manera que el sedentarismo y alimentarnos con ultraprocesados acaban provocando obesidad y es preferible adquirir unos hábitos alimentarios y de ejercicio que compensen este problema tan propio del siglo xxi, también es bueno que adquiramos unas pautas permanentes para afrontar nuestras emociones de una forma más eficaz. Para que te resulte más sencillo recordarlas y ponerlas en práctica, te expresaré estas pautas en unos pocos principios básicos:

- Sal (un poquito) de ti mismo.
- Comparte con los demás en ambas direcciones.
- Prioriza tus buenos hábitos emocionales.
- A problemas concretos, soluciones concretas.

1. SAL (UN POQUITO) DE TI MISMO

Algunas técnicas de regulación emocional inciden en la idea de contextualizar y redimensionar los problemas. Si los humanos siempre fuésemos objetivos, esta recomendación no sería necesaria, pero somos seres subjetivos. Y esto no es ninguna enseñanza filosófica sino una perogrullada: somos subjetivos porque reaccionamos a lo que nos sucede a nosotros. Aunque gracias a nuestra empatía, somos los menos subjetivos de los seres vivos ya que somos los que mejor podemos ponernos en el lugar del otro.

A menudo no somos conscientes de lo enfocados que estamos en nosotros mismos: nuestras emociones, nuestros problemas, nuestras vivencias. Todo es «yo yo yo, mi mi mi, a mí a mí a mí». Cuando nos salimos un poco de nuestro egocentrismo, tomamos conciencia de que a todo el mundo le pasan cosas y de que no existe ninguna razón objetiva para pensar que nosotros íbamos a permanecer indemnes. Lo que nos ocurre a nosotros también les ocurre a los demás, y los demás siguen con sus vidas. Esto nos ayuda a tranquilizarnos y a pensar que si otros lo superan, ¿por qué no íbamos a hacerlo nosotros?

Por otro lado, no somos el centro del universo. Incluso puede que tanto empeño en subrayar los propios problemas encierre algo más profundo. Recuerdo un paciente que no quería salir de una crisis muy duradera porque si no tenía problemas, temía que los demás no le hicieran caso. Su matrimonio hacía aguas, pero prefería que su marido siguiese a su lado por pena antes que perderlo. Este chico resultaba tan extremadamente demandante que acababa siendo insufrible, y, bueno, las terribles consecuencias no se hicieron esperar: primero fueron cuernos y luego fue el abandono. Porque el marido no podía seguir soportando a alguien que solo sabía remover la mierda en todas las direcciones.

Habitualmente lo que desea alguien que sufre es liberarse del sufrimiento. Por eso resultan sospechosos los intentos para no librarse de él o los intentos poco voluntariosos de superarlo.[80] En terminología psicológica, el síntoma cumple una función que el paciente no sabe, no puede o no quiere satisfacer de otro modo. Habría que comenzar preguntándole por qué necesita tanto llamar la atención, por qué es tan demandante, y si no le convendría más recibir atención debido a algo distinto de sus problemas. Preguntarle si no resulta peor que todo el mundo lo abandone, cansados de tratar de ayudar a alguien que nunca tiene suficiente atención (algunos novios terminan con la salud mental destrozada a causa de parejas así).

Excepto casos tan complejos, la mayoría agradecemos salirnos de nosotros mismos y darnos cuenta de que el destino no está confabulado contra nosotros y que a todo el mundo le ocurren cosas desagradables, incluso a las buenas personas. Que no nos ocurren porque seamos más torpes ni más tarados que otro cualquiera, sino por simple y pura mala suerte. También ayuda saber que son problemas que pueden superarse y que siempre puedes encontrar apoyo en quienes pasaron por esos mismos problemas. Por eso es tan importante el próximo consejo.

2. COMPARTE CON LOS DEMÁS EN AMBAS DIRECCIONES

Solo con saber que todos tenemos problemas, uno ya experimenta alivio. Especialmente si sabe que los demás lo pueden ayudar. De la misma forma que no concebimos un ser humano sin su dimensión cognitiva ni sin su dimensión emocional, tampoco podemos concebirlo sin su dimensión social. Los demás forman parte de nuestro ser. Y nosotros del suyo. Muchas técnicas emocionales tienen que ver con el apoyo social.

---

80. Por favor, que quede claro que no estoy hablando de trastornos en los que la voluntad de la persona tiene muy poco margen de maniobra: depresión profunda, bipolaridad, brotes psicóticos, etcétera.

A menudo descubrimos que el mayor problema de alguien que acude a consulta porque no sabe gestionar sus emociones es que carece de una red social funcional para sobrellevar los avatares de su vida. Las personas aisladas tienen peores resultados emocionales. Así pues, la primera recomendación no puede ser otra que socializar y aprender a ser amigo de los demás. Aprende a compartir, a interesarte por ellos, a cuidarlos, a ayudarlos, a dedicarles tiempo. Sal de ti y tus necesidades y empatiza con las de los demás.

Para mí, lo que más subraya la prosocialidad de nuestra especie es que el apoyo no solo resulta beneficioso cuando lo recibes sino también cuando lo proporcionas. Y aquí no me refiero a que seas beneficioso para aquellos a los que apoyas (que también), sino a que tú mismo resultas beneficiado de estar ayudando a los demás. Pregunta a cualquiera que haga voluntariado y te explicará lo gratificante que le resulta dedicarse a eso unas horas a la semana: «Te olvidas de tus problemas por un rato», «Te hace sentir útil», «Te emocionas cuando te dan las gracias». Ocuparte de problemas ajenos, siempre dentro de un equilibrio y sin convertirte en un rescatador, ayuda a contextualizar los tuyos. Así que te recomiendo explorar tu dimensión social. Muchos la tenemos atrofiada por todas las dificultades que pasamos en nuestra infancia y adolescencia, aunque, por suerte, la sociabilidad no es una pieza que se quede rota para siempre, sino más bien una planta que, si la vuelves a cuidar, se recupera.

3. Revisa los fundamentos de tu gestión emocional

Hay unos cuantos elementos que resultan básicos para una buena gestión emocional y sería genial que revisases cómo los llevas:

    – **Salud**. Pues sí, salud. ¿A que cuando estás enfermo te pones de mala hostia y no estás motivado para hacer nada? Pues eso. Todo lo que puedas hacer por mejorar tu salud redundará positivamente en tu gestión emocional, y al contrario, todo lo que perjudica tu salud repercutirá negativamente en tus emociones. Y no es necesario nada extraordinario, basta con comer bien, algo de movimiento, dormir lo adecuado, etcétera.

– **Amigos**. Por enésima vez: una buena red social es uno de los fundamentos más importantes de tu salud emocional. Si no la tienes, por favor, ponle remedio lo antes posible. Sí, sé que la pandemia ha devastado nuestras redes de amigos y los espacios de socialización, pero intentemos todo lo que esté en nuestras manos para recuperarlas lo antes posible. Ea, no insisto más.

– **Autoestima**. Recuerda que la vergüenza y la culpa tenían que ver con una escasa autoestima. Si mejoras esta, disminuirán (o desaparecerán) las otras dos. También la ira (porque te sentirás menos atacado) y la tristeza (porque te sentirás más confiado). En general, a mejor autoestima, mejor funcionamiento emocional.

– **Autoeficacia**. Se relaciona con la autoestima porque es la convicción sobre la propia eficacia, la confianza que tengo en mis capacidades para solucionar mis problemas. Se refiere tanto a las capacidades para afrontar los eventos de la vida, así como a asuntos más específicos de tipo jurídico, médico, etcétera. Saber buscar ayuda eficazmente también favorece la autoeficacia. Más de un paciente, además de la terapia, ha necesitado apoyo legal o asesoramiento fiscal. A medida que ha aprendido a llevar mejor sus asuntos, se ha sentido más tranquilo y confiado. Es decir, cuanta más seguridad tengas acerca de que tus asuntos se pueden resolver (y cómo hacerlo), menos frustración, menos ira, menos tristeza y menos ansiedad. Y conocer técnicas de regulación emocional también favorece tu autoeficacia.

4. A PROBLEMAS CONCRETOS, SOLUCIONES CONCRETAS

Mi principal recomendación es que no divagues, que concretes. A menudo lo comento con mis pacientes y amigos americanos del Cono Sur: los chilenos y los argentinos tenéis tan interiorizado el modelo de «terapia equivale a tumbarme en un diván durante años y años para divagar sobre mis problemas y llegar a lo más profundo de mí mismo» que, al final, no salís nunca de la terapia. A vuestros analistas les viene bárbaro que los visitéis cada semana para hablar, hablar y hablar mientras ellos murmuran algún «ajá» de vez en cuando. ¿Qué mejor forma de costearse el descapotable y la villa con jardín? Pero ¿de verdad es necesario que rumiéis tanto vuestros problemas? A lo mejor resulta que el ser humano es tan creativo que puede inventarse problemas donde no existen, patologizar conductas que son normalísimas o simplemente divagar y divagar sobre lo divino y lo humano durante años. Que si mi papá me dijo, que si mi mamá me hizo, que si mi abuelita no cocinaba tortas. Pero ¿esto nos conduce a alguna parte? No. De hecho, estos métodos no han demostrado eficacia y no se consideran psicología científica; ¡sorpresa: el psicoanálisis ni siquiera se considera psicología!; esto es lo primero que nos enseñan en la facultad a los psicólogos, por eso nos resulta tan chocante que la cultura popular siga relacionando nuestro trabajo con esa metodología decimonónica.

Un paciente (y ahora amigo) chileno me decía: «¡Es cierto! Pero es que nuestra cultura nos lo propicia. Y nuestra literatura: Neruda, Gabriela Mistral, nuestros autores se dedican a ir a lo más profundo de lo más hondo de lo más interior del ser humano…, y tienes razón: ¡solo rumian! No llegan a ninguna parte». Por eso, desde hace años, en psicología, entendemos que lo más importante es aplicar las técnicas concretas que funcionan en los problemas concretos que debemos abordar. Divagar solo sirve para que tu analista se compre un yate.

Técnicas aplicadas

Para regular bien nuestras emociones es bueno que sepamos qué tipo de técnica se ajusta mejor a nuestro objetivo. Con tal propósito, haremos un resumen de las que vimos en el capítulo 5 y pondremos algunos ejemplos de cómo se pueden aplicar a los diferentes tipos de emoción.

Comencemos con un vistazo rápido a la tabla 1, a partir de la cual ya podemos extraer algunas conclusiones. Desde luego, la clasificación no es exhaustiva y seguro que hay formas de aplicar todas y cada una de las técnicas para todas y cada una de las emociones. Yo he marcado las más obvias.

TABLA 1. TÉCNICAS DE REGULACIÓN EMOCIONAL Y TIPO DE EMOCIÓN

	ANSIEDAD	VERGÜENZA	IRA	TRISTEZA	CULPA	ENVIDIA
TÉCNICAS SOCIALES						
Seleccionar la situación	X	X	X	X	X	X
Controlar la situación	X	X		X		
Distracción	X	X		X		
Modificar la situación	X		X		X	X
Apoyo social	X	X	X		X	
TÉCNICAS COGNITIVAS						
Aceptación	X	X		X	X	X
Reenfocarse en planificación	X	X		X	X	X
Reenfoque positivo	X			X		
Reevaluación positiva	X	X			X	X
Poner en perspectiva	X	X			X	X
TÉCNICAS FISIOLÓGICAS						
Relajación	X		X			
Deporte	X		X			
TÉCNICAS EMOCIONALES						
Desensibilización sistemática	X	X				X
Flooding	X	X		X	X	
Prescripción del síntoma	X	X	X	X		

Como ves, la ansiedad es una emoción que se puede abordar con todas las técnicas que conocemos. Esto no debe sorprenderte, ya que gran parte del desarrollo técnico de la psicología de las emociones tiene que ver con el afrontamiento de la ansiedad, puesto que resulta una problemática muy extendida y, además, causa problemas graves de salud, como infarto o tensión arterial elevada. Por otro lado, la ansiedad junto con la ira son las emociones que más se benefician de las técnicas fisiológicas, y eso es debido a que comparten un rasgo: una gran activación fisiológica. Así, cualquier técnica que disminuya la activación fisiológica supondrá una disminución evidente de ira y ansiedad.

A la ira, por cierto, le va muy bien que la expresemos, así que grábate en vídeo cagándote en la puta estirpe de ese cabrón de mierda que te está jodiendo la vida y ya verás cómo te sientes mejor. Hablar con los amigos tipo Tarde de Mierda o «aquelarre contra mi jefe» sigue siendo la opción perfecta para exteriorizar la ira sin que se vuelva contra ti. En la discreción de la intimidad, y sin que pase a mayores, desahogarse es lo más humano.

A la culpa le van muy bien las técnicas cognitivas, pues son las que nos permiten interpretar mejor lo sucedido. Si nos damos cuenta de que no hubo voluntariedad o de que el otro también tuvo parte de responsabilidad, la culpa (o gran parte de ella) se desvanece. Aunque si efectivamente hemos sido responsables del daño, aún podemos recurrir a técnicas sociales como la de modificar la situación y resarcir del daño.

La vergüenza se beneficia mucho de técnicas que tengan que ver con la exposición. Si te avergüenza tu pluma y la sacas en un festival *drag*, igual vas perdiendo la vergüenza. Lo mismo que si estás canijo y te sacas la camiseta en una fiesta. Llega un momento en el que estás tan harto de mostrar lo que te avergüenza que deja de avergonzarte. El apoyo social también funciona con esta emoción: compartir con tus amigos tus momentos más humillantes tiene una parte de exposición al ridículo y otra de apoyo social; no solo se te pasa el sofoco de haber sido una ma-

marracha, sino que los amigos te apoyan incondicionalmente (porque ellos también han mamarracheado alguna que otra vez).

Para el tratamiento de la envidia, con frecuencia el simple hecho de darse cuenta de que uno la está sintiendo ya hace que la controlemos. Saber que somos envidiosos nos resulta tan aversivo que nos esforzamos en dejar de serlo. Las técnicas cognitivas van muy bien para darnos cuenta de que en el fondo nos sentimos inferiores e incapaces de conseguir aquello que envidiamos. Este tipo de técnicas también sirven para darnos cuenta de que envidiamos a personas cuyas vidas en realidad no queremos. O que no estamos valorando suficientemente otros aspectos nuestros que algunos admiran. O que nuestro sistema de valores da mucha importancia a cosas que, quizá, no son del todo deseables. Ganar más dinero que todos tus amigos quizá no debería ser una prioridad y, tal vez, si no le dieras tanta importancia al dinero, no envidiarías el aumento de sueldo de tu amigo Juan. Las técnicas de exposición, sin embargo, funcionan siempre que sean graduales, vete con ojo, no sea que termines reforzando tus sesgos por culpa de una exposición mal calculada.

Y, por último, recuerda que la tristeza es una emoción fácil de regular si la expresas, y que, desde su origen evolutivo, es una llamada para que nos brinden ayuda. Por tanto, es lógico que las técnicas que mejor funcionan con la tristeza sean las relacionadas con la expresión y con el apoyo social.

Te recomiendo que seas creativo combinando técnicas o imaginando modos concretos de aplicarlas, pero si quieres unas pautas, te enseño algunos ejemplos prácticos que puedes utilizar.

Ansiedad

1. Distracción. Técnica del Flujo *Candy-Crush*

Habitualmente usas esta técnica, pero no eres consciente de ella. ¿Te das cuenta la cantidad de horas que echas en Grindr cuando estás ansioso? ¿O cómo no te importa llevarte trabajo a casa para el fin de semana y, así, mientras piensas en los informes, no piensas en que las cosas no van bien con Alberto? O la cantidad de maratones de series que te pegas, ¿de verdad eres tan seriéfilo? Parece que las técnicas de distracción te funcionan bien, ¿no?

Ok, pues ya que distraerte te viene genial para no pensar en lo que te pone nervioso, vas a hacerlo con conocimiento científico: busca el *flow*. Pero no el *flow* maravilloso de esos que se mueven como si danzasen (ya quisiéramos) sino el «flujo», como estado psicológico (*flow* en inglés, ver Csikszentmihalyi, 1997). El nombre que doy a la técnica viene de un paciente, experto en *marketing* digital, que me explicaba que el *Candy-Crush* tuvo tanto éxito porque mantiene el equilibrio entre el reto y la abordabilidad: no es tan fácil como para que te aburras, ni tan difícil como para que te frustres. Ese equilibrio esfuerzo/logro nos hace «entrar en *flow*», que es esa sensación de que «el tiempo pasa volando», tan característica de una tarea que mantiene ese equilibrio entre reto y abordabilidad. Búscate un *hobby*, algo que, cuando te pongas a hacerlo, «entres en flujo».

Necesitamos algo que te motive y en lo que te concentres, pero que suponga placer. Un paciente mío se aficionó a los legos, otro tejía bufandas, otro pintaba figuritas de WOW, otro montó un pequeño huerto urbano. Se trata de buscar tareas que mantengan tu atención ocupada en lo que estás haciendo, pero, a la vez, sencillas y fáciles de aprender. Lo único que importa es que te secuestren placenteramente la atención y que gracias a ese «flujo» tu mente descanse y tu activación fisiológica disminuya.

2. Prescripción del síntoma.
Técnica Los 19 Minutos de Agonía

Cada día, durante 19 minutos (ni uno más ni uno menos), debes ponerte ansioso. A lo largo del día ve anotando en algún lugar los problemas en los que tendrás que pensar cuando lleguen tus 19 minutos de agonía. Entonces saca las anotaciones y comienza a pensar con el mayor número de detalles posible en cómo cada contratiempo se irá complicando y transformándose en un problema realmente jodido y en cómo terminarás destrozando tu vida tal y como la conoces. Ponte en lo peor, imagina cada escenario, cada acción y cada paso que te conducirán al desastre total. Debes hacerlo cada día, sin falta ni excusas: 19 minutos, ni uno más ni uno menos. Cuando hayan pasado dos semanas podrás leer el Anexo 1, donde explico lo que puedes esperar de esta técnica, ¡pero solo puedes leer el anexo a los catorce días de estar cumpliendo la tarea!

Vergüenza

1. *FLOODING*. TÉCNICA QUEDA EN RIDÍCULO

Vete a la calle Pito del Sereno (o a la que quieras) y, una vez allí, pregunta a tres personas diferentes: «Perdona, la calle Pito del Sereno ¿por dónde queda?». Puede que alguno hasta te señale el letrero con el nombre de la calle y te mire como pensando si no serás un poco corto. Y se trata justo de eso: de que superes tu vergüenza pasando vergüenza.

Saluda a alguien por la calle con toda tu efusividad y cuando estés a punto de abrazarlo, haz como si te dieras cuenta justo en ese momento de que te has confundido, aborta el abrazo y pídele excusas con la misma efusividad.

Lleva la camisa mal abotonada, o un calcetín de cada color o cálzate zapatos diferentes en cada pie. Queda en ridículo hasta que te des cuenta de dos cosas: que raramente alguien se fijará en ti y que quien se fija mantiene la discreción o te avisa con educación.

Tus temores sobre un linchamiento social si haces el ridículo alguna vez no tienen fundamento ninguno. Si te avergüenza una parte de tu cuerpo, muéstrala sin pudor, pero, por favor, sin caer en ese error de subir fotos pidiendo casito, tipo «Estoy gordo como una ballena» cuando se te pueden contar las costillas a simple vista.[81]

Sube una foto subido en el flamenco rosa de la piscina (todos los maricones tenemos una de esas), en la que se vean las estrías de tu vientre. Y te darás cuenta de que la mayoría presta más atención al vello de tus piernas, a tu sonrisa o a tus pezones que a tus estrías.

2. REEVALUACIÓN POSITIVA. TÉCNICA DEL KAMASUTRA

Ya he explicado en los capítulos sobre autoestima erótica de *GS* que muchos hombres se sienten avergonzados del tamaño de sus pollas porque no alcanzan los estándares del porno. La mayoría de pollas están en la media. Pero es que, además, las pollas que están por debajo de los 14,5 centímetros también proporcionan mucho placer. Para no sentirnos avergonzados a la hora de follar, necesitamos reevaluar en positivo nuestras pollas y pensar que, lejos de ser un problema, suponen una oportunidad puesto que, al no doler, permiten el placer anal de tus parejas desde el primer momento. Si además conocemos posturas como el trepador o el acordeón, la estimulación prostática que podemos ocasionar en nuestros compañeros sexuales será inmensa. Nos conviene reevaluar la situación y pensar: «Este chico quiere follar con un hombre, no con un dildo, así que lo que espera de mí no es tamaño sino creatividad, comunicación y sorpresa, ¡y de eso me sobra!». Piénsalo. O relee *GS*.

299

---

81. A no ser que tengas tal disforia que realmente te veas gordo como una ballena. En ese caso, mejor entra en la consulta de un especialista en trastornos alimentarios antes que en Instagram.

Ira

1. DEPORTE

En serio, haz deporte, libera tu ira. Practica boxeo y métele palizas al saco. Piensa que es tu jefe, tu exnovio, el *bully* del instituto o quien sea. O sal a correr y agótate. O haz *spinning*, zumba o lo que te dé la gana. Pero hazlo a diario, libera esa puta rabia que te come por dentro y que no te permite ser buena persona. Hazlo. ¡Ya!

2. CONTROLA LA SITUACIÓN.
TÉCNICA MI REMANSO DE PAZ

Si sabes que determinadas situaciones te superan y te sacan la mala hostia, no las vivas. No entres en polémicas, no tengas Twitter, no te afilies a un partido, sé tu propio jefe, no discutas. Que tu vida sea un remanso de paz donde no tienes conflictos con nadie. En serio, prueba con todas tus fuerzas, al menos durante catorce días a evitar, por todos los medios, cualquier situación que te saque la mala leche. A los catorce días puedes ir al Anexo 1 y leer qué resultado esperamos.

Tristeza

1. SELECCIONA LA SITUACIÓN.
TÉCNICA MI DIETA SIN DRAMAS

Si estás blandito porque lo acabas de dejar con tu novio o ha muerto un familiar, tienes derecho a evitar despeños emocionales cada dos por tres. Ve solo comedias. Oye solo música alegre. Mantén solo conversaciones divertidas. Tienes derecho a decirle al mundo que, durante el periodo en el que te recuperas de tu duelo, vas a estar sin dramas. Carga *No quiero más dra-*

mas en mi vida[82] en tu *playlist* y vete escuchando la letra por donde vayas: «No quiero más dramas en mi vida, / solo comedias entretenidas. / Así que no me vengas con historias de celos / llantos y tragedias, no». ¡Y que te sirva de mantra!

2. Aceptación. Técnica de Expresión Artística

¿Cómo crees que estaba Neruda de ánimos cuando escribió aquello de «Puedo escribir los versos más tristes esta noche»? Pues no, chica, no estaba precisamente como para llevárselo de fiesta, Pableras estaba que no se aguantaba de la pena, pero transformó toda esa tristeza en poesía. No rechazó su tristeza, la aceptó, la abrazó, la comprendió y la transformó en arte. Porque el arte, en cualquiera de sus vertientes, es fundamentalmente una expresión de las emociones del autor (o autora).[83] Hemos expresado nuestras emociones mediante el arte desde que somos humanos. Canciones sobre la alegría cantadas en la tribu durante las noches de celebración, las historias nostálgicas que recuerdan los lugares de los que tuvimos que emigrar o los ritos fúnebres para familiares fallecidos, todas son canalizaciones de nuestra tristeza mediante la expresión.

La técnica que te propongo consiste en que compongas algo: un poema, una canción, un microrrelato, lo que sea, pero que exprese tu tristeza. O que la plasmes en un cuadro, o en una escultura de arcilla, o en una coreografía o en un discurso frente al mar. Expresa tu tristeza con todo lo que seas capaz. Si escribes algo, tómate tu tiempo para revisarlo, corregirlo, ampliarlo, reducirlo, cambiar palabras o su estructura. Porque se trata exactamente de eso: de que aceptes tu tristeza, la abraces y la conviertas en algo hermoso que, nunca mejor dicho, «merezca la pena» leer (o contemplar o escuchar).

---

82. Álbum *Cuatricromía*, Fangoria (2013).
83. O *autore*.

Culpa

1. MODIFICAR LA SITUACIÓN.
TÉCNICA ME LLAMO EARL

La comedia de Greg García narra la vida de un exdelincuente que, a raíz de comenzar a creer en el karma, se siente en la obligación de rectificar todas sus malas acciones del pasado. Capítulo a capítulo, se narran peripecias de lo más surrealistas en el condado de Camden. Te pido que, si te sientes culpable, hagas una lista de los daños que has causado y que hables con las personas implicadas. Seguro que tu lista no pasa de media docena. No da para una serie, pero te sentirás igual de bien que Earl cuando te tomes un café con tus acreedores y les pidas perdón. Es bueno reconocer que uno ha hecho mal algunas cosas y algunas personas se merecen que les demos la oportunidad de perdonarnos después de haber escuchado nuestras disculpas. Algunos te pedirán muchas explicaciones. Dales las pertinentes sin asumir culpas que no te corresponden. Algunos no podrán perdonarte si el daño que les hiciste fue terrible, pero a ti te ayudará mucho expresar tu arrepentimiento y saberte mejor persona que la que fuiste en el pasado. Otras, sin embargo, cuando les pidamos excusas puede que quieran aprovechar nuestra aparente debilidad para atacarnos. Se sorprenderán mucho cuando les respondas: «No confundas mi petición con una muestra de debilidad ni de necesidad, yo puedo vivir sin ti perfectamente. No trates de sacar ventaja, a no ser que quieras quedar retratado». En ese caso, sabremos que seguimos enemistados con ellos por algo que no es culpa nuestra. El caso es que cuando termines con la tarea, podrás decirte a ti mismo que si te llevas mal con alguien ya no es por tu culpa y que el hombre que eres hoy nunca hubiera causado el daño del que te sentías culpable.

2. Apoyo social.
Técnica El Concurso de Cagadas

Reúne a tus mejores amigos, debe ser un grupo donde todos os tengáis mucha confianza y os queráis incondicionalmente. Al menos debéis ser tres, idealmente cinco. Cada uno escribe en un papel algo por lo que se sienta muy culpable. Se meten todos los papeles en una bolsa y alguien extrae el primero, lo lee en voz alta y debe acertar quién fue el protagonista. Con esto pretendemos distender mucho el ambiente para hablar de sucesos que nos pesan y comprender que todos llevamos alguna piedra en el corazón de la que nos gustaría librarnos. Comentadlo entre vosotros, seguro que alguna anécdota os sorprenderá. Y hasta puede que sea chistoso que a alguien le atribuyan determinadas acciones («Pero ¿qué pensáis de mí?»). También podéis ser dos y contaros mutuamente vuestro secreto más oscuro. Compartidlo sin sentiros juzgados y expresar aceptación incondicional hacia el otro. Sentid que todos tenemos algún esqueleto en el armario o algo de lo que no nos sentimos orgullosos, pero que, desde luego, eso no nos convierte en seres horribles.

303

Envidia

1. Poner en perspectiva.
Técnica Yo soy el Envidiado

Tú envidias a los demás porque les atribuyes una falta de merecimiento. Ahora piensa en personas que se encuentran en una situación mucho más desfavorecida que la tuya e imagina las razones por las que podrían considerar que tú no te mereces lo que tienes. Que si qué suerte de vivir en un país con educación gratuita. Que si tú tuviste padres que te cuidaron cuando eras un bebé. Que si qué suerte vivir en una ciudad grande. Seguro que si le das suficientes vueltas, descubres formas de ser envidiado que, hace tres minutos, ni sospechabas. Un paciente me dijo: «Es que si nos ponemos así, también pueden envidiarme solo por tener dos brazos», a lo que le contesté que conocía a personas que solo tienen un brazo funcional y que saben que la vida es mucho más cómoda cuando cuentas con dos extremidades superiores.

Efectivamente, llegas a un punto en el que tomas conciencia de que puedes envidiar aspectos de las vidas ajenas que no son vividas por ellos como ningún privilegio y, desde luego, no como algo por lo que deban sentirse culpables o pedir perdón. A veces la vida no es equitativa, y a veces los beneficiados de esa inequitatividad no han pretendido perjudicar a nadie. Y, como me decía aquel paciente, que él se corte un brazo no resolvería el problema de nadie. Una vez que entendió que «igualar por debajo» no sería la solución para su envidia, comprendió que no era la solución para nadie, incluyéndolo a él. Al colocarse en el lugar de otros y ver la situación desde una perspectiva más amplia, se dio cuenta de que existen las mismas razones para envidiar que para no hacerlo, y que todas son subjetivas.

304

Después de todo lo anterior, te preguntarás por qué no he hablado más que de emociones perturbadoras a lo largo de este capítulo. La respuesta es sencilla: «Porque voy a dedicar un capítulo entero a las emociones positivas». Sigue leyendo, guapo.

14

Alegría, psicología ¿positiva? y bienestar

Alegría y bienestar

*E*n la mayoría de libros sobre emociones, rara vez se abordan las técnicas para gestionar las emociones positivas, y eso, posiblemente, se deba a que no es frecuente que alguien busque ayuda para manejarlas. Queremos evitar la ira, librarnos de la tristeza o superar la ansiedad, pero nunca queremos evitar el amor, librarnos de la alegría o superar el deseo sexual (a no ser que te hagas fraile…, y tampoco). Así que, mira tú por dónde, cuando decimos «gestionar» o «regular», en realidad estamos pensando en «aminorar».

Por otro lado, muchas personas ni siquiera saben que las emociones positivas pueden fomentarse: igual que puedes reducir el malestar que te producen las emociones negativas, también puedes aumentar el confort que te producen las positivas. Ya que sobre el amor y el deseo sexual te escribí no solo un capítulo en *QMM*, sino un libro completo para cada una de ellas (*CAM* para el amor y *GS* para el deseo), aquí hablaremos de la alegría, del optimismo y del bienestar.

La relación entre la alegría y el optimismo

Muchos piensan que el pesimista es un optimista bien informado, pero se equivocan completamente. Un pesimista puede estar bastante peor informado que un optimista. Y, ojo, hablamos de optimistas, no de ingenuos ni de conformistas. Volviendo a Damasio: «Los sentimientos son la percepción de un determinado estado del cuerpo junto con pensamientos que coinciden en el tema». Esta característica de nuestro procesamiento emocional nos hace muy vulnerables a las *fake-news:* seleccionamos la información que coincide con lo que sentimos. Así pues, ¿y si resulta que el pesimista es un tipo que, simplemente, está enfadado y selecciona inconscientemente aquella información que le da razones para seguir enfadado (sin importarle que sea información parcial)? ¡Uy! ¿Te imaginas? Pudiera ser que ese señor que presume de estar tan bien informado no es más que una víctima de los titulares periodísticos y del *hooliganismo* político de su país.[84] Quizá, si estuviera un poco menos amargado, sería consciente de que también existen intereses en que nos sintamos permanentemente asustados. Los populismos se sustentan en asustar a la población y prometerles defensa frente a un enemigo que no es ni tan terrible ni tan real. Si los fanáticos religiosos van diciéndose unos a otros: «Os llamarán locos por hablar en nombre de Dios», los populistas van diciéndose: «Los que no quieren cambiar nada dirán que nos inventamos enemigos».

Steven Pinker, un psicólogo canadiense a quien yo estudié en la facultad por sus investigaciones sobre el lenguaje, se ha convertido en uno de los referentes del «nuevo optimismo». Su discurso se basa en hechos y en indicadores de progreso como el nivel de alfabetización, la esperanza de

---

84. Da igual cuándo y dónde lo leas. En esta época se hace *hooliganismo* político en todas las democracias del mundo.

vida, el acceso a agua potable y la mortandad infantil para concluir que cualquier tiempo pasado fue una mierda comparado con el actual. Incluso en lo referente a la conflictividad, y aunque nos parezca increíble, nuestra época es mucho más pacífica que cualquiera anterior. Si miras en la historia, comprobarás que en nuestro pasado se suceden unas guerras tras otras sin apenas pausa.

Pinker no es ni por asomo el único representante de este pensamiento (Ridley, 2011; Norberg, 2017; Rosling *et al.*, 2018), que resulta muy polémico entre algunos intelectuales. En algunos casos porque confunden el optimismo con el conformismo. En otros porque confunden esta confianza en las mejoras con la ilusión del «progreso continuo», propia del Siglo de las Luces y de la Revolución Industrial. Y en otros más porque, lamentablemente, para algunos es preferible aquello de «cuanto peor, mejor». Que el progreso no sea lineal, sino que contenga avances y retrocesos, no significa que la tendencia general de la historia no sea a mejor. Si se argumenta algo como que «la esclavitud fue abolida» los negacionistas del progreso responden que siguen existiendo personas en situación de esclavitud. Cierto. Y es una puta vergüenza. Pero hasta hace dos siglos nadie podía denunciar la esclavitud porque estaba amparada por la ley. Hoy no lo está. Y existen organizaciones destinadas a luchar contra ella. Que quede trayecto por recorrer (y nadie con dos dedos de frente puede negarlo) no significa que no se haya recorrido nada. Algo similar ocurre cuando hablas de derechos LGBT, ¿de verdad estamos como hace treinta años? Hay que estar muy ciego o muy polarizado (que viene a ser lo mismo) para afirmar semejante cosa.

Quejarse es humano y, si no, fijaos en lo que decía Sócrates: «Nuestra juventud gusta del lujo y es maleducada, no hace caso a las autoridades y no tiene el menor respeto por los de mayor edad. Nuestros hijos hoy son unos verdaderos tiranos. No se ponen en pie cuando entra una persona anciana. Responden a sus padres y son simplemente malos». Cada generación se ha quejado sistemáticamente de sus jóvenes y ha sostenido que los tiempos pasados fueron mejores. Sin antibióticos, sin agua potable, sin escolarización. Sí, mejores. Ideales de la muerte.

Si somos un poco más objetivos, y en lugar de mirar los titulares, miramos los datos, quizá podamos ser un poco más optimistas. Si nos convertimos en votantes críticos que decidimos conforme a programas y no movidos por el miedo que nos meten los políticos, quizá podamos estar un poco menos polarizados. De hecho, hasta podríamos reconducir la política, sacarla del *hooliganismo* actual y reconducirla hacia el arte de solucionar los problemas comunes mediante el consenso y la participación de todas las partes implicadas. Bueno, para esto igual no hace falta ser optimista sino utópico (risas, guiño).

308 Lo que quiero que comprendamos es que el pesimismo también es un sesgo. Si en lugar de tomar solo las fuentes que proporcionan malas noticias, revisamos todas las disponibles y nos documentamos bien, nos daremos cuenta de que las cosas no son tan terribles. Incluso seríamos capaces de ver que hasta existen razones para la confianza. Sí, sé que escribir esto justo en mitad de la covid-pandemia suena a chiste, pero el mundo ha estado a punto de acabarse unos tres millones de veces a lo largo de la historia y aquí seguimos. En fin: creo que es mucho más realista no hacer ni puto caso a los *apocahólicos*[85] porque no son nada buenos haciendo predicciones.

Si pensamos que la vida tiene margen de mejora y que una parte de ella puede depender de nosotros, evidentemente nos sentiremos mucho más contentos, felices, confiados ¡y responsables! (que a veces nos quejamos mucho, pero damos

---

85. Cuando descubrí este término, entró directamente en el *top-ten* de mis vocablos preferidos. *Apocahólicos:* adictos al apocalipsis, ¡guau!

poquitas respuestas). Así que una primera forma de mejorar nuestro estado de ánimo es darnos cuenta de que llevamos varios milenios quejándonos de lo mal que está todo, a pesar de que si nos fijamos en indicadores objetivos comprobamos que las cosas han mejorado claramente. Si comparamos nuestras vidas como maricones con las de los maricones de hace un siglo, no nos cabe duda de que estamos mejor. Y que el hecho de que las cosas hayan mejorado nos debe alegrar y hacer sentir optimistas (pero no conformistas). Precisamente porque hoy estamos mejor gracias a que otros se esforzaron en el pasado, nosotros podemos comprometernos en ser ciudadanos útiles y esforzarnos en seguir mejorando este mundo para disfrute de los que vienen detrás. Eso, además de su evidente utilidad, tiene otro elemento importantísimo para nuestro bienestar: dotamos a nuestra vida de sentido y nos comprometemos en una causa. Pero eso te lo explico en el siguiente apartado.

309

Cuando el bienestar no son los demás

Los maricones hemos tenido históricamente un problema con el bienestar y necesitamos comprender las razones. «Bienestar» es «el estado de la persona cuyas condiciones físicas y mentales le proporcionan un sentimiento de satisfacción y tranquilidad». Resulta que es un concepto que responde a parámetros culturales, por lo que no será entendido de la misma manera según dónde hayas crecido y poder experimentarlo también depende de dónde hayas crecido. Esto, para los LGBT, es muy relevante, como nos recuerda este artículo (Ford *et al.*, 2015):

> La forma en que definimos la felicidad determina lo que buscamos cuando «perseguimos la felicidad» y, por lo tanto, influye en que esa búsqueda tenga éxito o no. Ante esto, ¿cómo podría la cultu-

ra dar forma a lo que la gente persigue cuando busca la felicidad? La investigación sugiere que las culturas de mayor colectivismo (por ejemplo, las regiones geográficas asiáticas) suelen promover el compromiso social [...]. En consecuencia, una persona que persigue la felicidad en el este de Asia puede verse más alentado por su cultura a buscarla a través de la implicación social. En contraste, una persona en Estados Unidos puede verse poco animada por su cultura a buscar la felicidad mediante esta vía [...].

El compromiso social, a su vez, promueve el bienestar (Layous *et al.*, 2012). De hecho, la conexión social positiva es uno de los pocos predictores del bienestar (Diener y Oishi, 2005). [...] la investigación experimental sobre los beneficios de la bondad (Fredrickson *et al.*, 2008) y la gratitud (Lyubomirsky *et al.*, 2011) verifica que promover el compromiso social aumenta el bienestar.

Efectivamente, las culturas colectivistas promueven el bienestar más que las culturas individualistas porque esta emoción tiene muchísimo que ver con el apoyo social. Pero antes de que concluyamos eso de que el individualismo occidental es la causa de todos los males, blablablá, y caigamos en esos lugares comunes que tanto nos gustan, permitidme que os recuerde que los LGBT hemos alcanzado la igualdad legal en las culturas individualistas, debido a que ponen el acento en el respeto a los derechos inherentes e inalienables del individuo. Mientras, las culturas colectivistas[86] son las que más LGBTfobia tienen, ya que las minorías desafiamos sus tradiciones culturales y, textualmente, «los homosexuales no aportan nada a la comunidad, no crean familias». Las minorías, por lo general, estamos bastante peor tratadas en las culturas colectivistas. Y no solo las sexuales, también las étnicas, las religiosas, etcétera. Esas culturas también tienden a justificar mejor los totalita-

---

86. En el artículo citan a China o Rusia como ejemplos, pero lo mismo pasa en África o en el mundo islámico.

rismos (Kemmelmeier *et al.*, 2003), y eso también explica la menor implementación de los derechos humanos en ellas.

En resumen, los maricones no nos beneficiamos del bienestar que promueven las culturas colectivistas porque son las que más nos machacan. Ojalá algún día seamos capaces de crear una cultura ideal donde se combinen la inclusión social y la facilidad para dar y recibir apoyo comunitario con el respeto a los derechos humanos, la libertad individual y el respeto a las minorías. Este es otro buen reto para el siglo XXI.

Seguro que has notado que, a un nivel muy «micro», lo anterior es parecido a lo que sucede con el colectivismo de los pueblos y el individualismo de las ciudades. Históricamente, los maricones lo hemos pasado mucho peor en los pueblos que en las ciudades porque la colectividad trata bien a los que son «como todos», pero no tan bien a los diferentes. El anonimato urbano, por el contrario, nos resguardaba. Cariño: la vida es una colección de paradojas y vivir requiere aprender a conciliarlas. Si queríamos algo fácil, deberíamos habernos comprado un puzle de cuatro piezas (guiño).

La cuestión es que esta situación nos confronta con una realidad: la inclusión social aporta bienestar, y nosotros, los gais, nos hemos visto sistemáticamente excluidos, ¿cómo podemos pretender alcanzar el bienestar con esos precedentes? Pues como lo hemos hecho siempre: creando nuestras microcomunidades y cambiando el mundo. Cuando éramos expulsados de las familias y de las sociedades «de bien, que respetan las costumbres tradicionales», nos teníamos que juntar en los barrios más decadentes de las ciudades, allá donde los demás tenían problemas más urgentes que solucionar que meterse con el maricón o la bollera que se había mudado al piso de arriba. Encontramos nuestras propias familias en esos vecindarios donde, además, podíamos tener nuestros locales, nuestros negocios, nuestros espacios. Luego nos organizamos, protestamos, hicimos activismo, se cambiaron las leyes y estas cam-

311

biaron la sociedad. A partir de ahí, los barrios gais se quedaron obsoletos, se gentrificaron, encarecieron... y comenzaron a desaparecer (Domínguez Ruiz, 2018). Por cierto, y por si no lo sabéis, en algunos análisis se cita el movimiento LGBT como un ejemplo de «muerte por éxito» para explicar la desmovilización del colectivo.

Regresando al asunto principal del capítulo, el bienestar se relaciona con el apoyo social hasta el punto de que cuando un colectivo es discriminado y busca mejorar sus condiciones emocionales, es capaz de tejer una nueva red de apoyo mutuo y crear una comunidad que, con frecuencia, se organiza políticamente para cambiar aquellas leyes que lo discriminan.[87] Lo destacable es que, incluso en las peores condiciones de exclusión, los humanos hallamos modos de dar y recibir apoyo, y que eso mejora nuestro bienestar. Aunque ¿qué ocurre con las personas que no pueden conectar con ninguna comunidad? ¿Solo el apoyo social les proporcionaría bienestar? ¿En serio la solución solo pasa por «haz amigos»? No, hay muchas más alternativas. Vamos con ellas.

La psicología positiva, mucho que mejorar todavía

El estudio de estas otras variables que influyen en nuestro bienestar ha venido de la mano de una rama de la psicología tan interesante como controvertida: la psicología positiva. Fue creada por Martin E. P. Seligman, uno de los primeros en investigar sobre la indefensión aprendida (lo he citado en el capítulo 11). Yo lo conocía porque fue presidente de la American Psychological Association (la organización de referencia mundial para los psicólogos) y porque en su libro de 1993, *What*

---

87. Sylvia Rivera y Marsha P. Johnson crearon STAR (Street Transvestite Action Revolutionaries) para recoger a personas trans que sus familias habían expulsado de sus hogares. La serie *Pose* ha popularizado este tipo de hogares o casas de los años 60 y 70 entre los espectadores de la generación actual.

you can change and what you can't ya afirmó rotundamente que la identidad de género y la orientación sexual son muy profundas e innatas, y que apenas cambian si es que cambian algo. Seligman hizo algo que él consideraba importante para la humanidad: quiso crear una psicología de la felicidad. Así lo explicó en el discurso inaugural de su presidencia de la APA en 1998. Su premisa era que la psicología se había ocupado mucho de la patología y de cómo mejorar las vidas de las personas que tienen depresión, ansiedad, alucinaciones, problemas relacionales, etcétera, pero que no ha prestado la misma atención a cómo hacer que las personas sean ¡más felices! Su argumento sería: si podemos entrenar el control de los impulsos o aprender a manejar nuestros sesgos cognitivos, también podemos entrenar nuestro optimismo. Efectivamente, esto es algo que se puede hacer, pues sabemos que cuando uno tiene unos modelos familiares más constructivos, desarrolla unas mejores condiciones psicológicas. ¿Se pueden crear, por tanto, programas de entrenamiento en bienestar?

Eso dicen, aunque... la «psicología positiva» ha recibido tantas críticas como millones de dólares para investigación, y eso puede explicar que tenga tanta producción (*papers*, libros, congresos) como detractores. Una de las críticas que más me gustó la hizo Ehrenreich. Esta autora comparte con nosotros varias conversaciones que tuvo con Seligman (y con otro de los popes de la psicología positiva, Ed Diener), así como lo sucedido en varios congresos de esta disciplina. Acerca de la credibilidad de la psicología positiva, es muy ilustrativo el modo en que Ehrenreich habla de la «ecuación de la felicidad» de Seligman:

$$H = S + C + V$$

donde H es tu nivel de felicidad a largo plazo, S es tu situación de partida, C son las circunstancias de tu vida y V son los factores que están bajo tu control voluntario. Claramente, Seligman quería plantear una ecuación porque le da una pátina científica a lo que se dice, y la quería rápido, así que optó por lo simple, una mera suma. Nadie duda de que crear ecuaciones hace que un libro parezca mejor documentado y con más rigor matemático, pero la que ha elegido es propia de un prestidigitador.

Ehrenreich también narra el repentino cambio de rumbo de la disciplina acontecido en el Congreso sobre Psicología Positiva que se celebró en Washington en octubre de 2007. El *New York Times* había denunciado «el sentir sectario que rodea a la psicología positiva» y apuntaba que la publicidad sobre este campo se había puesto por delante de la ciencia, lo cual no parecía un buen síntoma. «La idea de que su parte científica no sea muy de fiar también incomoda a Seligman», añadía el artículo. Al final del congreso, tras una sesión plenaria dedicada al futuro, Seligman anunció: «He llegado a la conclusión de que mi teoría sobre la psicología positiva es totalmente errónea. ¿Por qué? Porque trata de la felicidad, que es un concepto científicamente inmanejable. Sin embargo, el problema podría corregirse en cierto modo, añadiéndole los conceptos de éxito y realización personal». Lo cual, según Ehrenreich, abre la psicología positiva a nuevas críticas, porque se acerca peligrosamente a los temas que suelen abordar los gurús del crecimiento personal.

Pero Ehrenreich no es psicóloga y, por bien que narre todos estos salseos, si queremos ser rigurosos deberíamos conocer las críticas formuladas desde el ámbito académico. Encontramos la de Lazarus, el mismo investigador al que he citado en el capítulo 5, ya que es uno de los máximos representantes de la investigación sobre las emociones. Este científico critica en primer lugar el exceso de conclusiones sacadas a partir de estudios correlacionales. Es bien sabido en estadística que dos variables pueden correlacionarse sin que la una sea causa de la otra. Hay demostraciones muy locas de este efecto como, por ejemplo, que a mayores ingresos en las salas de recreativos, más estadounidenses se doctoran en ciencias.[88] Además, según Lazarus, la mayoría de estudios publicados no prestan suficiente atención a las diferencias individuales y emplean herramientas de medición (test) que no son precisas. Así concluye su artículo:

Desde un principio avisé al lector de que no se confundiera creyendo que estoy contra la exploración de rasgos de personalidad que podrían servir como recursos positivos valiosos a lo largo de la vida de alguien. ¿Quién sería tan tonto? El interés por semejantes asuntos ha estado siempre presente en la investigación sobre el estrés y el afrontamiento. Si los críticos fueran un poco más académicos o más justos, reconocerían que esa tradición existe desde mucho tiempo antes del surgimiento de este movimiento de psicología positiva.

No hay nada equivocado en urgirnos a que estudiemos las emociones positivas siempre que reconozcamos que cualquier emoción puede tener una valencia tanto negativa como positiva. Me parece que mucho de lo que dicen los investigadores es demasiado simplista como para aportarnos una sólida comprensión del rol de las emociones en nuestra salud y bienestar [...]. Muchos de aquellos que fueron atrapados por la excitación de descubrir el venerable concepto de «pensamiento positivo» desafortunadamente han convertido sus simplistas dogmas en eslóganes populares destinados a azuzar el entusiasmo hacia una ideología que tiene poco nuevo que decir. Quizá esta es la razón por la cual ellos atacan a la psicología del pasado: para crear la ilusión de que está ofreciendo algo nuevo y diferente. (Lazarus, 2003).

Como vemos, afirmó que la psicología positiva no era más que el «mismo perro con distinto collar»; que siempre hemos

---

88. https://magnet.xataka.com/un-mundo-fascinante/a-margarina-divorcios-11 -divertidos-ejemplos-que-correlacion-no-implica-causalidad

investigado sobre las fortalezas del ser humano y cómo potenciarlas para superar adversidades y traumas, así como para crear, entre todos, sociedades más justas; que lo único que necesitamos es rigor metodológico y honestidad sobre el alcance de lo que sabemos.

Y es cierto que los conceptos que se manejan en psicología positiva son muy difíciles de investigar experimental y científicamente. Pero pueden ser útiles para inspirar el trabajo práctico siempre que seamos capaces de entender que nos estamos moviendo en ese territorio de la clínica donde no todo funciona siempre de la misma forma para todo el mundo. Así, al igual que hay quien se beneficia muchísimo de la meditación, pero también hay quien se pone nervioso simplemente con sentarse en el cojín, habrá algunas personas que puedan sacar beneficio de algunas técnicas de la psicología positiva y otras que, por el contrario, todavía se sentirán peor. Como siempre, de la pericia del psicólogo y de la honestidad de la persona sobre sus propias preferencias, dependerán los resultados. Así pues, ¿qué es eso bueno que podemos rescatar porque sabemos que podría funcionar?

Lo que sabemos que funciona

Se han identificado cinco elementos que contribuyen a que seamos más felices. Los recogió Seligman en 2011, después de aquel congreso donde presentaron la «enmienda a la totalidad» de la disciplina. Yo voy a exponerlos con todas las reservas necesarias para no convertir estas sugerencias en dogmas de fe.

EMOCIONES POSITIVAS

Esto que parece una simpleza se ha convertido en un axioma después de la pandemia del coronavirus: sin emociones positivas es imposible el bienestar. Necesitamos alegría, amor, serenidad y esperanza, entre otras, para sentirnos bien. Durante la pandemia hemos perdido la oportunidad de divertirnos: no hemos podido ir de fiesta, tomar copas con los amigos ni viajar. Tampoco ha sido fácil tener citas, ni siquiera para un simple polvo (ya no hablemos de romances). Y serenidad, lo que se dice serenidad, tampoco hemos tenido mucha durante esos meses en los que las noticias nos han bombardeado con cifras de contagios, muertes y nuevas restricciones. Nos hemos aferrado a la esperanza como la única manera de mantener nuestra salud mental medianamente a flote.

Podríamos argumentar que la causa del malestar no ha sido la ausencia de emociones positivas sino el exceso de emociones negativas. ¿Cómo saber cuál es la causa de nuestro malestar? Podemos intuirlo gracias a un experimento mental. Imagina que en tu vida no ocurre nada malo, pero tampoco nada bueno. Tus necesidades están cubiertas, no tienes miedo ni estás triste. Pero no tienes ilusión, no te diviertes y no sientes amor por nadie. ¿Te parece atractiva una vida así? No, no te lo parece. Ni a mí. Ni a nadie. Así pues, al menos teóricamente, parece necesaria la presencia de emociones positivas para considerar la vida satisfactoria. No concebimos lo contrario; la experiencia cotidiana así nos lo sugiere.

Por otro lado, y como ya he comentado, la vida siempre tiene contrariedades y conflictos que nos provocarán emociones negativas, así que se hace imprescindible experimentar emociones positivas que las compensen. Ignacio Morgado dijo en una conferencia:[89] «Una emoción negativa se supera con una emoción más fuerte y positiva que puede sobreponerse a la otra. Esto se llama inteligencia emocional». La sabiduría popular al referirse a las celebraciones afirma «si no fuera por estos ratitos…», aseverando que los momentos de diversión equilibran los sinsabores de la vida y que, sin ellos, probablemente termi-

89. «La química del amor», 3 de febrero de 2021, Cosmo Caixa, Barcelona.

naríamos muy mal (como ha sucedido a causa de las restricciones para prevenir la transmisión del coronavirus).

Necesitamos divertirnos, reír, ilusionarnos, amar. Por eso es tan importante que priorices en tu vida momentos en los que se van a dar estas emociones. Necesitas un buen masaje que te haga sentirte cuidado. Ver una comedia o series que te hagan reír. Escuchar a alguien decirte que te quiere (y contestarle que tú también), sea un novio, un amigo o un familiar. Tener orgasmos. Viajar para ilusionarte con los preparativos y sorprenderte con lo que conozcas. O aprender algo nuevo de vez en cuando. Y escuchar música que te ponga de buen rollo. Disfrutar de los sentidos en una casa que siempre huele bien o en un baño con sales aromáticas. O de platos deliciosos. O de los paseos con tu perro o de jugar con tu gato.

Por eso, cada día reserva un horario para darte placer (y no me refiero solo a hacerte una paja, que también) y experimentar estas emociones: calma, satisfacción, amor, alegría. Conviértelo en una máxima personal: hay que esforzarse por disfrutar de la vida todo lo posible. Que las penas vienen solas.

RELACIONES CONSTRUCTIVAS

Pasarán años y aún recordaremos lo mal que lo hemos pasado cuando la pandemia nos quitó la posibilidad de divertirnos en compañía de nuestros amigos (Xiong *et al.*, 2020). El aislamiento social ha sido un problema (a la vez que la solución). En algunos lugares, para evitar el aislamiento social extremo de su población, crearon las burbujas de convivientes y se permitió a las personas que vivían solas que se relacionasen con otras con las que no convivían (por ejemplo, Irlanda con sus *support bubbles*). Había que permanecer aislados para detener la transmisión, pero sabíamos que el aislamiento social podía repercutir desastrosamente en la salud mental de las personas si se quedaban absolutamente solas.

Las relaciones sociales constructivas son otro de los elementos claves para el bienestar, por eso insisto tanto en que socialicéis. Claro que decirle a alguien que «está mal porque no tiene amigos» es, cuando menos, cruel. En la consulta no podemos quedarnos solo con ese diagnóstico. En todo caso, le señalaremos que la ausencia de relaciones seguro que tiene mucho que ver con su malestar, y que entendemos que si no tiene amigos, debe ser por alguna razón, así que le ofrecemos nuestra ayuda para que mejore su red social. Dedicamos varias sesiones a sus habilidades sociales, explorar grupos, trabajar su timidez, etcétera.

A menudo me encuentro con hombres que se han ido quedando solos porque sus amigos se han ido mudando de ciudad o emparejándose. O con hombres que siempre estuvieron solos y se refugiaron en el trabajo o en el sexo casual para distraerse. Y con hombres que han huido de sus familias o sus pueblos y no tienen con quién salir porque aún no conocen a nadie en su nueva ciudad. Las razones por las que alguien puede verse aislado socialmente son variadas y es importante que dediquemos un tiempo a explorarlas. ¿Siempre has sido reservado por miedo a ser juzgado? ¿Tus amigos han ido desapareciendo? ¿Eres poco sociable? Como en todo, en la socialización tampoco hay reglas fijas.

Es importante que comprendamos que no todo el mundo tiene las mismas necesidades sociales. Hay quien se siente más que satisfecho con ver a sus amigos una vez a la semana y quien necesita salir con ellos cada día. Hay quien ha llevado bien el teletrabajo y quien se muere por volver a la oficina porque necesita el contacto humano. Hay quien vive de puta madre detrás de un ordenador sin hablar con nadie y quien necesita un trabajo con muchísimo contacto con el público. Todos somos diferentes. Así que lo primero es evaluar cuál es tu grado de sociabilidad y a partir de él establecer tus objetivos. Luego, busca grupos con intereses similares, conoce gente a través de redes sociales, anímate a quedar para conocer nuevos amigos, organiza cenas en casa donde cada uno de tus tres amigos traiga a un conocido y os juntaréis siete u ocho personas. Como sea, pero socializa porque tu bienestar lo necesita. Dale un repasillo al capítulo 11 si lo consideras necesario.

LOGROS

Es muy difícil disfrutar de una vida en la que no tengas ningún tipo de reto; necesitamos también alguna causa que dé sentido a lo que hacemos. En sí mismo, cualquier logro es muy positivo para nuestro bienestar ya que experimentamos una gratificación inmediata cada vez que lo conseguimos.

Lejos de lo que podamos imaginar, no son necesarios grandes logros, ni grandes metas ni grandes propósitos para disfrutarlos. El hecho de ver florecer nuestro jardín, aunque sean cuatro macetas en una ventana, ya es un logro. Como lo es haber comenzado y terminado el curso de idiomas, haber sido capaz de remodelar por ti mismo la habitación donde has montado un *chill* (de los de cojines en el suelo y música…, o de lo que tú quieras) o cualquier otra meta que tú te propongas y que finalmente consigas te va a gratificar.

Necesitamos retos que nos den la motivación para salir de la cama cada día. Esta es la razón por la que muchas personas, cuando se jubilan, se deprimen: pierden su objetivo, dejan de experimentar la gratificación de los logros. Por eso muchos buscan continuamente aventuras en la que implicarse, porque necesitan algún objetivo que los estimule. Si tú eres uno de esos, ¡enhorabuena! Lo único que espero es que no te frustres demasiado si las cosas no salen bien y que seas capaz de entender que da lo mismo si cambias de objetivo a medio camino. Lo importante es tener algo que hacer, algo que te proporcione metas y la gratificación de haberlas logrado. Si no tienes muchos objetivos y tu vida es rutinaria, sin logros nuevos, rétate a ti mismo: ¿nadar?, ¿pintar?, ¿cocinar? ¿Qué quieres aprender? Si tu reto implica contacto social y diversión, matas tres pájaros de un tiro: logros, relaciones sociales y emociones positivas, ¿qué tal clases de baile?

CAUSAS

También puedes implicarte en alguna causa que consideres noble. Los derechos LGBT, la protección y conservación de los espacios naturales, la mejora de las condiciones de vida de los mayores o la cooperación internacional. Otra fuente de bienestar brota de implicarnos en algún proyecto que sintamos nuestro. En cierto modo, nos da una sensación de trascendencia, de pertenecer a algo más grande que nosotros y nos proporciona la gratificación no solo del logro sino de la ayuda a los demás. Recuerda lo que he contado acerca del voluntariado y de cómo nos ayuda a establecer una doble vía de apoyo de nosotros hacia los demás y de los demás hacia nosotros. Si quieres sentirte útil, no necesitas que sea una causa que cambie la humanidad, basta con mejorar la vida de una sola persona. Un proverbio judío dice: «Quien salva a una persona, salva a la humanidad». Si yo hoy, gracias a mis libros y mis vídeos, puedo ayudar a miles de hombres homosexuales, fue gracias a que décadas atrás hubo unas personas que me salvaron a mí. Ellas ayudaron a un solo ser humano, a alguien que estaba totalmente devastado por la vida que le tocó vivir. Pero gracias a ellas, hoy hay miles de hombres homosexuales en el mundo que se quieren un poco más. Y ellos están ayudando a sus amigos y familiares a quererse también. Lo que suma varios miles de seres humanos más. Al final, unas pocas personas salvaron a miles y miles. Haz tú lo mismo: salva a una persona. O a un árbol. O a un animal. Estarás haciendo mucho más de lo que parece. Y, desde luego, harás mucho más que quien no hace nada. Gracias.

SENTIDO

El ser humano lleva milenios tratando de dar sentido a la existencia. Las religiones, las filosofías e incluso la ciencia tratan de encontrarlo. Siempre hemos buscado una finalidad a lo que nos sucede. Una singularidad cuántica originó una expansión formidable de energía (a la que conocemos como Big Bang) que dio lugar a las primeras partículas. En apenas tres minutos surgieron los primeros átomos de deuterio. En el siguiente cuarto de hora surgió el helio. Pero se tardaron 500 millones de años más para que aparecieran el resto de elementos.[90] Tras millones de años, aparecieron los primeros átomos que, a su vez, tardaron millones de años en combinarse para dar origen a los diferentes elementos. Muchos millones de años más tarde, esa materia se organizó de tal forma que comenzó a ser capaz de autorreplicarse en eso que conocemos como «vida». Solo mucho más recientemente, algunos seres vivos desarrollamos autoconciencia, supimos que estábamos vivos. Los que estéis familiarizados con la analogía del calendario cósmico creada por Carl Sagan sabréis que, si toda la historia del universo ocupase un año, los seres humanos autoconscientes no apareceríamos hasta el 31 de diciembre a las 22.30 horas. Durante el 99,99854 por ciento de la existencia de nuestro universo, a nadie le importó si este tenía sentido o no. Simplemente existió.

Para muchos, esta idea es insoportable. Resulta muy difícil asumir que no somos más que entidades biológicas con conciencia de nosotros mismos y que estamos aquí solo porque nuestros padres sucumbieron al impulso de reproducirse, pero que le resultamos totalmente indiferentes al universo infinito a través del cual viaja nuestro pequeñísimo planeta. Muchos necesitan creer que la vida conduce a algún sitio, que existe una

90. E. Pérez, «Una breve historia de los átomos. La evolución química del universo», disponible en https://www.iaa.csic.es/~eperez/ESEnrique/Divulgacion_files/UnaBreveHistoriaDeLosAtomos.pdf

razón para todo lo que ocurre. Eso es culpa de nuestro cerebro, que lleva fatal la incertidumbre y tiende a pensar en modo teleológico.[91] Por eso, desde que somos pequeños, nos preguntamos el porqué y el para qué de cada cosa, y si no los encontramos o no los tiene, nos los inventamos. Inventamos los dioses para que rellenen los vacíos de nuestro entendimiento. Aunque a muchos les desagrade esta idea, dios es un sesgo cognitivo.

Pero eso importa una mierda y te lo digo de corazón. Ya que la existencia no tiene ningún tipo de sentido objetivo ni el universo se verá afectado por el sentido particular que tú quieras darle a tu propia existencia, resulta que cualquier sentido personal que queramos dar a nuestras vidas es tan válido como los demás. Todos son mecanismos de nuestra mente para sobrevivir en el caos de una existencia complicada y a menudo dolorosa. ¿Quieres creer en un dios creador que da orden y sentido a lo que te ocurre? Perfecto. ¿Quieres creer en el karma y la rencarnación? Perfecto. ¿Quieres creer que no hay dioses de ningún tipo? Perfecto. El derecho y las normas de convivencia han dejado las anteriores opciones en la irrelevancia. Las diferentes opciones religiosas se circunscriben a lo privado, lo público se rige por leyes. Si todos somos ateos o si todos somos creyentes es, a día de hoy y afortunadamente, algo irrelevante para la justicia. Teístas y ateos estamos sometidos a las mismas leyes.[92]

Así, si yo quiero dar sentido a mi vida trabajando para dejar al morir un mundo mejor que el que me encontré al nacer, perfecto. Si tú lo quieres conseguir creyendo que hay un dios esperándote tras la muerte para juzgarte, perfecto. Y si optas por disfrutar sus placeres antes de que la edad te lo impida,

---

91. El «sesgo teleológico», de telos ('fin, finalidad') y logos ('discurso'), es un error en el pensamiento que consiste en creer que los eventos suceden con una finalidad, que algo ocurre «para». Es teleológico, por ejemplo, creer que los elefantes desarrollaron la trompa para sujetar objetos o que el universo surgió para ser comprendido.

92. Sí, sé lo que estás pensando: esto solo se produce en determinados países porque en algunos otros, ¡pobre de ti si no te sometes a la ley islámica!

perfecto. Los tres estamos dando sentido a lo que hacemos, los tres estamos pensando: «Hago esto para que…». Y esto es lo único que importa: que a nosotros nos sea útil porque dota de sentido a nuestra existencia.

Suelo explicar que los heterosexuales lo encuentran simplemente en el hecho de reproducirse. De repente, tienen un objetivo, algo por lo que luchar. Ver a sus hijos crecer ya supone un logro y verlos convertidos en adultos es la mejor de las causas para ellos. No han sido pocos los psicólogos y filósofos que han tratado de entender el sentido de la vida (Frankl, 1962), aunque, la verdad, sin demasiado éxito. Quizá porque tal vez la vida no tenga sentido objetivo y no sea más que un accidente.

Aun así, esto no significa que nosotros no se lo podamos dar. De hecho, dar sentido a nuestra existencia es imprescindible para el bienestar. Muchos lo buscan en dios y en ser buenas personas para merecer una vida eterna en otra dimensión. Otros en el placer y el disfrute, puesto que la realidad material es todo cuanto existe. Otros encuentran la finalidad en su intento de convertir este mundo en algo mejor. ¿Qué sentido das tú a tu existencia? ¿Para qué vives? ¿Lo has pensado alguna vez?

No puedo pretender responder a estas grandes preguntas (ni se me pasa por la cabeza). Personalmente encontré mi sentido el día que me empeciné en dejar este mundo un poco mejor de lo que lo había encontrado. Después nació mi sobrino y encontré felicidad en verlo crecer y convertirse en un adulto. Seguramente algún día me dedicaré a compartir todo lo que aprendí en ese viaje y eso dará un nuevo propósito a mi vida. Cada uno de nosotros encontrará el propósito en lugares diferentes; no hay uno mejor que otro, ya que, al fin y al cabo, todos están sometidos a la misma subjetividad y arbitrariedad de no ser más que posicionamientos humanos.

Adonde voy, finalmente, es a decirte que resulta muy importante que haya alguna razón que guíe tus pasos, algo que te diga: «Este es el camino».

Tu propio plan

El mejor consejo que puedo darte es que conviertas tu bienestar en un valor. Que sea algo a lo que das importancia frente a otras alternativas, y a lo que dedicas tiempo, dinero y esfuerzo. No hay mejor inversión que la que hagas en tu propio bienestar. Especialmente porque, como habrás leído a lo largo de todo el libro, es un bienestar donde los demás son pieza clave. Para ponerlo en marcha, ve apartado por apartado y hazte preguntas como las que te sugiero a continuación:

1. Ten emociones positivas. ¿Las fomentas? ¿Sabes qué te gusta? ¿Buscas momentos para el placer? ¿Disfrutas de las pequeñas cosas? ¿Celebras las ocasiones?

2. Siente la amistad y el amor. ¿Conectas? ¿Invitas a tus amigos a casa? ¿Eres un buen anfitrión? ¿Buscas grupos? ¿Te gusta conocer gente nueva? ¿Te esfuerzas por estar pendiente de tus amigos? ¿Estas abierto a tener pareja? ¿Sientes agradecimiento por el cariño de los que te rodean?

3. Ten logros más frecuentemente. ¿Te pones retos? ¿Quieres aprender algo nuevo? ¿Has roto algún límite en tu vida? ¿Te atreves con lo desconocido? ¿Tienes algún desafío pendiente? ¿Algo que siempre quisiste hacer y no pudiste?

4. Implícate más. Es difícil elegir causa, pero, por ejemplo, ¿qué tal tener una casa que produzca el mínimo de residuos y recicle todo lo posible? ¿Haces donaciones? ¿Puedes dedicar un día o dos a la semana para dar clases básicas de tu idioma a inmigrantes? No te cuesta nada salvar a una persona, a un árbol, a un animal.

5. Ten una filosofía de vida. Explora las diferentes opciones y recuerda lo importante que es para nuestro cerebro darle sentido a lo que ocurre. Démosle ese gustazo. Lee sobre filosofía, sobre religión, escucha a otros. A mayor sabiduría, más sentido y bienestar.

Espero que, entre esto y la mejor gestión que has aprendido a hacer de tus restantes emociones, este viaje haya sido de tu agrado y, sobre todo, de mucha utilidad para ti. Un besazo y hasta mi próximo libro.

ANEXO 1

Resolución de algunos ejercicios

• En la tarea «**19 minutos de agonía**», al cabo de dos semanas se deja de producir la respuesta. La mayoría de personas terminan tan aburridas y habituadas a sus propias ideas catastrofizantes que dejan de reaccionar y ya no se ponen nerviosas. La mayoría suele referir experiencias como: «A la semana ya no me apetecía hacerlo, me sentía forzado porque sabía perfectamente que todo lo que imaginase no sería más que eso: mis imaginaciones, pero que nada de ello sucedería realmente». Conseguimos dejar atrás la ansiedad precisamente porque, al provocarla, nos habituamos y nos aburrimos de ella. Por cierto, sé que no has esperado dos semanas para venir a leer este anexo. Luego te quejas de *spoilers*, ¡impaciente! (guiño).

• En la tarea **Mi Remanso de Paz** ocurrirá que te darás cuenta de que es absolutamente imposible evitar los roces con los demás a no ser que te metas a ermitaño y te mudes al desierto de Judea, donde no habrá nadie que te moleste. También te darás cuenta de que eres un tipo al que la rabia le sale tan fácil como respirar y que igual deberías cortarte un poquito porque no es normal que todo te siente mal. También comprobarás que la mitad de las situaciones que te estresaban eran innecesarias y que puedes prescindir de ellas. Entre lo uno y lo otro, en catorce días habrás tomado conciencia de que tu comportamiento está totalmente fuera de lugar, que debes hacer todo lo posible por soltar toda tu mierda de una forma más constructiva y que no estás obligado a vivir muchas de las situaciones que te molestan. Te aconsejo, además del deporte, que trates de no acumular mierda, sé asertivo y expresa tu desacuerdo en lugar de ir acumulando y acumulando. Y también mírate por qué estás enfadado con el mundo, seguro que puedes hacer algo al respecto. Y, como el ejercicio anterior, sé que tampoco tú has esperado los catorce días para leer el final. Beso.

ANEXO 2

Series que aparecen referenciadas

Llegar a ser Dios en Florida. Capítulo 1, nota al pie 2. En referencia a los estafadores que se aprovechan de la precariedad laboral de las personas y los engañan para introducirlas en sus negocios piramidales.

Star Wars. Capítulo 2, nota al pie 4. Al mencionar a los padawans (aprendices de jedi) en analogía a «aprendiz de maricón asertivo».

La que se avecina. Capítulo 2. Al reproducir la frase de Berta Escobar cuando se le aparece la Virgen y le pide que le hable en inglés porque ella no comprende el arameo.

Veneno. Capítulo 3, nota al pie 12. En realidad, reproduzco una frase muy popular de Cristina Ortiz en la que explicaba que ella elegía a sus clientes. Fue recogida en la serie de los Javis.

Padre de familia. Capítulo 6. Recojo la coletilla de Consuela, el personaje latino que hace lo que quiere y, cuando tiene que negarse a algo, repite asertivamente: «No no no no no...».

Juego de tronos. Capítulo 8. Al referirme al Paseo de la Vergüenza de Cersey Lannister y su venganza al explotar el Septum con todos los miembros de la secta dentro.

Los Simpson. Capítulo 8. Repitiendo la conocida frase de Hellen Lovejoy: «Pero ¿es que nadie va a pensar en los niños?».

Mom. Capítulo 9, nota al pie 56. En alusión a los grupos de terapia y la importancia del apoyo incondicional.

El chavo del 8. Capítulo 10, nota al pie 61. Como referencia a la frase que Quico siempre espeta a don Ramón cada vez que su mamá (doña Florinda) le ordena: «¡Vámonos, tesoro, no te juntes con esta chusma!».

The Big Bang Theory y *The young Sheldon.* Capítulo 10. En referencia a mi gusto compartido con el personaje de Sheldon Cooper por los datos y efemérides curiosas.

The man in the high castle. Capítulo 11, en el ejercicio sobre las distopías.

Wandavisión (y varias películas de Marvel). Capítulo 13. En referencia a la fuerza destructiva de Wanda Maximoff, la Bruja Escarlata, maga del caos.

Me llamo Earl. Capítulo 13. Da nombre a una técnica para reparar los daños causados a los demás.

Pose. Capítulo 14. En esta ficción se retratan algunos modos de organización social de nuestro colectivo y los primeros años de la pandemia del sida.

The Mandalorian. Capítulo 14, frase final: «Este es el camino». Tal oración es el credo de los mandalorianos: hacen lo que deben hacer porque es lo que debe hacerse.

Referencias

ADDIS, S., *et al.* (2009), «The health, social care and housing needs of lesbian, gay, bisexual and transgender older people. A review of the literature», *Health & Social Care in the Community,* vol. 17(6), pp. 647-658.

ALBERTSEN, E. J., L. E. O'CONNOR y J. W. BERRY (2006), «Religion and interpersonal guilt. Variations across ethnicity and spirituality», *Mental Health, Religion & Culture,* vol. 9(1), pp. 67-84.

ANO, G. G., y E. B. VASCONCELLES (2005), «Religious coping and psychological adjustment to stress. A meta-analysis», *Journal of Clinical Psychology,* vol. 61(4), pp. 461-480.

APA. American Psychiatric Association (2013), *Diagnostic and statistical manual of mental disorders,* Washington D. C., 5.ª ed.

ARBONA, C., y C. JIMENEZ (2014), «Minority stress, ethnic identity, and depression among Latino/a college students», *Journal of Counseling Psychology,* vol. 61(1), pp. 162-168.

ATHERLEY, C. (1988), «The cognitive, learned-helplessness and hopelessness theories of depression. A review with implications for counsellors», *British Journal of Guidance & Counselling,* vol. 16(3), pp. 286-299.

BAGØIEN, T., y H. HALVARI (2005), «Autonomous motivation. Involvement in physical activity, and perceived sport competence. Structural and mediator models», *Perceptual and Motor Skills*, vol. 100(1), pp. 3-21.

BAIOCCO, R., *et al.* (2018), «Sports as a risk environment. Homophobia and bullying in a sample of gay and heterosexual men», *Journal of Gay & Lesbian Mental Health*, vol. 22(4), pp. 385-411.

BAMELIS, L. L. M., *et al.* (2014), «Results of a multicenter randomized controlled trial of the clinical effectiveness of schema therapy for personality disorders», *American. Journal of Psychiatry*, vol. 171, pp. 305-322.

BARRETT, C., *et al.* (2015), «Social connection, relationships and older lesbian and gay people», *Sexual and Relationship Therapy*, vol. 30(1), pp. 131-142.

BAUMANN, J. (2019), *The Stonewall reader*, Nueva York, Penguin Books.

BECK, A. T., *et al.* (1979), *Cognitive therapy of depression*, Nueva York, Guilford Press.

BOHN, A., *et al.* (2020), «Chemsex and mental health of men who have sex with men in Germany», *Frontiers in Psychiatry*, vol. 11(542301).

BOLGER, N., A. ZUCKERMAN y R. C. KESSLER (2000), «Invisible support and adjustment to stress», *Journal of Personality and Social Psychology*, vol. 79(6), pp. 953-961.

BOTELLA ARBONA, C. (1985), «La técnica de inundación *(flooding)* en un caso de fobia a hablar en público», *Análisis y Modificación de Conducta*, vol. 11(27), pp. 159-172.

BRADSHAW, D. (1986), «Immediate and prolonged effectiveness of negative emotion expressions in inhibiting infants' actions». Disertación doctoral sin publicar, Berkeley, Universidad de California.

BUCHANAN, A. (2020), *Our moral fate. Evolution and the escape from tribalism*, Cambridge, MIT Press.

BULLER, A. M., *et al.* (2014), «Associations between intimate partner violence and health among men who have sex with men. A systematic review and meta-analysis», *PLoS Med*, vol. 11(3): e1001609.

BUSQUETS DURÁN, J. (2012), «El fenómeno de los fans e ídolos mediáticos. Evolución conceptual y génesis histórica», *Revista de Estudios de la Juventud*, vol. 96, pp. 13-29.

CABANAS, E., y E. ILLOUZ (2019), *Happycracia. Cómo la ciencia y la industria de la felicidad controlan nuestras vidas*, Barcelona, Paidós.

CALZO, J. P., *et al.* (2014), «Physical activity disparities in heterosexual and sexual minority youth ages 12-22 years old. Roles of childhood gender nonconformity and athletic self-esteem», *Annals of behavioral medicine*, Society of Behavioral Medicine, vol. 47(1), pp. 17-27.

CAMPOS, M., J. IRAURGUI, D. PÁEZ y C. VELASCO (2004), «Afrontamiento y regulación emocional de hechos estresantes. Un meta-análisis de 13 estudios», *Boletín de Psicología*, vol. 82, pp. 25-44.

CAMUÑAS, N., E. MAVROU y J. J. TOBAL (2019) «Ansiedad y tristeza-depresión. Una aproximación desde la teoría de la indefensión-desesperanza», *Revista de Psicopatología y Psicología Clínica*, vol. 24(1), pp. 19-28.

CHANEY, M. P., y C. M. BURNS-WORTHAM (2018), «Sexual compulsivity and men who have sex with men (MSM)», en T. Birchard y J. Benfield (eds.), *Routledge international handbooks. The Routledge international handbook of sexual addiction*, Nueva York, Routledge / Taylor and Francis Group, pp. 305-316.

CHEVALIER, G., *et al.* (2020), «Effect of gut microbiota on depressive-like behaviors in mice is mediated by the endocannabinoid system», *Nature Communications*, vol. 11(6363).

CHRISTMAN, S. T. (2012), «Coping with homonegative experiences among gay men. Impacts on mental health, psychological well-being, and identity growth», Open Access Dissertations, paper 775.

CIKARA, M., M. M. BOTVINICK y S. T. FISKE (2011), «Us versus them. Social identity shapes neural responses to intergroup competition and harm», *Psychological science*, vol. 22(3), pp. 306-313.

COLE, A., «Embittered Subjects», Eurozine (febrero de 2011), disponible en http://www.eurozine.com/articles/2011-02-09-cole-en.html Flamhaft, Ziv

COSMIDES, L., y J. TOOBY (2000), «Evolutionary psychology and the emotions», en M. Lewis y J. M. Haviland-Jones (eds.), *Handbook of emotions*, Nueva York, Guilford Press, 2.ª ed., pp. 91-115.

COWEN, A. S., y D. KELTNER (2017), «Self-report captures 27 distinct categories of emotion bridged by continuous gradients», *Proceedings of the National Academy of Sciences*, vol. 114 (38), pp.7900-7909.

CRAIG, S. L., *et al.* (2015), «Media. A catalyst for resilience in lesbian, gay, bisexual, transgender, and queer youth», *Journal of LGBT Youth*, vol. 12(3), pp. 254-275.

CSIKSZENTMIHALYI, M. (1997), Fluir *(Flow). Una psicología de la felicidad*, Barcelona. Kairós.

D'AUGELLI, A. H., *et al.* (2001), «Aspects of mental health among older lesbian, gay, and bisexual adults», *Aging & Mental Health*, vol. 5(2), pp. 149-158.

DAMASIO, A. R. (2003), *Looking for Spinoza. Joy, sorrow, and the feeling brain*, California, Hartcourt Brace.

— (2004), «Emotions and feelings. A neurobiological perspective», en A. S. R. Manstead, N. Frijda y A. Fischer (eds.), *Studies in emotion and social interaction. Feelings and emotions. The Amsterdam symposium*, Cambridge, Cambridge University Press, pp. 49-57.

DANESHMANDI, S., *et al.* (2014), «The effectiveness of emotional schema therapy on emotional schemas of female victims of child abuse and neglect», *JSSU*, vol. 22(5), pp. 1481-1494.

DAVIS, A., *et al.* (2016), «Associations between alcohol use and intimate partner violence among men who have sex with men», *LGBT Health*, vol. 3(6), pp. 400-406.

DELGADO, E. (2014), *Los libros de autoayuda, ¡vaya timo!*, Pamplona, Laetoli.

DESBORDES, G., *et al.* (2012), «Effects of mindful-attention and compassion meditation training on amygdala response to emotional stimuli in an ordinary, non-meditative state», *Frontiers in Human Neuroscience*, vol. 6. p. 292.

DIENER, E., y S. OISHI (2005), «The nonobvious social psychology of happiness», *Psychological Inquiry*, vol. 16 (4), pp. 162-167.

DIMBERG, U., y A. OHMAN (1996), «Behold the wrath. Psychophysiological responses to facial stimuli». *Motivation & Emotion*, vol. 20(2), pp. 149-182.

DOMÍNGUEZ RUIZ, I. E. (2018), *Cuando muera Chueca*, Madrid, Egales.

DOWNS, A. (2005), *The velvet rage. Overcoming the pain of growing up gay in a straight man's world*, Cambridge, Perseus Books.

DUBERMAN, M. (1993), *Stonewall. The definitive story of the LGBTQ rights uprising that changed America*, Nueva York, Plume.

DUNCAN, D. T., *et al.* (2018), Study of intimate partner violence, substance abuse, and sexual risk behaviors among gay, bisexual, and other men who have sex with men in a sample of geosocial-networking smartphone application users», *American Journal of Mens Health*, vol. 12(2), pp. 292-301.

EDSALL, T. B. (2021), «White riot. How racism, grievance, resentment and the fear of diminished status came together to fuel violence and mayhem on Jan. 6», *The New York Times*, disponible en https://www.nytimes.com/2021/01/13/opinion/capitol-riot-white-grievance.html

EHRENREICH, B. (2011), *Sonríe o muere. La trampa del pensamiento positivo*, Madrid, Turner.

EISENBERG, N., *et al.* (1989), «Relation of sympathy and distress to prosocial behavior. A multimethod study», *Journal of Personality and Social Psychology*, vol. 57, pp. 55-66.

EKMAN, P., R. W. LEVENSON y W. V. FRIESEN (1983), «Autonomic nervous system activity distinguishes among emotions», *Science*, vol. 221(4616), pp. 1208-1210.

ESTEVES, F., U. DIMBERG y A. OHMAN (1994), «Automatically elicited fear. Conditioned skin conductance responses to masked facial expressions», *Cognition and Emotion*, vol. 8 (5), pp. 393-413.

FERNÁNDEZ-CASTRO, J. (1979), «Las técnicas de inundación *(flooding)* y la eliminación del miedo. Una revisión de las investigaciones de laboratorio», *Anuario de Psicología*, vol. 20, pp. 57-78.

FERNÁNDEZ, P., y N. RAMOS (2001), «Corazón y razón», en Fernández y Ramos (eds.), *Corazones inteligentes*, Barcelona, Kairós.

FISKE, A. P., y T. S. RAI (2015), *Virtuous violence. Hurting and killing to create, sustain, end, and honor social relationships*, Cambridge, Cambridge University Press.

FORD, B. Q., *et al.*, (2015), «Culture shapes whether the pursuit of happiness predicts higher or lower well-being», *Journal of Experimental Psychology General*, vol. 144(6), pp. 1053-1062.

FRANKL, V. (1962), *Man's search for meaning*, Nueva York, Pocket Books.

FREDRICKSON, B. L., *et al.* (2008), «Open hearts build lives. Positive emotions, induced through loving-kindness meditation, build consequential personal resources». *Journal of Personality and Social Psychology*, vol. 95(5), pp. 1045-1062.

FREDRIKSEN-GOLDSEN, K. I. (2011), «Resilience and disparities among lesbian, gay, bisexual, and transgenderolder adults», *The Public Policy and Aging Report*, vol. 21(3), pp. 3-7.

— *et al.* (2013), «Health disparities among lesbian, gay, and bisexual older adults. Results from a population-based study», *American Journal of Public Health*, vol. 103, pp. 1802-1809.

FRIESEN, W. V. (1972), «Cultural differences in facial expressions in a social situation. An experimental test of the concept of display rules». Disertación doctoral sin publicar en la Universidad de California, San Francisco.

FUSTER, M. J. (2011), «La percepción del estigma en las personas con VIH. Sus efectos y formas de afrontamiento», tesis doctoral, UNED.

GARNEFSKI, N., V. KRAAIJ y P. SPINHOVEN (2001), «Negative life events, cognitive emotion regulation and emotional problems», *Personality and Individual Differences*, vol. 30(8), pp. 1311-1327.

GOLD, S. D., *et al.* (2011), «Childhood physical abuse, internalized homophobia, and experiential avoidance among lesbians and gay men», *Psychological Trauma. Theory, Research, Practice, and Policy*, vol. 3(1), pp. 50-60.

GOLEMAN, D. (1996), *Inteligencia emocional*, Barcelona, Kairós.

GONZÁLEZ, A. (2020), *Lo bueno de tener un mal día*, Barcelona, Planeta.

GONZALEZ, K. A., J. L. RAMIREZ y M. P. GALUPO (2018), «Increase in GLBTQ minority stress following the 2016 US presidential election», *Journal of GLBT Family Studies*, vol. 14 (1-2), pp. 130-151.

GOTTMAN, J. M., y R. W. LEVENSON (1992), «Marital processes predictive of later dissolution. Behavior, physiology, and health», *Journal of Personality and Social Psychology*, vol. 63 (2), pp. 221-223.

— y E. WOODIN (2001), «Facial expressions during marital conflict», *Journal of Family Communication*, vol. 1, pp. 37-57.

GREENE, B. (1994), «Ethnic-minority lesbians and gay men. Mental health and treatment issues», *Journal of Consulting and Clinical Psychology*, vol. 62(2), pp. 243-251.

GROSS, J. J. (2014), «Emotion regulation. Conceptual and empirical foundations», en J. J. Gross (ed.), *Handbook of emotion regulation*, Nueva York, The Guilford Press, pp. 3-20.

GU, S., *et al.* (2019), «A model for basic emotions using observations of behavior in drosophila», *Frontiers in Psychology*, vol. 10, art. 781.

HANDLOVSKY, I., *et al.* (2018), «Developing resilience. Gay men's response to systemic discrimination», *American Journal of Men's Health*, vol. 12(5), pp. 1473-1485.

HARPER, G. W., *et al.* (2014), «Resilience processes demonstrated by young gay and bisexual men living with HIV. Implications for intervention», *AIDS Patient Care and STDs*, vol. 28(12), pp. 666-676.

HAYES, S. C. (2004), «Acceptance and commitment therapy, relational frame theory, and the third wave of behavioral and cognitive therapies», *Behavior Therapy*, vol. 35(4), pp. 639-665.

HENKEL, V., *et al.* (2002), «Cognitive-behavioural theories of helplessness / hopelessness. Valid models of depression?», *European Archives of Psychiatry and Clinical Neurosciences*, vol. 252, pp. 240-249.

HEREK, G. M., J. R. GILLIS y J. C. COGAN (1999), «Psychological sequelae of hate-crime victimization among lesbian, gay, and bisexual adults», *Journal of Consulting and Clinical Psychology*, vol. 67(6), pp. 945-951.

— y E. K. GLUNT (1997), «Hate crime victimization among lesbian, gay, and bisexual adults», *Journal of Interpersonal Violence*, vol. 12(2), pp. 195-215.

HERRICK, A. L., M. S. FRIEDMAN y R. STALL (2013) «Gay men's health and the theory of cultural resilience», en C. J. Patterson y A. R. D'Augelli (eds.), *Handbook of psychology and sexual orientation*, Oxford, Oxford University Press, pp. 191-203.

HERTENSTEIN, M. J., y J. J. CAMPOS (2004), «The retention

effects of an adult's emotional displays on infant behavior», *Child Development*, vol. 75(2), pp. 595-613.

HERTZ, N. (2020), *The lonely century*, Londres, Sceptre.

HILL, C. A., y C. J. GUNDERSON (2015), «Resilience of lesbian, gay, and bisexual individuals in relation to social environment, personal characteristics, and emotion regulation strategies», *Psychology of Sexual Orientation and Gender Diversity*, vol. 2(3), pp. 232-252.

HWANG, H., y D. MATSUMOTO (2018), «Functions of emotions», en R. Biswas-Diener y E. Diener (eds.), *Noba textbook series. Psychology*, Champaign, DEF, disponible en https://nobaproject.com/modules/functions-of-emotions.

IZARD, C. E., *et al.* (1993), «Stability of emotion experiences and their relations to traits of personality», *Journal of Personality and Social Psychology*, vol. 64(5), pp. 847-860.

JOHNSTON, E., y L. OLSON (2015), *The feeling brain. The biology and psychology of emotions*, Nueva York, W. W. Norton.

KAPLAN, H. B. (1999), «Toward an understanding of resilience», en M. D. Glantz y J. L. Johnson (eds.), *Resilience and development. Longitudinal research in the social and behavioral sciences. An interdisciplinary series*, Boston, Springer.

—(2005), «Understanding the concept of resilience», en S. Goldstein y R. B. Brooks (eds.), *Handbook of resilience in children*, Boston, Springer.

KEMMELMEIER, M., *et al.* (2003), «Individualism, collectivism, and authoritarianism in seven societies», *Journal of Cross-Cultural Psychology*, vol. 34(3), pp. 304-322.

KOSCIW, J. G., *et al.* (2010), «The 2009 national school climate survey. The experiences of lesbian, gay, bisexual and transgender youth in our nation's schools», New York, GLSEN.

KRAL, T. R. A., *et al.* (2018), «Impact of short- and long-term mindfulness meditation training on amygdala reactivity to emotional stimuli», *NeuroImage*, vol. 181, pp. 301-313.

KUMPFER, K. L. (1999), «Factors and processes contributing to resilience. The resilience framework», en M. D. Glantz y J. L. Johnson (eds.), *Resilience and development. Positive life adaptations*, Nueva York, Kluwer Academic/Plenum, pp. 179-224.

KUYPER, L., y T. FOKKEMA (2010), «Loneliness among older lesbian, gay, and bisexual adults. The role of minority stress», *Archives of Sexual Behavior*, vol. 39, pp. 1171-1180.

KWON, P. (2013), «Resilience in lesbian, gay, and bisexual individuals», *Personality and Social Psychology Review*, vol, 17(4), pp. 371-383.

LARSEN, S. E. (2019), «Hypersexual behavior as a symptom of PTSD. Using cognitive processing therapy in a veteran with military sexual trauma-related PTSD», *Archives of Sexual Behavior*, vol. 48, pp. 987-993.

LAYOUS, K., *et al.* (2012), «Kindness counts. Prompting prosocial behavior in preadolescents boosts peer acceptance and well-being», *PLoS One*, vol. 7(12), e51380, doi:10.1371/journal.pone.0051380.

LAZARUS, R. S. (2003), «Target article. Does the positive psychology movement have legs?», *Psychological Inquiry*, vol. 14 (2), pp. 93-109.

LEACH, C. W., *et al.* (2003), «Malicious pleasure. *Schadenfreude* at the suffering of another group», *Journal of Personality and Social Psychology*, vol. 84(5), pp. 932-943.

LEE, H. R., y E. J. JEONG (2018), «Do therapeutic interventions exist in online games? Effects of therapeutic catharsis, online game self-efficacy, and life self-efficacy on depression, loneliness, and aggression», *International Journal of Contents*, vol. 14(1), pp. 12-17.

LEUNG, M. K., *et al.* (2018), «Meditation-induced neuroplastic changes in amygdala activity during negative affective processing», *Social Neuroscience*, vol. 13(3), pp. 277-288.

LEWIS, R. J., *et al.* (2006), «Stigma consciousness, social constraints, and lesbian well-being» *Journal of Counseling Psychology*, vol. 53 (1), pp. 48-56.

Lewis, R. J., *et al.* (2003), «Stressors for gay men and lesbians. Life stress, gay-related stress, stigma consciousness, and depressive symptoms», *Journal of Social and Clinical Psychology*, vol. 22(6), pp. 716-729.

Lewis, R. J., *et al.* (2001), «An empirical analysis of stressors for gay men and lesbians», *Journal of Homosexuality*, vol. 42 (1), pp. 63-88.

Linvill, D. L., y P. L. Warren (2020), «Troll factories. Manufacturing specialized disinformation on Twitter», *Political Communication*, vol. 37(4), pp. 447-467.

Lira, A. N. de, y N. A. de Morais (2018), «Resilience in lesbian, gay, and bisexual (LGB) populations. An integrative literature review», *Sexuality Research and Social Policy*, vol. 15, pp. 272-282.

Llewellyn, C., *et al.* (2018) «For whom the bell trolls. Troll behaviour in the Twitter Brexit debate», *Journal of Common Market Studies*, vol. 57, pp. 1-17.

López-Penas, M., y J. M. Marina (1999), *Diccionario de los sentimientos*, Barcelona, Anagrama.

Lösel, P., T. Bliesener y P. Koferl (1989), «On the concept of invulnerability. Evaluation and first results of the Bielefeld project», en M. Brambring, F. Losel y H. Skowronek (eds.), *Children at risk. Assessment, longitudinal research, and intervention*, Nueva York, Walter de Gruyter, pp. 186-219.

Lundberg, J., y M. Laitinen (2020), «Twitter trolls. A linguistic profile of anti-democratic discourse», *Language Sciences*, vol. 79(3), pp. 1-14.

Lyons, A., y W. Heywood (2016), «Collective resilience as a protective factor for the mental health and well-being of HIV-positive gay men», *Psychology of Sexual Orientation and Gender Diversity*, vol. 3(4), pp. 473-479.

Lyubomirsky, S., *et al.* (2011), «Becoming happier takes both a will and a proper way. An experimental longitudinal intervention to boost well-being», *Emotion*, vol. 11(2), pp. 391-402.

MARCIANO, A., y G. NIMROD (2020), «Identity collision. Older gay men using technology», *Journal of Computer-Mediated Communication*, vol. 26(1), pp. 22-37.

MARSH, A. A., N. AMBADY y R. E. KLECK (2005), «The effects of fear and anger facial expressions on approach-and avoidance-related behaviors», *Emotion*, vol. 5(1), pp. 119-124.

MARTÍN, G. J. (2016), *Quiérete mucho, maricón*, Barcelona, Roca Editorial.

— (2017), *El ciclo del amor marica*, Barcelona, Roca Editorial.

— (2020), *Gay Sex*. Barcelona, Roca Editorial.

— y S. MARTÍN (2018), *Sobrevivir al ambiente*, Barcelona, Roca Editorial.

MARTIN, R., y J. YOUNG (2010), «Schema therapy», en K. S. Dobson (ed.), *Handbook of cognitive-behavioral therapies*, Nueva York, The Guilford Press, pp. 317-347.

MARTÍNEZ, R. (2019), *Nos acechan todavía*, Madrid, Egales.

MARTÍNEZ-SÁNCHEZ, F., D. PÁEZ y N. RAMOS (2001), «Emoción y adaptación. Introducción el concepto científico de emoción», en Fernández y Ramos (eds.), *Corazones inteligentes*, Barcelona, Kairós.

MASLEY, S. A., *et al.* (2012), «A systematic review of the evidence ease for schema therapy», *Cognitive Behaviour Therapy*, vol. 41(3), pp. 185-202.

MATSUMOTO, D., S. HIRAYAMA y J. A. LEROUX (2006), «Psychological skills related to adjustment», en P. T. P. Wong y L. C. J. Wong (eds.), *Handbook of multicultural perspectives on stress and coping*, Nueva York, Springer, pp. 387-405.

MATTHEWS, S., R. DWYER y A. SNOEK (2017), «Stigma and self-stigma in addiction», *Bioethical Inquiry*, vol. 14, pp. 275-286.

MESSMAN-MOORE, T. L., y A. A. MCCONNELL (2018), «Intervention for sexual revictimization among college women», en L. M. Orchowski y C. A. Gidycz (eds.), *Sexual assault risk reduction and resistance,* Cambridge, Academic Press, pp. 309-330.

MEYER, I. H. (1995), «Minority stress and mental health in gay men», *Journal of Health and Social Behavior,* vol. 36(1), pp. 38-56.

—y D. M. FROST (2013), «Minority stress and the health of sexual minorities», en C. J. Patterson y A. R. D'Augelli (eds.), *Handbook of psychology and sexual orientation,* Oxford, Oxford University Press, pp. 252-266.

MONAT, A., y R. S. LAZARUS (1991), *Stress and coping. An anthology,* Nueva York, Columbia University Press, 3.ª ed.

MORGADO, I. (2017), *Emociones corrosivas. Cómo afrontar la envidia, la codicia, la culpabilidad, la vergüenza, el odio y la vanidad,* Barcelona, Ariel.

MORRIS, S. (2019), «Too painful to think about. Chemsex and trauma», *Drugs and Alcohol Today,* vol. 19(1), pp. 42-48.

MORVARIDI, M., *et al.* (2019), «The efectiveness of group emotional schema therapy on emotional regulation and social anxiety symptoms», *Journal of Cognitive Therapy,* vol. 12, pp. 16-24.

MUÑOZ, M., E. PÉREZ-SANTOS, M. CRESPO y A. GUILLÉN (2009), *Estigma y enfermedad mental. Análisis del rechazo social que sufren las personas con enfermedad mental,* Madrid, Editorial Complutense.

NEWCOMB, M. E., y B. MUSTANSKI (2010). «The importance of measuring internalized homophobia/homonegativity. Reply to Ross, Rosser, and Smolenski (2010a)», *Archives of Sexual Behavior,* vol. 39(6), pp. 1209-1211.

NORBERG, J. (2017), *Progreso. 10 razones para mirar al futuro con optimismo,* Barcelona, Deusto.

OTTATI, V., G. V. BODENHAUSEN y L. S. NEWMAN (2005), «Social psychological models of mental illness stigma», en P. W. Corrigan (ed.), *On the stigma of mental illness,* Washington D. C., American Psychological Association, pp. 99-128.

PACHANKIS, J. E. (2015), «A transdiagnostic minority stress treatment approach for gay and bisexual men's syndemic health conditions», *Archives of Sexual Behavior*, vol. 44, pp. 1843-1860.

— y M. GOLDFRIED (2010), «Expressive writing for gay-related stress. Psychosocial benefits and mechanisms underlying improvement», *Journal of Consulting and Clinical Psychology*, vol. 78(1), pp. 98-110.

PÁEZ, D. (ed.) (1993), *Salud, expresión y represión social de las emociones*, Valencia, Promolibro.

PÉREZ-ACOSTA, A. M. (2005), «Fundamentos de las terapias de exposición contra las fobias. Una propuesta teórica integradora de la conducta de evitación», *Terapia Psicológica*, vol. 23 (1), pp. 25-35.

PINCIOTTI, C. M., y H. K. ORCUTT (2020), «Obsessive-compulsive symptoms in sexual minorities», *Psychology of Sexual Orientation and Gender Diversity*, publicación *online*.

PINKER, S. (2011), *Los ángeles que llevamos dentro. El declive de la violencia y sus implicaciones*, Barcelona, Paidós.

— (2018), *En defensa de la Ilustración. Por la razón, la ciencia, el humanismo y el progreso*, Barcelona, Paidós.

PITTMAN, D. M., *et al.* (2019), «The cost of minority stress. Risky alcohol use and coping-motivated drinking behavior in African American college students», *Journal of Ethnicity in Substance Abuse*, vol. 18(2), pp. 257-278.

PLUTCHIK, R. (1980), «A general psychoevolutionary theory of emotion», en R. Plutchik y H. Kellerman (eds.), *Theories of Emotion*, Nueva York, Academic Press.

PRILLELTENSKY, I., y O. PRILLELTENSKY (2006), *Promoting well-being. Linking personal, organizational, and community change*, Hoboken, John Wiley and Sons.

RAFAELI, E., D. P. BERNSTEIN y J. YOUNG (2011). *The CBT distinctive features series. Schema therapy. Distinctive features*, Nueva York, Routledge / Taylor and Francis Group.

RIDLEY, M. (2011), *El optimista racional. ¿Tiene límites la capacidad de progreso de la especie humana?*, Madrid, Taurus.

RIGGLE, E. D. B., *et al.* (2014), «A multifactor lesbian, gay, and bisexual positive identity measure (LGB-PIM)», *Psychology of Sexual Orientation and Gender Diversity*, vol. 1(4), pp. 398-411.

RITSON, E. B. (1999), «Alcohol, drugs and stigma», *International Journal of Clinical Practice*, vol. 53(7), pp. 549-551.

RIVERS, I. (2004), «Recollections of bullying at school and their long-term implications for lesbians, gay men, and bisexuals», en *Crisis. The Journal of Crisis Intervention and Suicide Prevention*, vol. 25(4), pp. 169-175.

ROMERO, J., y M. MOYA (2007), «El estudio de la discapacidad física desde la psicología social», *Revista de Psicología Social*, vol. 22, pp. 177-198.

ROSARIO, M., *et al.* (2002), «Gay-related stress and emotional distress among gay, lesbian and bisexual youths. A longitudinal examination», *Journal of Consulting and Clinical Psychology*, vol. 70(4), pp. 967-975.

ROSLING, H., O. ROSLING y A. ROSLING RÖNNLUND (2018), *Factfulness. Diez razones por las que estamos equivocados sobre el mundo. Y por qué las cosas están mejor de lo que piensas*, Barcelona, Deusto.

ROSSER, B. R. S., *et al.* (2008), «The relationship between homosexuality, internalized homo-negativity, and mental health in men who have sex with men», *Journal of Homosexuality*, vol. 55(2), pp. 185-203.

RUIZ RODRÍGUEZ, A. (2015), «El papel de la música en la construcción de una identidad durante la adolescencia», *Síneris. Revista de musicología*, vol. 22, pp. 1-42.

RYAN, W. (1970), *Blaming the victim*, Nueva York, Random House.

SÁENZ DE CABEZÓN, E. (2020), *Apocalipsis matemático*, Barcelona, Ediciones B.

SALOVEY, P., y J. D. MAYER (1990), «Emotional intelligence», *Imagination, Cognition, and Personality*, vol. 9, pp. 185-211.

SCHACTER, H. L., y J. JUVONEN (2015), «The effects of school-level victimization on self-blame. Evidence for contextualized social cognitions», *Deviant Psychology*, vol. 51(6), pp. 841-847.

SCHÖNPFLUG, U. (ed.) (2009), *Cultural transmission. Developmental, psychological, social and methodological aspects*, Nueva York, Cambridge University Press.

SELIGMAN, M. E. P. (1972), «Learned helplessness», *Annual Review of Medicine*, vol. 23(1), pp. 407-412.

— (1993), *What you can change and what you can't. The complete guide to successful self-improvement*, Nueva York, Knopf.

— (2002), *Authentic happiness. Using the new positive psychology to realize your potential for lasting fulfillment*, Nueva York, Free Press.

— (2011), *Flourish. A visionary new understanding of happiness and well-being*, Sídney, William Heinamann.

SHIDLO, A. (1994), «Internalized homophobia. Conceptual and empirical issues in measurement», en G. M. Herek (ed.), *Lesbian and gay psychology. Theory, research, and clinical applications*, Thousand Oaks, Sage, pp. 176-205.

SIMÓN, M. A. (1991), «Biofeedback», en V. Caballo (ed.), *Manual de técnicas de terapia y modificación de conducta*, Madrid, Siglo XXI.

SKINNER, E. A., *et al.* (2003), «Searching for the structure of coping. A review and critique category systems for classifying ways of coping», *Psychological Bulletin*, vol. 129(2), pp. 216-269.

SKITKA, L., y G. MORGAN (2014), «The social and political implications of moral conviction», *Political Psychology*, vol. 35 (1), pp. 95-110.

Smith, B. C., *et al.* (2016). «PTSD, depression, and substance use in relation to suicidality risk among traumatized minority lesbian, gay, and bisexual youth.», *Archives of Suicide Research*, vol. 20 (1), pp. 80-93.

Smith, R. H., *et al.* (2009), «Exploring the when and why of *schadenfreude*», *Social and Personality Psychology Compass*, vol. 3, pp. 530-546.

Sorce, J. F., *et al.* (1985), «Maternal emotional signaling. Its effect on the visual cliff behavior of 1-year-olds», *Developmental Psychology*, vol. 21, pp. 195-200.

Southwick, S. M., *et al.* (2014), «Resilience definitions, theory, and challenges. Interdisciplinary perspectives», *European Journal of Psychotraumatology*, vol. 5(1), pp. 1-14.

Sternberg, R. J. (1988), *The triangle of love. Intimacy, passion, commitment*, Nueva York, Basic Books.

Stewart, L. G., A. Arif y K. Starbird (2018), «Examining trolls and polarization with a retweet network», en *Proceedings of WSDM workshop on misinformation and misbehavior mining on the web (MIS2)*, Nueva York, ACM.

Szymanski, D. M. (2009), «Examining potential moderators of the link between heterosexist events and gay and bisexual men's psychological distress», *Journal of Counseling Psychology*, vol. 56(1), pp. 142-151.

— y E. R. Carr (2008), «The roles of gender role conflict and internalized heterosexism in gay and bisexual men's psychological distress. Testing two mediation models», *Psychology of Men & Masculinity*, vol. 9(1), pp. 40-54.

Taren, A. A., *et al.* (2015), «Mindfulness meditation training alters stress-related amygdala resting state functional connectivity. A randomized controlled trial», *Social Cognitive and Affective Neuroscience*, vol. 10(12), pp. 1758-1768.

Teixeira, P. J., *et al.* (2006), «Exercise motivation, eating, and body image variables as predictors of weight control», *Medicine and Science in Sports and Exercises*, vol. 38(1), pp. 179-188.

THOMPSON, R. A. (1991), «Emotional regulation and emotional development», *Educational Psychology Review*, vol. 3 (4), pp. 269-307.

TONG, E. M. W., y A. Q. H. TEO (2018), «The influence of religious concepts on the effects of blame appraisals on negative emotions», *Cognition*, vol. 177, pp. 150-164.

TOOBY, J., y L. COSMIDES (2008), «The evolutionary psychology of the emotions and their relationship to internal regulatory variables», en M. Lewis, J. M. Haviland-Jones y L. Feldman Barrett (eds.), *Handbook of Emotions*, Nueva York, The Guilford Press, 3.ª ed., pp. 114-137.

TRAMPE, D., J. QUOIDBACH y M. TAQUET (2015), «Emotions in everyday life», *PloS One*, vol. 10(12), pp. 1-15.

TSAI, J. L., *et al.* (2007), «Learning what feelings to desire. Socialization of ideal affect through children's storybooks», *Personality and Social Psychology Bulletin*, 33(1), pp. 17-30.

TTOFI, M. M., y D. P. FARRINGTON (2011), «Effectiveness of school-based programs to reduce bullying. A systematic and meta-analytic review», *Journal of Experimental Criminology*, vol. 7, pp. 27-56.

WAAL, F. (2019), *El último abrazo. Las emociones animales y lo que nos cuentan de nosotros*, Barcelona, Tusquets.

WANG, Q., y M. ROSS (2007), «Culture and memory», en S. Kitayama y D. Cohen (eds.), *Handbook of cultural psychology*, Nueva York, Guilford, pp. 645-667.

VAN WAGENEN, A., J. DRISKELL y J. BRADFORD (2013), «"I'm still raring to go". Successful aging among lesbian, gay, bisexual, and transgender older adults», *Journal of Aging Studies*, vol. 27(1), pp.1-14.

WATZLAWICK, P., y G. NARDONE (2000), *Terapia breve estratégica*, Barcelona, Paidós.

WILLOUGHBY, B. L. B., N. D. DOTY y N. M. MALIK (2010), «Victimization, family rejection, and outcomes of gay, lesbian, and bisexual young people. The role of negative GLB identity», *Journal of GLBT Family Studies*, vol. 6(4), pp. 403-424.

WINKIELMAN, P., K. C. BERRIDGE y J. L. WILBARGER (2005), «Unconscious affective reactions to masked happy versus angry faces influence consumption behavior and judgments of value», *Personality and Social Psychology Bulletin*, vol. 31 (1), pp. 121-135.

WOLFGANG, M. E. (1979), «Conceptos básicos en la teoría victimológica. Individualización de la víctima». Ponencia inaugural en el Tercer Simposio Internacional de Victimología, 2 al 8 de septiembre, Münster (Alemania).

XIONG, J., *et al.* (2020), «Impact of COVID-19 pandemic on mental health in the general population. A systematic review», *Journal of Affective Disorders*, vol. 277, pp. 55-64.

YOUNG, J. E., J. KLOSKO y M. E. WEISHAAR (2003), *Schema therapy. A Practitioner's guide*, Nueva York, Guilford Press.

ZANNETTOU, S., *et al.* (2019), «Disinformation warfare. Understanding state-sponsored trolls on Twitter and their influence on the web», en *Companion proceedings of the 2019 world wide web conference (WWW '19 Companion)*, 13 al 17 de mayo de 2019, San Francisco, ACM.

Este libro utiliza el tipo Aldus, que toma su nombre
del vanguardista impresor del Renacimiento
italiano, Aldus Manutius. Hermann Zapf
diseñó el tipo Aldus para la imprenta
Stempel en 1954, como una réplica
más ligera y elegante del
popular tipo
Palatino

Gaynteligencia emocional
se acabó de imprimir
un día de verano de 2021,
en los talleres gráficos de Liberdúplex
Ctra. BV-2249, km 7,4, Pol. Ind. Torrentfondo
Sant Llorenç d'Hortons
(Barcelona)